Laurenz Lütteken

Die Zauberflöte

Laurenz Lütteken

DIE ZAUBERFLÖTE

Mozart und der
Abschied von der Aufklärung

C.H.Beck

Mit 19 Abbildungen und 5 Notenbeispielen

© Verlag C.H.Beck oHG, München 2024
Alle urheberrechtlichen Nutzungsrechte bleiben vorbehalten.
Der Verlag behält sich auch das Recht vor, Vervielfältigungen dieses Werks
zum Zwecke des Text and Data Mining vorzunehmen.
www.chbeck.de
Umschlaggestaltung: Rothfos & Gabler, Hamburg
Umschlagabbildung: Andreas Nesselthaler,
Uferlandschaft im Mondschein mit Lagerfeuer (ca. 1800), Wien,
Österreichische Nationalbibliothek, ÖNB Wien: Pk 500, 90 (siehe S. 77)
Satz: Janß GmbH, Pfungstadt
Druck und Bindung: Pustet, Regensburg
Printed in Germany
ISBN 978 3 406 81502 7

myclimate
verantwortungsbewusst produziert
www.chbeck.de/nachhaltig

Für Ralf Weikert

Inhalt

Noch ein *Zauberflöten*-Buch?   9
Ein «Theatermeteor» und seine Folgen   19

I. Konturen eines Auftrags
  1. Mozarts letztes Jahr   35
  2. Freihaustheater   44
  3. Publikum   54

II. Größe und Wahrhaftigkeit
  1. «Große Oper»   63
  2. Künstliche Welten   72
  3. Die Fülle der Erscheinungen   82

III. Orte und Landschaften
  1. Wilde und geordnete Natur   91
  2. Innen und Außen   101
  3. Mensch und Tier   109
  4. Exotismus   120

IV. Objekte
  1. Bildnis   133
  2. Geräte   141
  3. Zauberdinge   149

V. Chiffren
  1. Prüfung und Strafe 157
  2. Selbstmord 165
  3. Licht und Dunkel 173

VI. Affekt und Ausdruck
  1. Kontraste und Schnitte 183
  2. Wahrheit und Wahrscheinlichkeit 192
  3. Vielfalt und Extreme 201

VII. Melancholie
  1. Das Ende des josephinischen Jahrzehnts 211
  2. Die Macht der Musik? 218
  3. Ausblicke 226

Anmerkungen 237
Literatur 261
Nachweis der Abbildungen und Notenbeispiele 268
Personenregister 269

Noch ein Zauberflöten-Buch?

Noch ein Buch zur *Zauberflöte*? Wozu? Wenige Werke, nicht nur der Musikgeschichte, haben eine solche unausgesetzte Fülle von Deutungen und Erklärungsversuchen hervorgerufen wie diese Oper, die nach wie vor, wenigstens im deutschsprachigen Raum, die Aufführungsstatistiken mit uneinholbarem Abstand anführt. Der 2021 in Nähe der Berliner Staatsbibliothek eröffnete neue U-Bahnhof Museumsinsel trägt an den Gleisen einen tiefblauen Sternenhimmel, der, so der Architekt Max Dudler, eine Hommage an Karl Friedrich Schinkels Bühnenbild zur *Zauberflöte* sei. Dieser *Zauberflöten*-Bahnhof verlängert also gleichsam die Achse zwischen der heutigen Staatsoper, jenem Ort, an dem Schinkels Bilder 1816 erstmals gezeigt wurden (und noch heute, in rekonstruierter Form, als Teil der legendären Inszenierung August Everdings von 1994 gezeigt werden), und der Bibliothek, in der sich Mozarts Partitur-Autograph seit 1866, die Jahre 1945 bis 1977 ausgenommen, befindet. Kurz nach der Eröffnung des Bahnhofs wurde der deutsche Kinofilm *The Magic Flute – Das Vermächtnis der Zauberflöte* produziert, in der Regie von Florian Sigl. Er wurde am 30. September 2022 in Zürich erstmals gezeigt, auf den Tag genau 231 Jahre nach der Uraufführung der Oper. Begleitet wurde er von einem aufwendigen Bildband, der mit einem QR-Code zum Soundtrack versehen ist – einer Musik, in der Mozarts Partitur allerdings nur noch eine beiläufige Rolle spielt.[1]

Diese einschüchternde Popularität der Oper ist nicht neu. Unter den Sammelbildern, die zu *Liebig's Fleischextract* ab dem späten 19. Jahrhun-

Der U-Bahnhof Museumsinsel in Berlin (2021)

Am 9. Juli 2021 konnte nach über zehnjähriger Bauzeit der neue U-Bahnhof Museumsinsel in Berlin eröffnet werden. Die Tunnel des Bahnsteigraums erfuhren eine besondere Gestaltung, die man dem Schweizer Architekten Max Dudler (geb. 1949) übertrug. Das beidseitige Tonnengewölbe wurde aquamarinblau eingefärbt und mit über 6000 Lichtpunkten versehen. Diese Ausstattung sollte eine Reminiszenz an den ‹Sternenhimmel› sein, den Karl Friedrich Schinkel (1781–1841) für die Produktion der ‹Zauberflöte› 1816 an der Berliner Hofoper entworfen hatte. Die Beziehung zwischen dem Bahnhof, der Schinkel-Dekoration und Mozarts ‹Zauberflöte› bildete auch den Hintergrund einer Ausstellung, die 2022 in der ebenfalls von Dudler entworfenen Diözesanbibliothek Münster gezeigt wurde (Mozart, Schinkel, Dudler. Dialog unter dem Sternendom).

---

dert erschienen, unter den ‹Liebigbildern› also, findet sich ganz selbstverständlich eine Serie von sechs Zauberflöten-Szenen. Und 1812 wurde im gerade königlich gewordenen Münchner Vorstadttheater zunächst das Lustspiel Die Domestikenstreiche und «dann: Die Zauberflöte, Posse»

Die Zauberflöte in Liebig-Bildern (ca. 1909)

Die von Justus von Liebig (1803–1873) um die Mitte des 19. Jahrhunderts entwickelte Fleischbrühe wurde ab 1864 in industrieller Massenproduktion hergestellt. Wahrscheinlich ab 1875 wurden mit dem Produkt Sammelbilder verbunden, die zwar einzeln erschienen, aber in Serie konzipiert wurden. Ab etwa 1890 wurden diese Bilder dann zu jeweils sechs gebündelt und erlangten eine erstaunliche Beliebtheit. Im Laufe der Jahre erschienen über 1100 solcher Serien (vgl. Bernhard Jussen (Hrsg.): Liebig's Sammelbilder. Vollständige Ausgabe der Serien 1 bis 1138. Berlin: Directmedia 2008), darunter etliche zu Opernthemen wie ‹Mignon›, ‹Fidelio› und dem ‹Rosenkavalier›. Bei Mozart gab es eigene Sechsergruppen zum ‹Figaro› oder zum ‹Don Giovanni›. Wohl 1909 kam eine Serie zur ‹Zauberflöte› heraus, deren erstes Bild der Eingangsszene gilt – mit einem Tamino in jener antikischen Gewandung, die Christian August Vulpius in seiner Bearbeitung für Weimar 1794 gefordert hatte.

Druck auf Karton, 7,1 × 10,6 cm; Privatbesitz

---

aufgeführt.[2] Eine solche Posse konnte ihre Wirkung nur entfalten, weil das Publikum mit dem ‹eigentlichen› Werk allerbestens vertraut war. Das gilt auch für eine andere Posse von 1818, in der es heißt: «Bei Männern welche Liebe fühlen, / Fehlt auch ein gutes Herz wohl nicht. / Und hat geendet das Duett / Folgt gleich ein kleines Quodlibet».[3]

Der Text der *Zauberflöte* von Emanuel Schikaneder galt und gilt allerdings nicht selten als Zumutung. Positive Würdigungen waren von Beginn an in der Unterzahl, und sie befinden sich in aller Regel in der Defensive. So herrscht oftmals Ratlosigkeit, warum sich ausgerechnet dieses Libretto auf so seltsame Weise mit anspruchsvollster Musik verbunden hat. Der neue ‹Ton›, den Mozart in seiner Oper anschlug, ist oft bemerkt worden. Umso herausfordernder erschien seine Verknüpfung mit einem Text, der nicht als ‹neu›, sondern eher als wirr gilt. Daher ist die Beschäftigung mit der Oper von Anfang an, also seit 1791, geprägt von Unbehagen und Erstaunen, von Rätsellösungen, Entschlüsselungen, neuen Verrätselungen, Bearbeitungen, Entdeckungen und Dechiffrierungen.

Die ungebändigte und unüberblickbare Deutungsgeschichte, die mit der Uraufführung am 30. September 1791 im Wiener Freihaustheater einsetzte,[4] weist jedoch eine seltsame Eigenart auf: Viele der Deutungsversuche schließen sich gegenseitig aus, und zwar umso kategorischer, je entschiedener sie sich geben. Der Komponist, der die Uraufführung nur um wenige Wochen überlebte, war zwar überaus stolz auf seinen großen Erfolg, konnte aber selbst die Deutungen nicht mehr beeinflussen. Schikaneder hingegen, der es sehr wohl vermocht hätte, hat, von wenigen und eher beiläufigen Ausnahmen abgesehen, zur Gänze darauf verzichtet.

Und als ob das nicht schon genug wäre, traten dann noch Theorien von Brüchen innerhalb der Oper, Autorschaftszweifel und vermeintliche Fassungsfragen hinzu, gepaart (wenigstens in den weitgehend destabilisierten Regieverhältnissen des frühen 21. Jahrhunderts) mit besonders wüsten und wütenden szenischen Überschreibungen, Verfremdungen und Entstellungen. Es gibt auf den Opernbühnen neue Texte, neue Szenenfolgen, identitäre Transformationen und *Zauberflöten* im Kino, in der Weltraum- oder in der Pflegestation. Begleitet werden solche Aufführungen von Deutungen, in denen zum Beispiel die «strahlenden Koloratur-Arien der Königin» die Oper mit «machtvollem Kastratensopran» zu einem Triumph für «Queerness, Transvestie und überhaupt das märchenhaft Kunstvolle» machen.⁵ Alles das könnte ein Grund zur bedingungslosen Kapitulation sein, haben sich doch offenbar der Gegenstand und seine Wahrnehmung in fast zweieinhalb Jahrhunderten hoffnungslos und uneinholbar auseinanderentwickelt.

Das wäre also Anlass genug, auf ein neues Buch ausgerechnet zu diesem Werk zu verzichten. Mozarts ‹neuer Ton› steht darüber hinaus nicht nur seltsam erratisch neben einem diffus wirkenden Libretto. Es fällt vielmehr auf, dass auch dieser Ton in sich nicht konsistent ist, dass er letztlich so heterogen ist wie der Text von Schikaneder: mit absurden Stimmlagen, unwirklichen Ensembles, formalen Vielfältigkeiten und manchem mehr. Die *Zauberflöte* handelt zudem von Aufnahme- und Zutrittsritualen, aber zugleich von Einweihung und Ausgrenzung, von Bestätigung und Verweigerung, von Licht und Nacht. Der damit verbundene Ton wollte und sollte – dies wohl eine tatsächliche Veränderung bei Mozart – aber gerade nicht hermetische Verschlossenheit oder Unzugänglichkeit erzeugen. Die Oper wendet sich, so scheint es wenigstens, implizit an alle, und dies wurde 1791 auch umgehend so angenommen. Mozarts Musik (und damit auch ihr Text) schien eben, obwohl darin dauernd von Prüfung die Rede ist, selbst keine Prüfung vorauszusetzen. Oder doch? Die vermeintliche, aber am Ende wohl nur inszenierte Voraussetzungslosigkeit hat jedenfalls nicht selten dazu geführt, die Mehrdimensionalität dieser Musik zu unterschätzen, sie also entweder in Enträtselungen aufzulösen oder allzu selbstverständlich hinzunehmen. Genau darin liegt jedoch eine der irritierenden Herausforderungen beim Umgang mit dieser Oper. Ihr kann man sich nicht entziehen, unabhängig von der persönlichen Haltung, die man dazu einnimmt. Denn offenbar ist bei näherem Hinsehen eben doch nichts so, wie es scheint.

Die scharfe Linie, welche den Komponisten von der immensen Wirkung seines Werkes trennt, lässt sich daher sehr wohl als neuerliche Chance begreifen. Es geht in diesem Buch also nicht darum, neue lineare Erklärungsmuster oder Rätsellösungen hinzuzufügen, überhaupt geht es nicht um eine ‹geschlossene›, vielleicht sogar apodiktische Interpretation. Es soll vielmehr versucht werden, die Oper strikt vor jenem Hintergrund zu lesen, dem sie entstammt, also dem des 18. Jahrhunderts. Es ist das Jahrhundert der Aufklärung, in dem Mozart sein ganzes Leben verbracht hat, ihm verdankt er seine musikalische und seine intellektuelle Prägung. Wie im Grunde kein anderer Zeitgenosse verfügte er über persönliche Erfahrungen nicht allein mit den bedeutendsten Regenten seiner Zeit, sondern auch mit den führenden musikalischen und intellektuellen Zirkeln, sei es in Rom, Neapel oder London, in Genf, Lausanne, Zürich, München, Paris, Wien, Berlin oder Leipzig. Die Debatten des 18. Jahrhunderts, die darum kreisen, die Dinge der inneren und äußeren Welt auf den Begriff der Vernunft zu bringen, waren Mozart auf intensive Weise vertraut, in der Musik und darüber hinaus. Im Wien Josephs II. konnte er eine besonders rabiate Ausprägung dieser Diskussionen kennenlernen – und er hat diese Stadt zu seinem Lebensmittelpunkt gemacht. Zugleich hat er in Wien am Ende der 1780er Jahre die zunehmende Erosion der mit ihr verbundenen Ideen und Ideale erlebt. Die heraufziehende Krise der Jahre ‹um 1800›, in denen sich die Konturen des alten Europa auflösten, nahm hier mit seismographischer Präzision Gestalt an.

Schaut man daher genauer hin, so erweist sich die *Zauberflöte* als ein Panorama zentraler, vielfach erörterter Themen des 18. Jahrhunderts, die im Grunde stets um das Verhältnis zur Wirklichkeit kreisen. Diese ordnen sich jedoch nicht im Sinne einer klar gestuften Hierarchie, wie sie Christian Wolff am Anfang des Jahrhunderts noch angestrebt hatte. Sie prallen vielmehr aufeinander, ohne dass es zu einer Homogenisierung kommen soll oder kommen kann. Diese Vielfalt ist deswegen notwendig verbunden mit der Frage, warum ausgerechnet eine solche Konstellation des Disparaten zum Gegenstand einer Oper werden konnte und sollte – und welche Rolle dabei der Musik zukommt, der Musik im Allgemeinen und natürlich und vor allem der Musik Mozarts. Mozart war von Beginn an ein Verfechter der wirkungsästhetischen Überwältigung durch Musik, und zumindest an dieser Prämisse scheint er bis zur

Zauberflöte festgehalten zu haben, allerdings in einer ebenso eigenwilligen wie besonderen Form.

Eine leitende Grundüberzeugung dieses Buches besteht folglich darin, dass die Zauberflöte nicht etwa ein Rätsel ist, das einer wie auch immer gearteten Lösung zuzuführen ist, sondern dass das, was an ihr rätselhaft und verwirrend erscheint, einer detaillierten Dechiffrierung bedarf – vor dem Hintergrund des 18. Jahrhunderts und anhand zahlreicher, mitunter entlegener, immer aber aussagekräftiger Quellen. Manche der damit verbundenen Aspekte, das Verhältnis von Mensch und Tier etwa, das Exotische oder das Erscheinen eines Farbigen auf der Bühne, haben in den Jahren nach 2000 zum Teil ausführliche, zum Teil erregte theoretische Debatten ausgelöst. Von wenigen, für die Details wichtigen Ausnahmen abgesehen wurden diese Debatten hier jedoch nicht ausdrücklich aufgegriffen, um nicht den Verdacht zu erwecken, vor dem Hintergrund der Oper eine neue Theoriediskussion zu entfalten. Im Zentrum steht der Versuch einer Bestandsaufnahme aus dem Kontext des 18. Jahrhunderts heraus.

Von daher erklärt sich auch das gewählte Verfahren. Es geht nicht um eine lineare Neulektüre der Oper, sozusagen Szene für Szene, auch nicht um eine abstrakte Thesenbildung. Vielmehr sollen zentrale Themenfelder Schritt für Schritt freigelegt und dann auf ihre Bedeutung hin befragt werden, beginnend bei den Lebensumständen Mozarts und den Entstehungsumständen der Oper, endend bei der Dramaturgie und einem Ausblick auf zumindest einen Deutungszusammenhang, dessen früheste Konturen sich in die 1780er Jahre, also noch vor die Uraufführung, zurückverfolgen lassen. Er ist vielleicht der einzige, der wirklich vom Gedanken einer produktiven Herausforderung durch Mozarts Oper getragen war. Gemeint ist Goethes Auseinandersetzung mit der Zauberflöte, in der sich zwei gegensätzliche Einsichten zu bedingen scheinen: die in die Zukunftsfähigkeit von Mozarts Theaterentwurf und die in seine Unwiederholbarkeit.

Viele lieb gewordene Deutungen sind über Jahrzehnte zu festen Klischees der Mozart-Rezeption geworden und erst in den letzten Jahrzehnten immer grundlegender erschüttert worden. Dies soll ein Ausgangspunkt dieses Buches sein. Lange konnte man lesen, Mozart sei in Wien gescheitert, verarmt, verkannt und verschuldet. In höchster Not habe er einen Auftrag von Schikaneder geradezu annehmen müssen. Die ganze Arbeit an der Oper sei überstürzt und eilig gewesen, schließlich habe der Impresario den armen Musiker in einem ‹Zauberflöten-Häuschen› regelrecht festsetzen müssen, damit die Ouvertüre entstehen könne – ein Vorspiel zu einer Art von Oper, die auf einer erbärmlichen Vorstadt-Bretterbühne als kuriose Wiederbelebung des ‹barocken Maschinentheaters› habe aufgeführt werden müssen. Derartige Verständnismuster haben sich unterdessen als vollständige Illusion erwiesen, als weder stichhaltige noch produktive Illusion. Mozart war in Wien erfolgreich, in musikalischer, sozialer und kommerzieller Hinsicht, und seine zeitweise dramatische Verschuldung verdankte sich gewiss nicht fehlenden Einnahmen, sondern viel zu hohen Ausgaben.

Zugleich war er ebenso selbstbewusst wie fordernd, im Umgang mit manchen Zeitgenossen geradezu demütigend. Im September 1781 hielt er über seinen Textbearbeiter Johann Gottlieb Stephanie, der die *Entführung aus dem Serail* für ihn einzurichten hatte, schonungslos fest: «aber er *arrangirt* mir halt doch das buch – und zwar so wie ich es will – auf ein haar – und mehr verlange ich beÿ gott nicht von ihm!»[6] Die Aufgabenverteilung mit Lorenzo Da Ponte und Caterino Mazzolà, dem Librettisten von *La clemenza di Tito*, dürfte ähnlich gewesen sein, und es gibt keinen Grund zu der Annahme, dass es im Falle Schikaneders anders war.

Wenn also in diesem Buch mit Mozarts letztem Jahr, mit den damaligen Theaterverhältnissen und mit der Gattung der *Zauberflöte* begonnen wird, dann auch aus dem Versuch heraus, eine Art ‹Gegenerzählung› durchzuspielen. Diese handelt von Mozarts Wiener Erfolgsgeschichte, vom herausfordernden (und kostspieligen) Modell des Freihaustheaters, von der neuen, nie dagewesenen Idee einer ‹großen Oper› – und davon, dass alle Indizien darauf schließen lassen, Mozart sei auch bei diesem Werk bedingungslos intentional verfahren, habe also keineswegs seine Deutungshoheit auch nur ansatzweise aus der Hand gegeben. Wenn man solche Voraussetzungen konsequent weiterverfolgt, dann ist man von der Versuchung befreit, vermeintliche oder offenkundige Widersprüche ‹auflösen› zu wollen. Vielmehr lassen sich alle bedeutungshaltigen Teile der Oper vor einem musikalischen, ästhetischen und literarischen Hintergrund belastbar erschließen, aus jenen mitunter disparaten Kontexten heraus, die das 18. Jahrhundert bereithielt. Um diesem Ziel näherzukommen, waren nicht nur heterogene Quellen zu bemühen, sondern auch manche Doppelungen in Kauf zu nehmen, da vergleichbare oder identische Befunde in unterschiedlichen Kontexten unterschiedliche Bedeutung annehmen können.

So muss der Versuch, die *Zauberflöte* aus dem Jahrhundert der Aufklärung zu verstehen, nicht nur deswegen fragmentarisch bleiben, weil dies für jede hermeneutische Tätigkeit gilt. Akzeptiert man nämlich die Heterogenität als intendiertes Wesensmerkmal der Oper, dann kann und darf die Deutung nicht einmal eine vermeintliche Homogenität erzeugen – oder wenn, dann höchstens in jenem sehr allgemeinen Sinn, dass all die disparaten Elemente signifikant eben mit jenem ideellen Kontext zu tun haben, dem sie entstammen. Dies ist zwar selbstverständlich ebenfalls eine ‹These›, aber doch eine, die nicht auf eine Bereinigung des Heterogenen zielt, sondern darauf, das vermeintlich Unbereinigte anzuerkennen und besser verstehen zu lernen. Sollte es also gelingen, die Oper als eine Art Resümee ihres Zeitalters, mit der Zuspitzung in einer grundlegenden Krise, zu begreifen – für eine solche Sicht kann man zweifellos Goethe als Kronzeugen anführen –, dann kann die Auseinandersetzung mit ihr nochmals einen anderen Akzent erhalten. Denn die strikte Historisierung, die hier angestrebt wird, dürfte zugleich Charakterzüge offenbaren, die sich auch über 200 Jahre nach der Entstehung der *Zauberflöte* als herausfordernd erweisen.

Dieses Buch entstand im Anschluss an eine größere Untersuchung zur Stellung Mozarts im Jahrhundert der Aufklärung. Es wurde angeregt durch einige Gespräche, die sich daraus ergaben, etwa mit Gerhard Vitek in Wien oder mit Johann Casimir Eule in Dresden. Nach einigem

Zögern konnte das Vorhaben verwirklicht werden, ermutigt durch Stefan von der Lahr und vor allem Stefanie Hölscher. Etliche Freunde und Kollegen haben in unzähligen Gesprächen und durch die Lektüre des Manuskripts oder von Teilen daraus dazu beigetragen, dass das Vorhaben auch abgeschlossen wurde. Viele Detailfragen konnten zudem nur mit großzügiger Hilfe beantwortet werden. Besonders dankbar bin ich Otto Biba, Esma Cerkovnik, Christian Gerhaher, Inga Mai Groote, Bettina Kirnbauer, Martina Rebmann, Ulf Schirmer, Sabine Schneider, Stefanie Stockhorst, Melanie Wald-Fuhrmann und Veronika Weber. Ilka Sührig hat den gesamten Text gründlich durchgesehen und wertvolle Hinweise gegeben, Arturo Larcati die italienischen Übersetzungen korrigiert. Giulio Biaggini, Laura Kacl und Célestine Muster haben bei der Redaktion geholfen, Viviane Nora Brodmann bei den Korrekturen. Alexander Goller hat das Register erstellt, Laura Ilse die Drucklegung koordiniert.

Zahlreiche Institutionen haben eine Fülle von Materialien bereitgestellt, vor allem die Bayerische Staatsbibliothek München, die Österreichische Nationalbibliothek Wien, die Wien-Bibliothek, die Stiftung Mozarteum Salzburg und die Zentralbibliothek Zürich. Günter Katzler vom Niederösterreichischen Landesarchiv St. Pölten, Olaf Hillert vom Stadtarchiv Leipzig und Harald Haslmayr von der Kunstuniversität Graz haben wichtige Quellen beigesteuert. Die Staatsbibliothek zu Berlin Preußischer Kulturbesitz hat mir auf zuvorkommendste Weise Zugang zu herausragenden Mozart-Quellen gewährt, hier haben Martina Rebmann und Otto Biba nochmals mit profundem Rat und zielführender Tat zur Seite gestanden. Allen Genannten fühle ich mich in herzlicher Dankbarkeit verpflichtet.

Zürich, im Juli 2023

Ein «Theatermeteor» und seine Folgen

Die *Zauberflöte* galt schon bald nach ihrer Uraufführung als «Theatermeteor».[1] Im weimarischen *Journal des Luxus und der Moden*, das Friedrich Justin Bertuch (1747–1822) herausgab, war bereits im Dezember 1792 zu lesen, es handele sich um «des unsterblichen Mozart leztes Meisterwerk» und dieses sei, nur ein gutes Jahr nach der Uraufführung, eine «allgemein beliebte Oper».[2] Kurze Zeit später, 1794, erschien in derselben Zeitschrift eine *Allegorie aus der Zauber-Flöte* des Königsberger Literaten Ludwig von Baczko (1756–1823); er war nach einer Pockeninfektion erblindet und konnte das Werk folglich nie auf der Bühne sehen, sondern nur hören. Seine Allegorie, nach einer Aufführung in Königsberg entstanden, bemühte den Verlust seines Sehsinns, der es ihm erst erlaubt habe, zum Eigentlichen vorzudringen. Und dieses Eigentliche liege zweifellos im Freimaurertum, denn «wo die Großen der Erde mit der Aufklärung im unzertrennlichen Bunde stehen; da ist der Sieg der Vernunft entschieden; da ertönt, der Tugendhaften und Weisen Triumpfgesang».[3]

Vielleicht weil dem Herausgeber und Verleger Bertuch der auf Anschauung gerichtete Titel einer ‹Allegorie› gerade in diesem Fall erklärungsbedürftig erschien, entschloss er sich zu einer ausführlichen Einleitung. Dort heißt es: «Nie hat ein dramatisches Product bey irgend einer Nation ein allgemeineres Glück gemacht als Mozarts unsterbliches Werk, die *Zauberflöte*.» Dennoch sei sie, keine drei Jahre nach der Entstehung, auf «unzählige Art produzirt, geformt, gestutzt, gebraucht und gemißbraucht, bearbeitet, gemodelt, parodirt, nachgeahmt und verhunzt worden». Sie sei «nun schon seit einem Paar Jahren daher auf allen Bühnen und Buden, wo es nur noch anderthalb Kehlen, ein Paar Geigen, einen Vorhang und sechs Coulissen gab, unaufhörlich gegeben worden, hat die Zuschauer viele Meilen weit in die Runde, wie die Zaubertrommel eines Schamanen die Zobel an sich gezogen, und die Theater=Cassen gefüllt. Für unsre Notenstecher und Musikhändler war sie eine wahre Goldgrube von Potosi;[4] denn sie ist in allen Noten= Offizinen theils ganz, theils *en hachis* in einzelnen Arien und Fragmenten, im Clavier=Auszuge, mit oder ohne Gesang, variirt und parodirt, gestochen und geschrieben herausgekommen, und auf allen Messen und Jahrmärckten zu haben. Unsern Stadpfeifern, Prager=Musikanten, Bänkelsängern, und Marmotten=Buben, hat sie Brod und Verdienst gegeben, denn auf allen Messen, in Bädern, Gärten, Caffeehäusern, Gasthöfen, Redouten und Ständchen, wo nur eine Geige klingt, hört man nichts als Zauberflöte, ja sie ist sogar auf alle Walzen der Dreh=Orgel und Laterne=Magique verpflanzt worden. Sie liegt auf allen Klavieren unsrer lernenden und klimpernden Jugend; hat unsren großen und kleinen Buben *Papageno=Pfeifchen*, und unsern Schönen neue Moden, Coeffüren und Stirnbänder, Müffe und Arbeitsbeutel à la *Papagena* gegeben [...].»[5]

Bertuch stellt neben dieser Popularität ebenso erstaunt die Vielfalt der Deutungen jenseits der Freimaurer-Allegorie fest. So nennt er zum Beispiel den Versuch, als «mystischen Sinn» der Oper «die Französische Revolution» zu erblicken.[6] Wahrscheinlich 1792 erschien tatsächlich als pamphlethafter Blattdruck *Das Lied des freien Mannes*, geschrieben von dem rabiaten Mainzer Jakobiner Friedrich Lehne (1771–1836). Der Text war zur Melodie von Papagenos Vogelfänger-Lied zu singen: «Willkommen! wer die Menschheit liebt, / Für Sie, wenn's gilt, sein Leben giebt».[7] Unzweideutig sollte die *Zauberflöte* damit zu einem jakobinischen Revolutionsstück werden. Nur kurze Zeit danach wurde jedoch in einem in Linz veröffentlichten Dialog eines anonymen Verfassers zwischen der Muse Thalia und dem Kritiker Momus genau das Gegenteil behauptet:

«Die Nacht das ist, die Jakobinerphilosophie [die Königin der Nacht, L. L.] gebahr eine Tochter, nämlich die Republik [Pamina], welche sie auch forthin im Reiche der Nacht erziehen wollte, und sodann eine jakobinische Verheurathung und Verbindung mit ihr im Antrag hatte», am besten mit einem «jakobinischen Diktator». Diese «Tochter Republik» wurde jedoch der Mutter entzogen und an einem «Ort, wo noch Tempel und Priester [Sarastro und die seinen] sind (denn in Frankreich sind keine Priester mehr, sondern von Kanzeln herabschreyende Komödianten und Zahnärzte) in Sicherheit gebracht». Erst die Vertreibung der jakobinischen Nacht und die Hochzeit mit einem «Kind des wahren Lichts» (Tamino) hätten den Zustand als «ledige Republik» gewendet und beendet.[8]

Zwar schließen sich beide Deutungen aus, doch sind sie verbunden in der Annahme, der im Werk verborgene Sinn müsse einfach bloß aufgedeckt werden. Der unbekannte Linzer Autor hob dies sogar ausdrücklich im Titel seiner Schrift hervor: Sie diene dazu, die Oper «deutlich» auszulegen, um ihren «wahren Sinn» zu entdecken. Die *Zauberflöte* ließ sich also, wie es auch ein weiterer anonymer Autor tat, im Zusammenhang der Revolution, ja als «Allegorie auf die französische Revolution, nach ihrer Lage in den Jahren 1789–90 und 91» lesen,[9] oder man konnte diesen Zusammenhang, wie ein ebenfalls anonymer Autor 1794 in den *Rheinischen Musen*, ganz entschieden zurückweisen.[10] Dieser Autor bezog sich dabei wiederum auf eine radikale politische Deutung aus demselben Jahr in Mannheim.[11] In den ersten Jahren der Wirkungsgeschichte von Mozarts Oper begegnen aber auch noch ganz andere Deutungen. Baczkos Freimaurer-Allegorie stand keineswegs isoliert da: Schon 1792 erschien in Wien eine ausführliche Anzeige von Carl Grosses (1768–1847) Roman *Der Genius*, und der anonyme Verfasser, der das Buch geheimbündlerisch und freimaurerisch verstand, wies bei dieser Gelegenheit auf ähnliche Botschaften in der *Zauberflöte* hin: «Sollte nebst andern nicht die bekannte *Zauberflöte* eine solche Prüfung [durch den Staatsmann und Herzenskenner, L. L.] verdienen? Es scheint doch in dieser *Volksoper* nicht blos auf Auge und Ohr angesehen zu sein. Man stellt da doch Dinge auf, welche eine *gewisse Tradition* immer als die heiligsten Geheimnisse in tiefes Dunkel verhüllte.»[12] Ein solcher vermeintlicher Überschuss an Sinn ließ sich banalisieren, wie es schon in einem Bericht über die Uraufführung geschah, der im Oktober 1791 in Bayreuth erschien: «Hr. Schickaneder hat ein sehr beliebtes Stück, unter dem Namen: Die *Zauber-Flöte* von seiner Composition aufführen lassen, welches allgemeinen Beyfall erhält. Es stellt eine alte Einweihung vor, wie im Sethos [dem *Sethos*-Roman von Jean Terrasson, L. L.] beschrieben wird. Die Decoration ist prächtig. Die Musik hat unser berühmter Virtuos Hr. Mozzart verfertiget, auch solche selbst dirigirt [...].»[13] Der höhere Sinn ließ sich aber auch ganz in Zweifel ziehen, wie in der 1794 in Stuttgart veröffentlichten Feststellung, es handele sich bei der Oper um «ein abentheuerliches Gemisch von ägyptischer Fabelei».[14] Von dort aus war es nur noch ein kleiner Schritt zu dem Befund, hinter dem Ganzen liege am Ende überhaupt kein Sinn. Ein anonymer Rezensent, wahrscheinlich der auch als Gelegenheitskomponist tätige Adolph von Knigge (1752–1796), bemerkte in Friedrich Nicolais *Neuer allgemeiner Deutscher Bibliothek* von 1795: «Herr Schikaneder hat zwar wohl noch nie etwas anderes als Unsinn geschrieben, aber hier hat er sich selbst übertroffen.»[15] Der aus Stettin stammende Jurist Julius Friedrich Knüppeln (1757–1840), der in einem Bericht über

---

Offenbar für die Leipziger Erstaufführung der ‹Zauberflöte› hat der Verleger und Buchhändler Johann Baptist Klein (gest. 1800 oder 1801) 1793 ein Würfelspiel zur Oper herausgebracht, das von verschiedenen Buchhändlern annonciert wurde. Es basiert auf dem ‹Gänsespiel›: Die 69 Felder müssen von den zwei bis sechs Spielern mit ihren Spielsteinen nach dem Wurf sechsseitiger Würfel durchlaufen werden. Die mit Elementen, Figuren oder Szenen der Oper markierten Felder sind ‹Ereignisfelder›, sie verlangen also jeweils besondere Aktionen (Wiederholung, Aussetzen etc.; vgl. Günter G. Bauer u. Rainer Buland: Das Zauberflöten-Spiel. The Magic Flute Game. Geschichte und Spielregel. History and Rule of the Game. Salzburg: Universität Mozarteum 2021; urn:nbn:at:atubms:3-1232). Neben der Modellbühne des Nürnberger Spieleherstellers Georg Hieronimus Bestelmeyer (1764–1829) von 1795, von der sich kein Exemplar nachweisen lässt,

Das Zauberflöten-Spiel (1793)

ist dieses Spiel ein guter Indikator für die erstaunliche Verbreitung der Oper schon kurz nach der Uraufführung. In der Folge lassen sich weitere vergleichbare Spiele nachweisen.
Handkolorierter Kupferstich, 33,8 × 46,8 cm (Blatt); Salzburg, Universität Mozarteum, Institut für Spielforschung

seine Wienreise das Freihaustheater durchaus belobigte, beklagte 1793 ganz vergleichbar das «lächerliche, widersinnige und fade Produkt» der *Zauberflöte*. Schikaneder «versteht die Geister- und Cörper-Welt gleichsam zu amalgamiren, und man ist bei dem Anschaun des Abentheuerlichen und Wunderbaren zweifelhaft, ob man bei dem Hrn. Directeur die verworrenen Ideen seiner Fantasie, oder die feine Politik eines speculativen Kopfs bewundern soll».[16] Knüppeln schwankte also letztlich zwischen Unsinn und irgendeiner verborgenen Botschaft.

Der Beliebtheit der Oper, zumindest im deutschen Sprachraum, taten solche Widersprüche – wie auch Bertuch bemerkte – keinerlei Abbruch, im Gegenteil. Schon 1793 erschien bei dem Leipziger Verleger Johann Baptist Klein ein Gesellschaftsspiel *Die Zauberflöte*, «zur angenehmen und scherzhaften Unterhaltung», und zwei Jahre später brachte der Nürnberger Spielehersteller Georg Hieronimus Bestelmeyer (1764–1829) eine Modellbühne zur Aufführung des Stückes auf den Markt.[17] Doch zeichnen sich hier, in diesem Gemisch von überwältigender Popularität, widerstreitenden Deutungen und fundamentaler Kritik, Rezeptionsmuster ab, die das Werk fortan begleiten sollten. Auch wenn Vereinheitlichungen immer problematisch sein mögen, so lassen sich doch vier verschiedene Aspekte grundsätzlich voneinander trennen, die für die Folgezeit bestimmend werden sollten.

1. Eine grundlegende Kritik an Schikaneders Textbuch paarte sich rasch mit der ungläubigen Frage, wie Mozart so etwas überhaupt habe vertonen können. Spätestens mit Otto Jahns wegweisender Mozart-Biographie von 1856 etablierte sich die Modell-Erzählung von Mozarts Scheitern in Wien. Sie wurde in Hermann Aberts grundlegender, auf Jahn fußender Mozart-Biographie von 1919 zwar abgemildert, aber im Grunde blieb sie bestehen. Genötigt von den immer schwieriger werdenden Lebensverhältnissen sah der Komponist sich demnach gezwungen, in die ‹Vorstadt› auszuweichen und schon aus Geldnot eine Zusammenarbeit mit dem windigen Prinzipal Schikaneder einzugehen.

Auch wenn es nicht sehr logisch ist, verbanden sich damit zugleich Zweifel an der Autorschaft Schikaneders. Selbst diese Zweifel kamen

Zauberflöten-Karikatur (1810)

Der Verleger Friedrich Campe (1777–1846), der ab 1805 dauerhaft in Nürnberg ansässig war, veröffentlichte 1810 zwei handkolorierte Radierungen, die sich satirisch auf die ‹Zauberflöte› beziehen, und zwar auf das Duett zwischen Pamina und Papageno (‹Bei Männern, welche Liebe fühlen›, I, 14). Diese abgründige Karikatur zeigt einen Mann im Stile der Sansculottes, der jedoch Papagenas Text singt. Die Darstellung parodiert das Selbstbildnis des Pariser Porträtmalers Joseph Ducreux (1735–1802), der sich um 1783 im Hausrock beim Gähnen darstellte (vgl. Cornelia Langemann u. Ulrich Pfisterer: Kunst zum Gähnen! Joseph Ducreux' Selbstportraits. In: Maria Effinger (Hrsg.): Von analogen und digitalen Zugängen zur Kunst. Festschrift für Hubertus Kohle zum 60. Geburtstag. Heidelberg: Winter 2019, S. 131–139). Parallel dazu entstand die zweite Karikatur einer offenbar arbeitenden, ebenfalls gähnenden Frau, die nun umgekehrt die Verse Papagenos singt.

Handkolorierte Radierung, 38,3 × 27,6 cm; London, The British Museum schon früh auf, und sie scheinen mit einer konkreten Person zusammenzuhängen. Bereits im Vorwort zu seinem *Spiegel von Arkadien* (die Oper mit der Musik Franz Xaver Süßmayrs wurde im November 1794 uraufgeführt) wandte sich Schikaneder empört gegen die Unterstellung, die «ein gewißer Theater-Journalist in Regensburg» verbreite, dass er nämlich «an meiner Zauberflöte mit gearbeitet» habe.[18] Damit war offenbar Karl Ludwig Giesecke (1761–1833) gemeint. Er hatte in den 1780er Jahren das *Regensburgische Theater-Journal* herausgegeben, wirkte aber ab 1789 in Schikaneders Theatergesellschaft, war auch an der Uraufführung der *Zauberflöte* beteiligt und war zudem ein Logenbruder Mozarts.[19] Schließlich wurde er als Mineraloge nach Dublin berufen, kehrte jedoch 1818 besuchsweise nach Wien zurück, also zu einem Zeitpunkt, als Schikaneder bereits verstorben war.[20] Dort begegnete ihm der spätere Hofoperndirektor Julius Cornet (1793–1860), wie dieser 1849 berichtete, in einem Wirtshaus, gemeinsam mit dem Komponisten Ignaz von Seyfried (1776–1841), der Giesecke sogleich erkannt habe. Und dabei sei es zur Offenbarung gekommen: In Giesecke habe er, so Cornet, «den eigentlichen Verfasser der ‹Zauberflöte›» kennengelernt.[21]

Die Umstände dieser Geschichte muten alles andere als überzeugend an: Cornet erinnerte sich über 30 Jahre später an eine zufällige Wirtshausszene, die ihrerseits ein über 25 Jahre zurückliegendes Ereignis zum Gegenstand hatte. Giesecke hat sich selbst, so scheint es, allenfalls indirekt, also über Dritte, als Verfasser ins Gespräch gebracht, nach der Uraufführung als Mitautor, nach Schikaneders Tod als alleiniger Autor. Warum immer er das tat, wenn er es überhaupt tat, glaubwürdiger wird es damit nicht. Und doch hat sich die Diskussion um die Urheberschaft des Textes danach nie wirklich beruhigt.

Mit dieser Diskussion ist eine weitere Variante zur Textentstehung verbunden, bei deren Genese abermals Ignaz von Seyfried, Schikaneders ehemaliger Kapellmeister im Freihaustheater und im Theater an der Wien, eine Rolle spielte. Zu den Herausforderungen des Textbuchs gehören zweifellos die zahlreichen oberflächlichen Ungereimtheiten, die sich zuweilen zur Diagnose eines ‹Bruchs› zwischen erstem und zweitem Akt verdichtet haben. Seyfried hat dem Dramatiker Georg Friedrich von Treitschke (1776–1842) mitgeteilt, dass die Uraufführung von Wenzel Müllers Oper *Kaspar der Fagottist, oder: Die Zauberzither* im Leopoldstädter Theater im Juni 1791 wegen der großen Nähe des Stückes zur *Zauberflöte* zu einer überstürzten, rabiaten Neukonzeption des zweiten Aktes geführt habe. Das «Herumdrehen des ganzen Plan[s]» sei auf ausdrücklichen Wunsch Schikaneders erfolgt; Ziel sei es gewesen, der Konkurrenz mit Müller auszuweichen. Seyfried schrieb dies vermutlich Ende 1840, also ein halbes Jahrhundert nach der Uraufführung, zu deren Zeitpunkt er selbst 15 Jahre alt gewesen war.[22] Treitschke wiederum hat diesen Brief in einem 1841 erschienenen literarischen Text aufgegriffen,[23] und die dort verbreitete Behauptung gelangte über Otto Jahn in die Mozart-Literatur, mit beträchtlichen Folgen. Sie entbehrt jedoch schon deswegen der Grundlage, weil Mozart selbst im Juni 1791 Müllers Oper besuchte – und sich darüber gegenüber Constanze in der für ihn nicht untypischen Geringschätzung äußerte. Es ist also mehr als fragwürdig, ausgerechnet dieses Erlebnis als Anlass für einen einschneidenden (und durch nichts belegten) Konzeptionswandel zu sehen. Giesecke, der Seyfried doch seine eigene Autorschaft anvertraut haben soll, blieb in dem besagten Brief übrigens unerwähnt – was dessen Glaubwürdigkeit nochmals reduziert.

Die Verbindung eines unzureichenden Textbuchs mit einer bedeutenden Partitur blieb ein Topos der Rezeption. Wohl daraus resultierten die Bestrebungen, den Text zu einem Zufallsprodukt mit unklarer Autorschaft zu stilisieren. Die Quellenlage lässt jedoch nichts anderes zu, als das Textbuch auch von Mozart aus als vollständig beabsichtigt zu verstehen. Gestützt wird dies durch ein weiteres Argument: Noch in seiner frühen Oper *La finta giardiniera* vertonte Mozart, getreu den Gepflogenheiten einer *scrittura* (also eines formalisierten Opernauftrags), das Libretto unverändert. Ab dem *Idomeneo* hat sich dieses Verhältnis jedoch grundlegend gewandelt. Im Falle von *Idomeneo*, der *Entführung aus dem Serail* und *Così fan tutte* gibt es klare Belege, im Falle von *Le nozze di Figaro*,

Don Giovanni und La clemenza di Tito ein hohes Maß an Evidenz dafür, dass Mozart die konkrete Gestalt seiner Textbücher massiv beeinflussen und am Ende entscheidend bestimmen wollte. Es besteht daher kein Anlass, ausgerechnet bei der Zauberflöte Gegenteiliges zu vermuten – zumal Schikaneder selbst keinerlei Zweifel daran ließ, dass er das Stück gemeinsam «mit dem seligen Mozart fleißig durchdachte».[24]

2. Eine Reaktion auf die zahlreichen oberflächlichen Widersprüche der Oper bestand und besteht darin, auf ihrem Rätselcharakter zu beharren. Die Annahme, dem Werk liege ein Geheimnis zugrunde, das der Offenlegung bedürfe, führte schon in den 1790er Jahren zu zahlreichen und notgedrungen widersprüchlichen ‹Lösungen›. Denn es blieb nicht nur unklar, ob dieses Geheimnis politischer oder weltanschaulicher Art sein sollte, sondern auch, warum es zum Gegenstand ausgerechnet einer Oper geworden war. Im Laufe der Rezeptionsgeschichte traten sogar neue Rätsel hinzu, psychoanalytischer, numerischer und hermetischer Art. Dabei ging eine Anregung vom Titel selbst aus, wird der ‹Zauber› dort doch ausdrücklich genannt.[25] Im Hintergrund stand stets Mozarts (und Schikaneders) Zugehörigkeit zu den Freimaurern, deren Rituale für die Bildwelten der Zauberflöte ohne Zweifel eine große Rolle spielten.[26] Die lange Deutungsgeschichte hat immer wieder verwunschene,[27] aber auch gewichtige Rätsellösungen bereitgehalten. In einem folgenreichen Essay stellte zum Beispiel der Genfer Literaturwissenschaftler Jean Starobinski (1920–2019), der auch Arzt war, das Werk 1973 in den Zusammenhang der Französischen Revolution: Das Singspiel «stellt und löst in symbolischer Darstellung das Problem der Autorität und ihrer Begründung».[28] Weniger behutsam verfuhr dagegen der aus Wien gebürtige Musikwissenschaftler und SED-Funktionär Georg Knepler (1906–2003) in seiner orthodox marxistischen Lesart von 1993, mit der die Oper zum Bestandteil «einer Menschheitswende» wurde, «an deren revolutionären Anfängen Mozart mitwirkte».[29]

Mozart hat die frühe Rezeptionsgeschichte der Zauberflöte nicht erlebt, konnte sie also nicht beeinflussen, und Schikaneder hat auf die sich abzeichnende Debatte nicht reagiert, weder mit Blick auf das Politische noch auf das Weltanschauliche. So ist die Frage keineswegs banal, warum denn Geheimnisse überhaupt auf eine Bühne gelangen sollten. Zudem fragt sich, wem dabei die Genugtuung zukäme, derartige Geheimnisse enthüllen zu können oder zu dürfen, und welche Rolle die Musik dabei spielen sollte. Das Geheimnisvolle auf einer Bühne ist anders als in jeder freimaurerischen Versammlung voll und ganz öffentlich. Ein Rätsel verliert aber seine Berechtigung, wenn es auf diese Weise preisgegeben wird. Es wäre dramaturgisch wie musikalisch also mehr als sinnlos, derartige Arkana zum Gegenstand einer Bühnenhandlung zu machen. Der theatralische Sinn eines ausgestellten Geheimnisses kann nur darin bestehen, eine Auflösung zu verweigern, erst recht eine lineare oder eindeutige. Dies allerdings lässt sich sehr viel leichter als Intention begreifen als das Gegenteil, also die Aufforderung zu einer bruchlosen Auflösung, die stets das Risiko widerstreitender Missverständnisse in sich bergen muss.

Unter den zahlreichen Deutungen, die auf die Lösung verdeckter Rätsel zielen, nimmt eine gewisse Sonderrolle die 2000 erschienene Monographie des Kirchenmusikers Helmut Perl (1927–2004) über den «Fall» der *Zauberflöte* ein. Der Verfasser versucht darin wie schon der Linzer Autor von 1794, den «verborgenen Inhalt» der Oper freizulegen, und identifiziert ihren Charakter als «szenisches Illuminaten-Oratorium».[30] Die Schwierigkeit einer solchen Deutung liegt ungeachtet der Fragen nach Evidenz und Glaubwürdigkeit auch und vor allem in dem Umstand, dass sich die Sinnfrage damit nochmals zuspitzt. Das Arkane des Illuminatentums bestand darin, sich jeglichem Publikum zu verweigern.[31] Der demonstrative Gang an die Öffentlichkeit, noch dazu über eine «große Oper», wäre zweifellos eine erklärungsbedürftige Grenzüberschreitung gewesen. Diese hätte sich nur gewaltsam begründen lassen – eben in der Konsequenz einer absoluten, dem Illuminatentum wesensfremden ‹Vereindeutigung›.

3. Immer wieder ist in der Auseinandersetzung mit der *Zauberflöte* die Welt des Wiener Zaubertheaters bemüht worden, eine vermeintlich ‹barocke› Tradition, die für die Oper prägend gewesen sei.[32] Diese Ver-

bindung war und ist eng verknüpft mit der Vorstellung des ‹Vorstadttheaters›, das seit Jahn als Sinnbild des sozialen Abstiegs von Mozart verstanden wurde. Vor allem in den entschiedenen Rehabilitierungsversuchen von Schikaneder durch Egon von Komorzynski (1878–1963), von Haus aus klassischer Philologe, wurde auf diesen Zusammenhang hingewiesen.[33] Aber die angeblich barocke Tradition des Wiener Zaubertheaters scheint eher eine Fiktion denn ein wirkliches Erklärungsmuster zu bilden. Von den vielen Elementen, die Mozarts *Zauberflöte* prägen, mögen einzelne der Wiener Komödientradition entstammen, aber diese sind weder signifikant noch bestimmend. Schikaneder selbst äußerte sich in dieser Hinsicht ebenso dezidiert wie eindeutig: «Ich wollte wünschen, man spielte meinen Papageno als einen launichten Menschen, nicht als einen Hannswurst, wie es leider auf so vielen Bühnen geschieht.»[34]

Der Verweis auf die vorgebliche Wiener Theaterwelt ist zudem schon deswegen fraglich, weil ihr weder Mozart noch Schikaneder entstammten. Das Freihaustheater war, wie später das Theater an der Wien, eine komplexe kommerzielle Organisation, die nicht auf landläufige Bühnenpraktiken ausgerichtet war, sondern wesentlich darauf, ein anspruchsvolles, zahlungskräftiges, patrizisches und aristokratisches Publikum zu binden. Für alle seine prägenden und spektakulären Elemente gab es Anknüpfungspunkte in den Traditionen, die diesem Publikum geläufig waren – die aber nichts mit dem ‹Wiener Theater› zu tun hatten. Der aufwendige Einsatz bühnentechnischer Effekte beherrschte die französische Oper, was auch für Gluck von großer Bedeutung war. Das Exotische ließ sich sowohl in der französischen wie in der italienischen Oper finden, zudem in Mischformen wie in Berlin, zuweilen sogar in der Opera buffa. Der Kontrast zwischen einem hohen und einem niedrigen Paar beggenet einem in der Singspieltradition, und er prägte etwa auch die für das Wiener Nationaltheater geschriebene *Entführung aus dem Serail* – wobei die Konstellation der beiden Paare bereits für Stephanies literarische Vorlage bestimmend war. Und die ‹lustige Person› war kein Privileg des vermeintlichen

Wiener Vorstadttheaters, sondern eine ästhetisch intensiv diskutierte Bühnenerscheinung in ganz Europa, worauf sich Schikaneder selbst bezog.[35]

Der technische Aufwand im Freihaustheater war zwar beträchtlich, aber weit entfernt von dem, was gemeinhin ‹barockes Maschinentheater› genannt wird. Es hat vielmehr den Anschein, als habe sich Schikaneder für sein Theaterunternehmen aktuellster vor allem optischer Darstellungsformen bedient. Er hat damit Techniken verwendet, die seinem Publikum vielleicht von Reisen, in der Regel aber aus den Berichterstattungen der Journale geläufig waren. Der erhebliche und kostspielige Aufwand hat sein Theater auch in Fragen der Ausstattung zu einer ernsten Konkurrenz für die Bühnen gemacht, die unter direkter höfischer Protektion standen.

4. Ein letzter Deutungszusammenhang ist die Annahme, die vielen Widersprüche der *Zauberflöte* seien geeint und versöhnt in einem utopischen Potential von Humanität, also in dem, was der Philosoph Ernst Bloch (1885–1977) den «Spiegel für das noch nicht Gewordene» nannte.[36] Dies scheint vor allem ein Deutungsmuster des 20. Jahrhunderts zu sein, in dem das Stück gewissermaßen zum Symbol einer Hoffnung gegen bedrohliche Zeitläufte gemacht worden ist. 1938 veröffentlichte der Musikwissenschaftler Alfred Einstein (1880–1952), bereits aus Deutschland geflohen, seinen Aufsatz über *Mozart und die Humanität* in Thomas Manns Exilzeitschrift *Maß und Wert*, und dieser Text ist auch in seine 1945 veröffentlichte Mozart-Biographie eingegangen. Einstein glaubte nicht an die These eines Bruchs innerhalb der *Zauberflöte*, er war von Schikaneders Autorschaft überzeugt, und er hielt die symbolischen oder politischen Deutungen für zeitgebunden. Entscheidend war für ihn die Musik Mozarts. Sie «war sein Vermächtnis an die Menschheit, sein Appell an die Ideale der Humanität».[37]

So verständlich und sympathisch diese Lesart ist – sie sollte, wie in Einsteins kluger Einlassung, eine Art Versicherung in grauenvollen äußeren Umständen sein –, so problematisch bleibt sie im Detail. Im Gegensatz zu anderen Aufklärungsdramen ist nämlich die Gesellschaft in der Zauberflöte alles andere als inklusiv, sie kennt Verlierer, von denen einige sogar vernichtet werden. Bei Mozart ist diese Denkfigur nicht neu, auch im Don Giovanni gibt es eine Höllenfahrt. Der Dichter und Dramaturg Johann Friedrich Schink (1755–1835) kritisierte in seinen Dramaturgischen Fragmenten von 1782 die Entführung aus dem Serail, weil «diese ewigen Grosmuten ein ekles Ding» seien.[38] Doch er verschwieg, dass auch die Großmut der Entführung Ausgeschlossene kennt, nicht bloß Bassa Selim, sondern vor allem Osmin, der keinen Zutritt zur Aufklärungsgesellschaft erhält und sogar durch einen spektakulären musikalischen Bruch vom versöhnenden Vaudeville ferngehalten wird.

Die Gesellschaft der Zauberflöte kennt aber nicht nur Verlierer und deren Vernichtung, sondern noch weitere Widersprüche. In der Welt des Sarastro gibt es Sklaven und furchtbare Bestrafungen, ja sogar die Rache, die man angeblich in ihren heiligen Hallen nicht kennt. In der düsteren Welt der Königin der Nacht existieren gleichwohl Mutterliebe und Zuneigung, ja sogar Gnade und Befreiung, am Ende auch Liebe. All dies bedarf gewiss der genauen Betrachtung, um es überhaupt begreifen zu können. Aber von bedingungsloser Humanität sind diese Welten weit entfernt. Sie sind auch weit entfernt von rationalen Erklärungsmustern solcher Humanität, wie sie kurz zuvor noch der von Schikaneder verehrte Lessing in seinem Nathan zum Bühnengegenstand gemacht hat. Es besteht also der begründbare Verdacht, auch die Humanität der Zauberflöte sei nichts anderes als eine an sie herangetragene Illusion.

Der Ausweg aus einer so verwickelten Konstellation kann gewiss nicht darin bestehen, die Widersprüche des Werkes und seiner Deutungen zu homogenisieren und zu linearisieren. Er kann aber auch nicht in einer radikalen Pluralisierung bestehen, denn – wenigstens dies lässt sich mit Gewissheit sagen – eine solche Kapitulation wäre den Denkformen jenes Jahrhunderts fremd, in dem die Zauberflöte entstanden ist. Die skizzierte Konstellation könnte jedoch die Ermunterung zu einem anderen Verfahren sein, nämlich gleichsam einen Schritt zurückzugehen, um sich nochmals der Gegenstände zu versichern, die in Text und Musik überhaupt verhandelt werden. Das soll dezidiert nicht zu einer ‹Lösung› führen, aber vielleicht doch zu abweichenden Perspektiven. Mit ihrer Hilfe lassen sich keine Fragen beantworten, aber vielleicht präziser stellen und besser verstehen. Damit wäre angesichts der verworrenen Ausgangslage bereits viel gewonnen.

I.
Konturen eines Auftrags

1. Mozarts letztes Jahr

Spätestens mit Otto Jahns Mozart-Biographie wurde, wie dargelegt, die Vorstellung des ‹verkannten› Komponisten bestimmend für das Bild von Mozarts Zeit in Wien. Ganz ähnlich wurden Mozarts Umstände namentlich in seinem letzten Lebensjahr in Hermann Aberts gründlicher Neufassung von Jahns Entwurf beschrieben: Sein Leben war «gehäufte Not», man «behandelte ihn mitunter mit offener Geringschätzung», «so wurde seine Lage immer trauriger» und so fort.[1] Einstein hielt Mozarts Wiener Existenz für «vollständig gescheitert»,[2] auch für Wolfgang Hildesheimer waren die letzten Lebensmonate von «Abstieg» und «Krise» geprägt.[3] In der neueren Mozart-Forschung ist dagegen immer wieder Einspruch erhoben worden, zumal Mozarts dramatische finanzielle Sorgen in den späten 1780er Jahren keinesfalls fehlenden Einnahmen oder fehlender Anerkennung geschuldet waren. Im Gegenteil, im Winter 1790/91 hatten sich sogar diese äußeren Lebensumstände wieder konsolidiert.[4] Dennoch ist eine wirkliche ‹Gegenerzählung› zur Geschichte des Wiener Misserfolgs nie systematisch erprobt worden. Dabei sind die Voraussetzungen dafür gut, da die Rahmenbedingungen ebenso deutlich sind, wie sie stabil waren. Um also Mozarts letztes Jahr besser einschätzen zu können, ist es hilfreich, sich nochmals die gesamte Wiener Zeit zu vergegenwärtigen.

Das josephinische Wien übte eine geradezu magnetische Anziehungskraft auf die Generation der um 1750 Geborenen aus. Mozart zählte nicht nur dazu, er scheint sich, in der ihm eigenen Mischung aus Selbstbewusstsein und Überlegenheitsgefühl, sehr schnell als Mittelpunkt dieses neuen Wien begriffen zu haben. Es gibt zudem aussagekräftige Indizien dafür, dass diese Einschätzung von den Zeitgenossen der 1780er Jahre weitgehend akzeptiert wurde. Damit waren im Grunde zwei Prämissen verbunden: dass die Neubestimmung des Subjekts in der entfesselten Aufklärung im Wien der 1780er Jahre der Musik nicht bloß akzidentell bedürfe, sondern in einem zentralen, fast solitären Sinn; und dass allein Mozart imstande sei, die damit verbundene Herausforderung angemessen zu bewältigen.

Mozart verweigerte sich allerdings einem zentralen Medium des Aufklärungszeitalters nahezu konsequent: dem Brief. Die einzige Ausnahme sind seine oftmals ausführlichen Schreiben an den Vater, den er offenbar als Gesprächspartner akzeptierte, vielleicht sogar brauchte. Die Bedeutung dieser Dokumente liegt also vor allem darin, dass sie vergleichslos sind, obwohl Mozart das Briefeschreiben erkennbar keine Mühe bereitete. Da sie äußerst intentional sind, müssen sie umso belastbarer erscheinen in allem, was sie auszeichnet, vor allem in Konzeption und Sprache.

In einem dieser Briefe findet sich, wenige Monate nach Mozarts Ankunft in Wien, eine Art Programmatik seines Existenzentwurfs. Auffällig ist dabei – und diese Eigenschaft begegnet einem des Öfteren – die inszenierte Beiläufigkeit: Es handelt sich um das Postscriptum zum Schreiben vom 4. April 1781. Dort fallen die später berühmt gewordenen Sätze über Wien: «ich versichere sie, daß hier ein Herrlicher ort ist – und für mein Metier der beste ort von der Welt.»[5] Wenige Wochen später vollzog Mozart den endgültigen Bruch mit dem Salzburger Fürsterzbischof Hieronymus von Colloredo. Die einzige Quelle für dieses Ereignis bilden ebenfalls die Briefe an den Vater. Sie sind auch in diesem Fall bemerkenswert, was Mozarts Wiener Existenzentwurf betrifft. Mozart war nämlich keinesfalls auf der Suche nach einem festen Amt, im Gegenteil. Die Rede vom ‹Metier› scheint also auf etwas ganz anderes zu zielen als eine ‹Anstellung›. Denn wäre damit der Status des Musikers, gar des Hofmusikers gemeint gewesen, hätte Mozart gegenüber dem Vater gewiss von ‹unserem Metier› sprechen müssen. Er nutzte jedoch das Possessivpronomen ‹mein› – und unterstrich es sogar noch. ‹Sein› Metier war folglich ein anderes als das des Vaters.

Was könnte Mozart also mit seiner Wortwahl gemeint haben? Im französisch-deutschen Wörterbuch des Mannheimer Verlegers Christian Friedrich Schwan (1733–1815) von 1784 gilt als deutsches Äquivalent des Wortes ‹Metier› ausschließlich das ‹Handwerk›, das, wenn man es beherrsche, zur ‹Profession› werde.[6] Dieses ‹Metier› stand im Gegensatz zur Kunst, zum Vermögen des ‹Artiste›, der im Falle der Musik bei Schwan ausdrücklich als ‹Tonkünstler› bezeichnet wird.[7] Übertrug man den Begriff in Zusammenhänge, denen er eigentlich nicht angehörte, musste das Aufmerksamkeit erregen. Wenn etwa der Göttinger Historiker Johann Christoph Gatterer (1727–1799), eine Generation älter als Mozart, 1772 behauptete: «Mein Metier ist Historie»,[8] so war dies durchaus provokativ gemeint. Es handelte sich nämlich um die Feststellung, dass er sein geistiges Tun ebenso beherrsche, wie man ein Handwerk beherrscht. Ein vergleichbar provokativer Wortgebrauch ist auch bei Joseph II. bezeugt. Offenbar ab den späten 1770er Jahren wurde mehrfach eine Anekdote verbreitet, in welcher der Monarch, befragt nach dem Amerikanischen Unabhängigkeitskrieg, erwidert habe: «Mein Metier erfordert, königlich gesinnt zu seyn.»[9] Damit war die auf der Gnade Gottes gegründete Herrschaft zu einem handwerklichen Beruf geworden.

Mozart war des Französischen mächtig, sein Wortgebrauch ist demnach sehr ernst zu nehmen. Die Musik sollte sein ‹Metier› sein, und das Ziel dieses Metiers war eindeutig, wie er an derselben Stelle seines Briefes gleich klarstellt: nämlich «so viel möglich geld zu gewinnen». Er ließ auch keinen Zweifel, was er sich konkret unter seinem Metier vorstellte: das Konzertieren, das Komponieren und das Unterrichten. Sein Metier unterschied sich damit vorsätzlich von der Stellung des Vaters, vom regulierten Hofdienst mit Amtspflichten und Freiräumen. Dass Leopold Mozart diese Abgrenzung, die sein Sohn ihm gegenüber vornahm, bemerkte, ist nicht belegt, aber es ist bei einem so klugen und gelehrten Musiker mehr als wahrscheinlich.

Mozarts Rede von seinem Metier war exklusiv und zielte sicher nicht auf Egalisierung. Auch darin besteht eine Parallele zu Joseph II. Die vom Kaiser reklamierte ‹königliche Gesinnung› war ja nicht Grundlage einer beliebigen handwerklichen Tätigkeit, sie blieb ein singuläres Privileg des Monarchen: Niemand außer ihm konnte eine königliche Gesinnung zu seinem genuinen Metier erklären. Im Falle von Mozarts Metier verhielt es sich ganz ähnlich. Der Komponist wurde seit seinen Kindertagen von der in Salzburg erfundenen und verbreiteten Auffassung begleitet, die Vorsehung habe an ihm und in ihm ein einzigartiges Wunder Wirklichkeit werden lassen. Der Begründungszusammenhang war kompliziert, aber er dürfte Mozarts Selbstwahrnehmung von Anfang an entscheidend geprägt haben. Wie in einem Säkularisierungsakt, der demjenigen Kaiser Josephs II. vergleichbar war, wurde nun das Wunder auf ein Metier reduziert – aber ein Metier, das nur dem vorbehalten blieb, der einen solchen Säkularisierungsakt überhaupt vollziehen konnte, der also selbst als ‹Wunder› galt.

Mozarts Wiener Existenzmodell gründete sich auf ein so verstandenes, eben nicht allgemeines, sondern unvergleichliches, einzig ihm vorbehaltenes Metier. Der Bruch mit dem erzbischöflichen Hof in Salzburg, der am Anfang stand, zielte daher nicht auf eine bestimmte Anstellung, sondern auf die Anstellung an sich. Es gibt keine belastbaren Indizien dafür, dass sich daran in den folgenden zehn Jahren Grundsätzliches geändert hätte, nicht einmal durch Mozarts Anwartschaft auf das hervorragend dotierte Amt des Stephanskapellmeisters 1791, die sogar in der Tagespresse angezeigt wurde. Das in seinem Sinn ausgeübte Metier war von Beginn an außerordentlich erfolgreich und brachte zweifellos «so viel möglich geld» ein. Zwar wurden die Verhältnisse ab 1787 schwieriger, der Krieg gegen das Osmanische Reich und die damit verbundene Wirtschaftskrise verschlechterten die Bedingungen in Wien. Es kam zu politischen Veränderungen und Justierungen, die nach dem plötzlichen Tod Josephs II. 1790 zudem erhebliche Unwägbarkeiten nach sich zogen – äußerlich sichtbar an dem Umstand, dass Lorenzo Da Ponte Wien verlassen musste. Aber Mozart wollte das offenbar nicht. Selbst die dramatische Verschuldung, die zumindest vorübergehend seine Lebensverhältnisse erschütterte, hat nicht zu einer grundlegenden Korrektur geführt. Und sollte 1790 wirklich eine Einladung an Mozart nach London erfolgt sein, wäre auch dies lediglich eine Reise gewesen, wie er sie gerade auch um 1790 immer wieder unternahm.

Es ist sehr wohl denkbar, dass ein solcher Lebensentwurf als Anmaßung empfunden werden konnte und deswegen nicht nur auf Gegenliebe stieß. Schon im Falle Münchens, wo Mozart 1781 ebenfalls ohne jegliches Amt war, haben sich solche kritischen Stimmen anscheinend bemerkbar gemacht. Der erfolglose Literat Maximilian Blumhofer (1759–1835), der Mozart in München erlebt haben dürfte, veröffentlichte 1787 das Textbuch zu seinem Singspiel *Die Luftschiffer*. In der Vorrede überlegte er, wo er das Werk zur Aufführung bringen könne, und schloss dabei mehrere Orte aus, darunter auch seine Heimatstadt München: «Aber was soll ich mit dir anfangen, liebes Operettchen? – dich – nach M. schicken? – Nein; du bist zu stolz um dich da von einer Excellenz, welche Helena und Paris so reichlich belohnte, beallmosen zu lassen; und ich selbst mag mit Musikern, die den großen Mozart verkleinerten, verachteten und becabalirten, nichts zu thun haben.»[10] Was immer Blumhofer zu der Feststellung von ‹Kabalen› und Intrigen gegen Mozart veranlasste, solche Aussagen begegnen von Zeit zu Zeit, auch in Wien. Sie blieben allerdings vereinzelt und sind wohl eher ein Indiz für den Widerstand gegen Mozarts Gebaren, das alle etablierten Mechanismen infrage stellte, als für tatsächliche Ränkespiele.

In der öffentlich dokumentierten Wahrnehmung überwog dagegen inner- und außerhalb Wiens ein geradezu überwältigender Erfolg – wobei schon die Dichte der publizistischen Resonanz aussagekräftig genug ist. Bereits 1783 wurde in der *Münchner Zeitung* berichtet, «der berühmte Hr. Ritter Mozart» habe eine musikalische Akademie «zu seinem Vorteile» im Wiener Nationaltheater gegeben, alle Stücke seien «von seiner ohnehin sehr beliebten Composition» gewesen, und er habe 1600 Gulden eingenommen, eine mehr als einschüchternde Summe.[11] 1786 wurde die nur wenige Jahre alte *Entführung aus dem Serail* in Mannheim angezeigt, und zwar so, als ob sie seit Jahrzehnten auf dem Spielplan stünde: «Dieses ist immer ein Lieblingsstück unseres Publikums gewesen, auch heute war wieder das Haus voll.»[12] Im Folgejahr wurde dieselbe Oper in Hamburg aufgeführt, und trotz Kritik am Textbuch war hier die Resonanz ebenfalls eindeutig: Man sehe aus der Komposition «ein kühnes, reiches, seine Ideen ganz zusammengreifendes Genie hervorragen».[13] Im selben Jahr wurde berichtet, dass der *Figaro* in Prag «mit ungetheiltem Beyfall aufgeführt worden» sei. «Eine zahlreiche Gesellschaft von Musikfreunden hat hierauf Herrn Mozart zum Zeichen ihrer innigsten Verehrung ein gedrucktes deutsches Gedicht, nebst 2 Briefen vom sämmtlichen Prager Orchester, und von ansehnlichen Freunden der Tonkunst, nach *Wien* zugesandt, und den Wunsch geäußert, ihn persönlich zu sehen. *Mozart* ist bereits dahin abgereist».[14]

In der *Bayreuther Zeitung* kündigte man im Februar 1788 den Klavierauszug des *Don Giovanni* mit den enthusiastischen Worten an: «Mozart! Welcher Freund der Tonkunst muß nicht Huldiger der erhabnen Muse dieses gepriesenen Mannes werden? – Wenn Musik dem Menschen eine der herrlichsten Gaben der Natur – wenn sie der glorreichste Triumph der Einbildungskraft ist – welchen Namen – Ausruf – Nachdruck – soll man brauchen, um den großen Herrscher der Töne – Mozart – jenen anzuempfehlen, auf deren Gefühl der Zauber seines Spiels – sein electrisches Denken noch nicht gewürket hat? Einige, die auf Mozarts Stufe stehen, mögen seine wenigen – doch geltenden Lobredner seyn; die übrigen können ihm nur stumme – staunende Bewunderung zollen.»[15] In der *Musikalischen Real-Zeitung* war im selben Jahr schlicht vom «grosen Mozart» die Rede.[16]

Die Reihe solcher Belege ließe sich beträchtlich vermehren. Sie zielten, bei einem gerade 30-Jährigen erstaunlich genug, in der Regel auf die Unbedingtheit, die Unvergleichlichkeit, das ‹electrische Denken› des Komponisten und bestätigten damit im Grunde seine Selbstwahrnehmung. Das ‹stumme Staunen› war im Jahrhundert der Aufklärung die Reaktion auf das Unerklärliche, dem mit Begriffen nicht beizukommen war, also am Ende doch auf das Wunder. In ähnlicher Form reagierte auch der Schriftsteller Johann Friederich Schink, der wenigstens Mozarts erste Wiener Zeit persönlich miterlebt hatte; er bemerkte 1790: «Mozart ist kein gewöhnlicher Komponist. Man hört bei ihm nicht blos leichte, gefällige Melodieen auf's Gerathewohl. Seine Musik ist durchdachtes, tiefempfundnes Werk, den Karakteren, Situazionen und Empfindungen seiner Personen angemessen. Sie ist Studium der Sprache, die er musikalisch behandelt, richtige Kenntnis der Prosodie.»[17] Und Christian Friedrich Daniel Schubart, der Mozart bereits 1775 zu einem «wunderbaren Genie» erklärt hatte, beklagte in einem kurzen Nachruf, dass der Tod 1791 «schaudernde Musterung unter unseren berühmtesten Männern gehalten» habe: Es starb «Mozard, Polihimnias Liebling, den das Jnn- und Ausland bewunderte und liebte – im 34 Jahre dahin».[18] In der Augsburger Postzeitung las man am 21. Dezember 1791, Mozart, dem «so viele gekrönten Häupter, dem ganz Europa volle Bewunderung» zollte, habe «blos vom höchsten und reichsten Adel Scholaren» gehabt und nur «berühmte Werke» geschrieben.[19]

Diese Übereinstimmung von Selbst- und Fremdwahrnehmung ist auch deswegen bedeutsam, weil Mozart an keiner Stelle Zweifel an der Selbstbestimmtheit seines Komponierens ließ. Natürlich reagierte er auf Anfragen und Aufträge, aber wohl nur dann, wenn er sie steuern konnte. Es gibt keine belastbaren Hinweise darauf, was er *nicht* gemacht hat, wo er sich also verweigert hat, aber es wird solche Fälle gegeben haben, möglicherweise in nicht geringer Zahl. Entscheidend für ihn war offenbar der Wille, in allen Punkten die Kontrolle zu behalten. Im Idealfall der Akademien, insbesondere wenn dort seine Klavierkonzerte aufgeführt wurden, verbanden sich sogar alle Aspekte seines ‹Metiers› in einer Veranstaltungsform, die ihm vollständig unterlag. Aber auch bei den Opern entzog er sich zunehmend den Mechanismen gewöhnlicher *scritture* und setzte diese beim *Figaro* erstmals vollständig außer Kraft. Selbst wenn die folgenden Werke wieder Aufträge von

Mozart-Pavillon in Graz (1792)

Der Tuchhändler Franz Carl Deyerkauf (1748–1826), der 1770 nach Graz ging und dort 1778 ein Tuchgeschäft übernahm, war musikbegeistert und kannte Mozart persönlich. Als wohlhabender Patrizier besaß er eine Gartenvilla, die sich außerhalb der 1784 aufgelassenen Stadtbefestigung befand. Mit der um 1900 einsetzenden repräsentativen Bebauung wurde diese Gegend jedoch vollkommen verändert; das betrifft auch die einstige Seufzerallee (heute Schubertstraße), die durch das Areal führt. Das heutige Haus Nr. 35 ist eine Stadtvilla, die 1889 von dem Architekten Georg Hönel (1851–1909) im Neorenaissancestil errichtet wurde. Im Park blieb jedoch ein Pavillon erhalten, den Deyerkauf 1792 zum Andenken Mozarts in seinem Garten errichten ließ. Er wurde am 15. Mai 1792 eingeweiht, dort wurden auch regelmäßig Gedenkkonzerte abgehalten. Der Gedenktempel wurde mit Fresken des Grazer Malers Matthias Schiffer (1744–1827) ausgestattet (vernichtet 1911), eine vage Vorstellung davon vermittelt ein Bericht von Georg Nikolaus Nissen. Der ursprüngliche Außenzustand wurde von Hönel in einer Zeichnung festgehalten. Dieser Bau, nach einem ephemeren Prager Denkmal das früheste Mozart-Monument, ist kein isoliertes, sondern lediglich ein besonders signifikantes Beispiel für den Ruhm, der Mozart ab den 1780er Jahren begleitet hat (vgl. auch Saskia Jaszoltowski: Erinnerungsorte in der Musik. Berlin, Boston: de Gruyter 2022, S. 157 ff.).

1. Mozarts letztes Jahr

außen waren, ist offensichtlich, dass Mozart auch dabei die Bedingungen bestimmen wollte und konnte.

Es ist oftmals die atemlose Schaffensfülle von Mozarts letztem Lebensjahr hervorgehoben worden. Diese war jedoch kein Akt der Verzweiflung, sondern verweist vor allem auf ein schwer vorstellbares Ausmaß an Produktivität. Das Metier sollte für Mozart offenbar keinerlei Beschränkungen mehr aufweisen, auch nicht mehr im Physischen. Das betrifft seine beiden Opernprojekte in besonderem Maße. Wann immer der Plan zur *Zauberflöte* gefasst wurde – davon wird noch die Rede sein –, es gibt keinen Anlass, daran zu zweifeln, dass Mozart es aus freien Stücken tat. Wenn seine Opernprojekte seit der *Entführung*, ja im Grunde seit dem *Idomeneo* darauf zielten, die Gattungsnormen zugunsten neuer Hybridformen aufzubrechen (am radikalsten wohl im *Don Giovanni*), so fügt sich die *Zauberflöte* in diese Tendenz. Mozart ging hier sogar noch ein Stück weiter, indem er die Kontexte einer Hofbühne (oder einer wenigstens höfisch gebundenen Bühne) endgültig verließ und verlassen wollte. Der Spielraum wurde damit nochmals größer. Dass er in dieser kreativ hochfliegenden Phase zusätzlich den Auftrag zum *Tito* annahm, war ebenfalls keiner Not geschuldet, sondern Ausdruck eines bemerkenswerten Selbstbewusstseins. Wenn es denn in Prag eine Oper zur Krönung Leopolds II. zum König von Böhmen geben sollte, dann stand es für die Beteiligten anscheinend außer Zweifel, dass für diese Aufgabe nur eine einzige Person infrage kam. Und es ist nicht unwahrscheinlich, dass das Scheitern einer vorgängigen Anfrage bei Salieri Kalkül war. Dabei sollte auch der *Tito* ungeachtet seiner Bestimmung als Krönungsoper eine Gattungsüberschreitung des *dramma per musica* zu Darstellungstechniken der Opera buffa, also eine Hybridform, werden, wohl in unmittelbarem Zusammenhang mit dem Konzept der *Zauberflöte*.

Das erhebliche Arbeitspensum muss Mozart dennoch einiges abverlangt haben. Letztlich ist auch dies symptomatisch, übertrugen sich damit doch die Mechanismen der musikalischen Grenzüberschreitung in die äußeren Bedingungen der Produktion. Und dennoch hat sich in diesem letzten Jahr etwas geändert, nämlich das, was man den ‹Ton› von Mozarts Musik nennen kann. In diesem Jahr wird manifest, was sich als ‹Melancholie› beschreiben lässt – auch darauf wird noch ausführlich zurückzukommen sein. Aber es wäre ebenso trivial wie sinnlos, diese Veränderung des Tons mit oberflächlichen biographischen Befindlichkeiten kurzzuschließen. Mit dem plötzlichen Tod Josephs II. am 20. Februar 1790 gerieten die Hoffnungen und Erwartungen der ‹Generation um 1750› ins Wanken. Da Mozart eine europäische Berühmtheit und zudem institutionell nur mittelbar mit dem Hof verbunden war, dürfte der Tod des Kaisers für ihn äußerlich kaum mit unmittelbaren Befürchtungen verbunden gewesen sein. Aber sie waren wohl auf einer anderen Ebene erkennbar. Mozart sah 1790/91 die Erosion jener ideellen Bedingungen, auf die er 1781 seinen Lebensentwurf, sein Metier gegründet hatte und gründen wollte. Es hat daher den Anschein, als sei der neue ‹Ton› in seiner Musik eher eine komplexe Reaktion auf diese veränderte Wirklichkeit und die damit verbundenen Unwägbarkeiten.

Akzeptiert man dies, dann allerdings ist die *Zauberflöte* nicht einfach ein zufälliger Teil dieser neuen Wirklichkeit. Sie scheint vielmehr in ihrem Zentrum zu stehen, ja gewissermaßen ihre Sinnachse zu sein, geschaffen von einem Komponisten, der als unanfechtbar galt und dessen ‹Metier› nach wie vor sein weithin akzeptiertes Privileg war.

2. Freihaustheater

Es fällt einigermaßen schwer, eine halbwegs zuverlässige Vorstellung vom Theater im Freihaus auf der Wieden zu erlangen, dem sogenannten Freihaustheater, in dem die *Zauberflöte* uraufgeführt wurde. Der Begriff der ‹Vorstadtbühnen› hat übermächtig gewirkt und dazu geführt, jene Wiener Theater, die außerhalb der inneren Stadt existierten, eher

2. Freihaustheater

als Belustigungsstätten im Sinne von Jahrmarktbühnen zu betrachten. Die Sachlage ist jedoch komplizierter. Die Situation der Wiener Theater war in der zweiten Hälfte des 18. Jahrhunderts von den Reformen Josephs II. geprägt, die noch zu Lebzeiten Maria Theresias angestoßen worden waren.[20] Als deren Resultat gab es ein Nationaltheater (an der Hofburg) und das Theater am Kärntnertor. Beide unterstanden, in unterschiedlicher Weise, der Hofverwaltung, es gab jedoch keinen höfischen Betrieb mehr, die Theater wurden also verpachtet. Vom Titel her die wichtigste Bühne blieb das Nationaltheater an der Burg, doch Kaiser Joseph II. selbst bevorzugte zuweilen bei seinen Besuchen das Kärntnertortheater. Während reisende Theatergesellschaften anfangs noch in der inneren Stadt auftraten, wurden als Folge der Reformen ab etwa 1780 feste Theaterbauten außerhalb der inneren Stadt bewilligt und errichtet. Die Konstellation war demnach eigenwillig und im deutschsprachigen Raum ungewöhnlich. Denn während in Residenzstädten neben den Hoftheatern in der Regel keine festen Bühnen existierten, blieb das Pachtsystem städtischer Theatergebäude ein Kennzeichen bürgerlicher Metropolen wie Hamburg, Lübeck, Frankfurt oder Leipzig oder von Residenzstädten, die gleichsam verwaist waren wie etwa das fürstbischöfliche Münster oder Prag. Ein anschauliches Beispiel bilden die zahlreichen, inzwischen gut dokumentierten Reisen der Operngesellschaft der Brüder Mingotti, die in der Regel Theater außerhalb der Hofbühnen bespielten – und wenn sie ausnahmsweise doch dort gastierten (wie etwa 1759 in Wien), dann unter sehr besonderen Bedingungen.[21]

In den 1780er Jahren entstanden in Wien das Theater in der Leopoldstadt (1781), das Theater im Freihaus auf der Wieden (1787), das Theater in der Josefstadt (1788) und zuletzt das Theater auf der Landstraße (1789/90). Es waren kommerzielle Spielstätten, die über Pachtverträge betrieben wurden. Im *Wienerischen Kommerzialschema* von 1791, in dem die bürgerlichen Gewerbe der Residenzstadt abgebildet wurden, finden sich alle diese Bauten, aber nur in einer einfachen Aufzählung ohne weitere Hinzufügungen: 1. Nationaltheater «in der Burg»,

2. ‹Stadt-Theater› am Kärntnertor, 3. ‹Wiednertheater›, 4. Leopoldstadt, 5. Josefstadt, 6. Landstraße.[22] Das Burgtheater stehe zwar «unter einer eigenen Hoftheatral-Direktion», aber das war letztlich das einzige noch erkennbare und genannte Privileg. Deswegen wurden alle Theater auch unter den bürgerlichen Gewerben aufgeführt, während zum Beispiel für Maler und Musiker auf den *Hof- und Staatsschematismus* verwiesen wurde; diese Praxis sollte sich wenige Jahre später wieder ändern.

Es gehörte also zur josephinischen Theaterpolitik, eine derartige Vielfalt überhaupt zu ermöglichen und denkbare Privilegien einzudämmen. Das Freihaus auf der Wieden war seit 1647 im Besitz der fürstlichen Familie von Starhemberg. Damit war es von der Steuer befreit und unterstand nicht dem städtischen Magistrat. Es sollte ab den 1760er Jahren eigentlich ein Areal für Wohnungen werden, doch im Zuge größerer, ab 1785 einsetzender Baumaßnahmen wurde dort zusätzlich ein Theatergebäude errichtet.[23] Dieses Gebäude wurde 1787 eröffnet und mehrfach kurzfristig verpachtet, 1787/88 an den aus Fulda stammenden Schauspieler Christian Roßbach (1756–1793), 1788/89 an Johann Friedel (1755–1789), der sich mit Eleonore Schikaneder zusammengetan hatte. Nach Friedels Tod scheint sie den Pachtvertrag übernommen zu haben, holte aber zu dessen Erfüllung ihren Mann Emanuel Schikaneder, von dem sie sich getrennt hatte, zurück nach Wien.[24] Schikaneder hatte sich bereits 1786 bemüht, in Wien ein eigenes Theater zu betreiben, doch ohne Erfolg, weswegen er nach Regensburg gewechselt war.

Warum Schikaneder Regensburg verließ, lässt sich nur vermuten. Offenbar wurde ihm dort noch im Januar 1789 ein festes Jahresgehalt von 6000 Gulden zugesprochen, eine nicht unbeträchtliche Summe.[25] Ebenfalls ein Mitglied der ‹josephinischen Generation›, kehrte er also nicht aus Not nach Wien zurück, sondern um ein ambitioniertes Theaterprojekt zu verfolgen, das drei Jahre vorher noch nicht hatte Wirklichkeit werden können. Über den Theaterbau selbst, seine Ausstattung und die baulichen Veränderungen, die Schikaneder herbeigeführt hat –

2. Freihaustheater

die Idee eines opulenten Neubaus scheiterte allerdings –, lassen sich nur Mutmaßungen anstellen, denn wirklich verlässliche Angaben oder Abbildungen zu dem 1801 abgerissenen Haus gibt es nicht.[26] Dennoch lassen sich einige Indizien zusammentragen.

Im *Hof- und Staatsschematismus* von 1796 findet sich ein bemerkenswerter Hinweis: «Dieses Theater ist im Hochfürstlichen Stahrembergischen Freyhaus, bestehet dermalen unter der Direktion des Hr. Emanuel Schikaneder, ist 3 Geschosse hoch, und niedlich eingerichtet. Die Gesellschaft führt mit vielen Beyfalle, deutsche Lust- Schau- und Trauerspiele, und deutsche Opern auf, wovon die meisten von Hrn. Direktor selbst verfasset sind.»[27] Mit dem Wort ‹niedlich› ist im späten 18. Jahrhundert das gemeint, was «den Sinnen, besonders aber dem Gesichte [dem Sehsinn, L. L.] angenehm» ist.[28] Etwas früher bemerkte der bereits zitierte Julius Friedrich Knüppeln: «Das Jnnere des Hauses ist gut eingerichtet, die Maschinereien beim Theater gut angebracht, so daß große Verwandlungen können bewürkt werden». Dazu gab er den Hinweis: «Das Orchester ist gut besetzt».[29] Da das Theater am Kärntnertor 1788 vorübergehend geschlossen wurde, sind offenbar Musiker von dort zu Schikaneder gewechselt. Die Größe des Zuschauerraums lässt sich nicht zuverlässig benennen, aber es scheinen 800 bis 1000 Gäste Platz gehabt zu haben, was auf eine beträchtliche Dimension schließen lässt.

Bereits die baulichen Bedingungen weisen auf ein herausragendes Theaterunternehmen hin, und dies könnte ein Grund für Schikaneders Rückkehr gewesen sein. Der Eigentümer des Gebäudes war seit 1788 der Jurist Anton von Bauernfeld. Dessen Bruder Josef von Bauernfeld, der das Kapital mitbrachte, übernahm gemeinsam mit Schikaneder die Direktion. Während die Anfänge im Sommer 1789 offenbar noch etwas vage verliefen, zeichneten sich ab dem Herbst immer deutlichere Konturen ab, die Schikaneder wohl von Anfang an beabsichtigte. Ein gutes Beispiel dafür ist Paul Wranitzkys Oper *Oberon* auf einen Text von Karl Ludwig Giesecke nach der Vorlage Wielands, eine Produktion, die auch von Kaiser Joseph II. besucht wurde.[30]

Das Freihaustheater in Wien (Zeichnung von 1789)

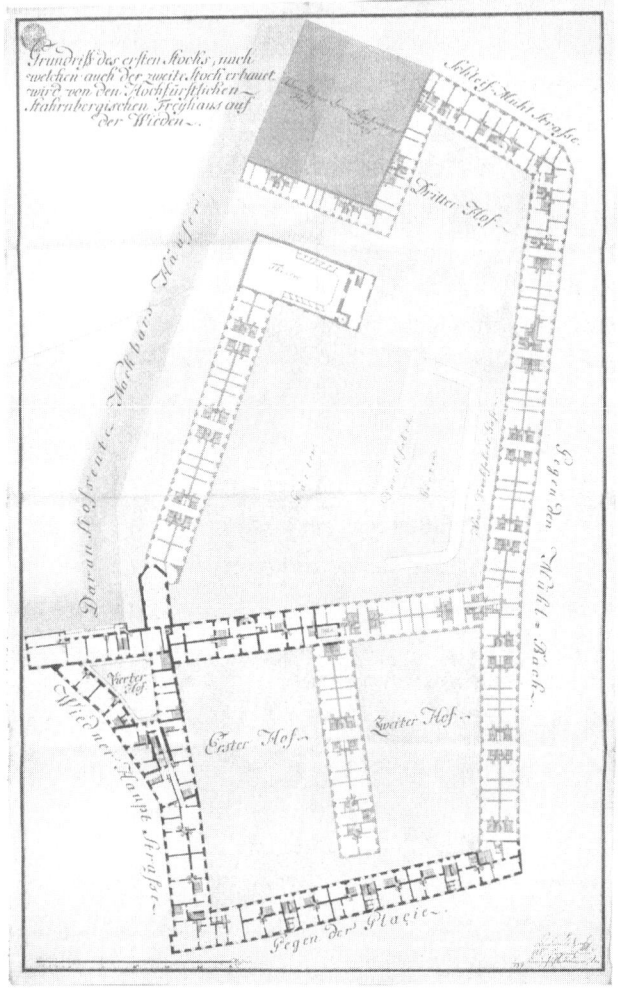

Das Freihaus auf der Wieden, seit 1647 von der Steuer befreiter Besitz der fürstlichen Familie von Starhemberg, wurde ab den 1760er Jahren mit Wohnungen bebaut. 1785 kam ein Theatergebäude hinzu, im Rahmen der systematischen Errichtung von Theatern in der äußeren Stadt nach 1780. Das 1787 eröffnete Haus wurde verpachtet, ab 1789 an Emanuel Schikaneder, der mehrfach Umbauten vornehmen ließ. Als er 1801 das Theater an der Wien übernahm, wurde das Freihaustheater zunächst in Wohnungen verwandelt,

2. Freihaustheater

dann abgebrochen. Auf späten Fotos des (ab 1913 ganz abgerissenen) Areals (im 4. Gemeindebezirk, etwa am Ort der heutigen Technischen Universität Wien) ist daher vom Theatergebäude nichts mehr zu erkennen. Es ist nicht leicht, von der Größe des Hauses eine genauere Vorstellung zu gewinnen. Mehrfach ist in Berichten von der schönen Ausstattung die Rede. Die Reihen im Parkett, drei Ränge zu jeweils zwölf Logen (je sechs links und rechts) sowie die Balkone haben anscheinend 800 bis 1000 Zuschauern Platz geboten. Erhalten haben sich zwei Zeichnungen des Erdgeschosses und des ersten Stockes, die einem größeren Baugesuch vom November 1789 beigefügt wurden und von dem Wiener Baumeister Andreas Zach (1736–1797) stammen. Auffällig sind das große Bühnenhaus sowie die Lage neben den Gärten.

Zeichnung, 98 × 63 cm; St. Pölten, NÖ Landesarchiv

Weitergehende Pläne hat der plötzliche Tod des Monarchen im Februar 1790 zunächst verhindert, doch wurden diese im Sommer wieder aufgenommen. Im Juni 1790 gewährte Kaiser Leopold II. ein kaiserlich-königliches Privileg, das es dem Theater fortan erlaubte, als «K. K. priv. Wiedner Theater» in Erscheinung zu treten – so auch auf dem Zettel zur Uraufführung der *Zauberflöte*. Das Repertoire war, wie 1796 vermerkt, gemischt, mit Schauspiel, Oper und auch Werken wie Georg Anton Bendas Melodrama *Ariadne auf Naxos*. Zu den Gästen des Theaters gehörte auch Mozart, der Schikaneder bereits seit 1780 kannte. Wie oft und wie regelmäßig er kam, lässt sich nicht sicher sagen, zwei Besuche sind für den Sommer 1790 bezeugt. Schon mit dem *Oberon* und dann mit *Die schöne Isländerin* (April 1790) und vor allem dem *Stein der Weisen* (September 1790), zu dem Schikaneder das Libretto schrieb, trat das aufwendige, phantastische Theater in den Vordergrund (also das, was 1796 «deutsche Opern» genannt wurde). Mit der Betonung dieses Bereichs war offenbar ein Alleinstellungsmerkmal gegenüber den anderen Theatern angestrebt.[31] Dafür bedurfte es einer besonders großen Bühne und einer aufwendigen technischen Ausstattung.

Der mit diesem Genre verbundene Verstoß gegen alle regel- und normpoetischen Bedingungen des späteren 18. Jahrhunderts wurde früh bemerkt und zuweilen scharf kritisiert. Im *Deutschen gemeinnüzigen*

Magazin erschien bereits 1789 eine Verteidigung der Normpoetik, verknüpft mit einer heftigen Zurückweisung Schikaneders: «Was würde das Loos eines jungen Dichters seyn, der Beruf in sich fühlte, einen der liebsten Wünsche des seligen Sulzers [in dessen ästhetischer Theorie, L. L.] zu erfüllen, und etwa nach dem Muster jener *Minona*, ein deutscher edlerer *Metastasio* zu werden? Auf allen unsern Bühnen herrscht der Geschmak an Schauspielen, worin viele sogenante *Handlung* Ohr und Auge betäubt, an Schauspielen, denen das Brettergerüste eben dieser gerühmten Handlung wegen zu enge wird, und die Herr *Schikaneder* daher ins offene Feld unter freien Himmel geführt hat.»[32] In der *Hamburgischen Theaterzeitung* wurde 1799 ein parodistischer Vierzeiler *Ueber die Studierstube des Herrn Schikaneder* veröffentlicht: «Hier schmierst du schale Dramen / Von Aberwitz zusammen. – / D'rum iß doch lieber, oder trink, / Dann thust du doch ein kluges Ding.»[33] Allerdings ist an Schikaneders Repertoirepolitik ab 1790 erkennbar, dass genau dies, der kalkulierte Normenverstoß, der «Aberwitz» in einem auf Überwältigung gerichteten Bühnenwerk, zum zentralen Markenzeichen des Theaters auf der Wieden werden sollte. Dabei ist auffällig, dass Schikaneder derartige Stücke, wie 1796 bemerkt, in eine denkbar große, geradezu panoramatische Vielfalt von Gattungen einbetten wollte. Das ‹phantastische› Theaterstück definierte sich also auch durch den Kontrast.

So deutlich die *Zauberflöte* ein Produkt für das Freihaustheater war, so unklar werden vor diesem Hintergrund die konkreten Bedingungen ihrer Entstehung. Es stellt sich die Frage, wann der Plan zu der Oper entstanden sein könnte und auf wen er zurückgeht. Da die belastbaren Fakten bis ins Frühjahr 1791 begrenzt sind (weswegen allgemein der April 1791 als Arbeitsbeginn angesetzt worden ist), lassen sich die wenigen Zeugnisse aus dieser Zeit auch anderweitig deuten. Denn wenn der aufsehenerregende regelpoetische Normverstoß vor allem im *Stein der Weisen* schon früh registriert wurde, als Sensation oder als ästhetischer Offenbarungseid, scheint gerade dies der Anknüpfungspunkt für Mozart gewesen zu sein. Sein eigenes Verständnis von Gattungen (und nicht nur der bühnendramatischen) war zunehmend von Grenzüber-

2. Freihaustheater

schreitungen geprägt. Alle seine Bühnenwerke ab 1780/81, ab dem *Idomeneo*, zeichnen sich wie gesagt durch absichtsvolle Normverstöße aus, bis hin zu *La clemenza di Tito*, die erst durch einen gravierenden Eingriff zu einer ‹vera opera› wurde. Die Vorstellung, an bestehenden Mechanismen der Opernproduktion vorbei agieren oder diese ganz außer Kraft setzen zu können, wurde überdies spätestens im *Figaro* manifest. Es lässt sich also mit guten Gründen annehmen, die Idee zu einem grenzüberschreitenden Projekt für das Wiedner Theater sei von Mozart selbst ausgegangen. Die Rolle, die Schikaneder dabei zufiel, entsprach dann ziemlich genau derjenigen, die zuvor Da Ponte ausgeübt hatte, als eine Art von Erfüllungsgehilfe. Selbst der Auslöser scheint ähnlich wie beim *Figaro* gewesen zu sein: Damals begegnete Mozart einem konkreten Stück – *Figaros Hochzeit* von Beaumarchais –, nun traf er im *Stein der Weisen* auf einen bestimmten Typus, der ihn veranlasste, daraus eine neue, eine andere Form des musikalischen Theaters zu machen.

Wenn die Anregung tatsächlich von Mozart ausging, so wird er damit zugleich die Bedingungen diktiert haben. Denn im Unterschied zu anderen seiner Opernproduktionen war der Impresario Schikaneder gewissermaßen der einzige Vertragspartner, weitere Instanzen mussten nicht berücksichtigt werden. Auch im Todesjahr Josephs II. spielte die Zensur eine vollkommen untergeordnete, kaum wahrnehmbare Rolle. Der Reiz der Konstellation im Theater auf der Wieden lag also darin, dass der angestrebten Grenzüberschreitung gar keine Widerstände entgegengesetzt werden konnten. Die Situation war damit derjenigen beim *Figaro* vergleichbar, doch der dort wenigstens in Grundzügen noch gewahrte höfische Rahmen war hier ganz verschwunden.

Da es keine Dokumente gibt, ist unklar, wie die Vereinbarung zwischen Mozart und Schikaneder im Detail aussah, ob sie schriftlich gefasst wurde oder auf einer mündlichen Verabredung beruhte. Indem Schikaneder 1795 behauptete, dass er die *Zauberflöte* «mit dem seligen Mozart fleißig durchdachte»,[34] gab er selbst die maßgebliche Beteiligung des Komponisten auch am Textbuch zu Protokoll. Wenn diese Zusammenarbeit allerdings ähnlich verlief wie diejenige Mozarts mit

Stephanie bei der *Entführung aus dem Serail*, dann dürfte sie für Schikaneder alles andere als einfach gewesen sein. Bezeichnenderweise hat er sich selbst dazu im Grunde nicht geäußert, vergleichbar allen anderen Autoren, die mit Mozart zusammenarbeiteten (wie Varesco, Stephanie oder Da Ponte). Als er die *Zauberflöte* 1801 im Theater an der Wien brachte, kündigte er lediglich neue Dekorationen, kleinere Textrevisionen und zwei unbekannte Stücke Mozarts an, von denen unklar ist, ob sie überhaupt einen Bezug zu der Oper aufwiesen.[35] Und seine eigene ‹Fortsetzung›, die er 1798 mit Peter von Winter als zweiten Teil der *Zauberflöte* im Freihaustheater herausbrachte, fällt schon auf den ersten Blick so erkennbar hinter die Oper von 1790/91 zurück, dass auch von hier aus die Annahme von Mozarts maßgeblicher Beteiligung am Text Bestätigung findet.

Es lässt sich gleichfalls nur erahnen, wie die genaue Vergütung aussah. Im bereits zitierten Uraufführungsbericht der *Bayreuther Zeitung* wird vermerkt, dass Mozart «die dritte Einnahme von Hrn. Schickaneder überlassen wurde».[36] Sollte diese Information zutreffend sein, dann dürfte es sich dabei um einen beachtlichen Betrag gehandelt haben, möglicherweise um 600 Gulden.[37] Angesichts der kommerziellen Struktur des Theaters kann es aber als sicher gelten, dass dies nur der eine, der frei kalkulierte Teil der Einnahmen war. Hinzu kam ein festes Honorar für die Partitur, möglicherweise in gleicher Höhe oder sogar höher. Auch wenn es sich um Mutmaßungen handelt, ist es durchaus denkbar, dass die *Zauberflöte* für Mozart das mit Abstand höchste Honorar mit sich brachte, das er je für eine Partitur erhalten hat (und das auch sonst jeglicher Vergleichsmöglichkeiten entbehrte). Damit dürfte das Projekt zu jener wirtschaftlichen Konsolidierung beigetragen haben, die sein letztes Lebensjahr auszeichnet.

Die beträchtliche Investition, die Schikaneder tätigte, um Mozart an sein Haus zu binden, fügt sich allerdings in die gesamten Produktionskosten. In einem Uraufführungsbericht der *Münchner Zeitung* ist von Ausgaben für die Ausstattung in Höhe von 7000 Gulden die Rede, einem exorbitanten Betrag.[38] Derartige Summen werden bestätigt von dem in

Kopenhagen wirkenden Naturforscher Emanuel Bozenhard (1748–1799), der die Oper einige Zeit nach der Uraufführung sah und in einem Reisebericht zu Protokoll gab: «Schikaneder hat übrigens auf Kleidung und Dekorationen einige tausend Gulden gewendet, und also nicht nur fürs Ohr, sondern auch fürs Auge sorgen wollen.»[39]

Bedenkt man derartige Ausgaben und den damit verbundenen Planungsaufwand, so erscheint ein (ohnehin nur hypothetisch angenommener) Arbeitsbeginn im Frühjahr 1791 nicht sehr wahrscheinlich. Auch dafür gibt es zeitgenössische Indizien. 1794 erschien in den *Gothaischen Gelehrten Zeitungen* ein Einspruch gegen den Versuch, die *Zauberflöte* im Zusammenhang mit der Französischen Revolution zu lesen, und hier findet sich ein bemerkenswerter Hinweis: «Die Bearbeitung eines so großen Werks, wie des unsterblichen Mozarts Komposition der Zauberflöte, ist nicht die Sache von wenig Wochen oder Monaten; sie ist die Frucht einer günstigen Laune und erfordert demnach einen beträchtlichen Zeitraum. Die Entstehung der Zauberflöte kann man also wenigstens ins Jahr 1790, wo nicht noch viel weiter hinaus setzen».[40] In einem anonymen Bericht über die Prager Theater 1794 wurde eigens vermerkt: «Die Zauberflöte war schon fertig, als Mozart bei der Krönung Leopolds in Prag den Titus schrieb, wenigstens spielte er die meisten Stücke daraus seinen Freunden am Klavier. Man irrt also, wenn man die Zauberflöte den Schwanengesang Mozarts nennt.»[41] Da der Vertrag für *La clemenza di Tito* im Juli 1791 geschlossen wurde, müssten demnach die Arbeiten an der *Zauberflöte* zu diesem Zeitpunkt fast vollständig abgeschlossen gewesen sein. Dass Mozart bei der Ouvertüre und beim Priestermarsch, also bei der Eröffnung des ersten und des zweiten Aktes, zögerte, würde sich in dieses Bild ebenfalls einfügen. Offenbar hat der *Tito* die endgültige Entscheidung für eine konkrete Werkgestalt hinausgezögert.

3. Publikum

Es ist nicht nur schwierig, sich eine genauere Vorstellung von der Gestalt des Freihaustheaters zu machen, sondern auch von seinem Publikum. Die verbreitete Vorstellung vom ‹Vorstadttheater›, auch von der vermeintlichen Wiener Volkstheatertradition erweist sich dabei zusätzlich als hinderlich. Eine gute erste Annäherung bieten die Eintrittspreise, die mehrfach dokumentiert sind und in der ersten Hälfte der 1790er Jahre anscheinend ziemlich stabil waren. Sie wurden überdies bei der Uraufführung der *Zauberflöte* nach Ausweis des Theaterzettels unverändert gelassen. Für eine große Loge (mit Platz für bis zu acht Personen) waren fünf Gulden zu zahlen, für eine kleine (mit Platz für vier Personen) zwei Gulden und 30 Kreuzer. Ein Sitz im Parterre noble (also im vordersten Bereich des Zuschauerraums, wahrscheinlich den drei Reihen nach den Sperrsitzen) oder in der ersten Galerie kostete 34 Kreuzer (0,6 Gulden). Hinzu kamen Sperrsitze für 45 Kreuzer, Sitze im hinteren Parterre für 17 Kreuzer, in der zweiten Galerie für 20 Kreuzer und in der dritten Galerie für sieben Kreuzer. Abonnements scheint es nicht gegeben zu haben.[42]

Die Preise im Nationaltheater sahen zwar Abonnements für die Logen im ersten und zweiten Rang vor (für 800 bzw. 900 Gulden), ansonsten aber Einzelbillets. Im Parterre noble war der Preis dafür ein Gulden, bei den Sperrsitzen ein Gulden und 20 Kreuzer, im hinteren Parterre 24 Kreuzer. Plätze im dritten Rang kosteten 30 Kreuzer und in der Galerie 17 Kreuzer.[43] Sieht man vom Sonderfall der dem Hochadel vorbehaltenen Logen-Abonnements ab, unterscheiden sich die Preise von denen des Freihaustheaters nicht so gravierend, dass ein struktureller Einfluss auf das Publikum anzunehmen wäre. Denn ein Sitz im Parterre des Freihaustheaters kostete etwa zwei Drittel eines entsprechenden Platzes im Nationaltheater; und wer bereit war, im Nationaltheater 17 Kreuzer für einen Galerieplatz auszugeben (niedrigste

Theaterzettel zur Uraufführung der Zauberflöte (1791)

Sowohl für die Uraufführung am Freitag, 30. September 1791 (genau ein Jahr nach der Wahl Leopolds II. in Frankfurt), sowie für die zweite Aufführung am Folgetag (1. Oktober) wurden aufwendige Theaterzettel gedruckt, deren längster Passus dem Komponisten Mozart galt und dem Umstand, dass er die Aufführungen selbst leitete. Neben der ausführlichen Besetzungsliste (in der nur die drei Knaben sowie die beiden geharnischten Männer fehlen) findet sich der Hinweis auf den Librettodruck und die Ausstattung durch Gayl und Nesselthaler.
Plakat, 30 × 21 cm; Wien, Wienbibliothek im Rathaus

Kategorie), der konnte für denselben Betrag im hinteren Parterre des Freihaustheaters sitzen (zweitniedrigste Kategorie). Die Preise im Kärntnertortheater standen denen des Freihaustheaters noch näher, dort gab es sogar billigere Plätze. Auf der anderen Seite unterschieden sich auch die Preise des Theaters in der Leopoldstadt nicht prinzipiell von denen im Freihaustheater. Die Einheitlichkeit der Theaterlandschaft lässt sich auch an den vergleichbaren Vorstellungszeiten erkennen, in aller Regel von halb sieben bzw. sieben bis zehn Uhr am Abend.

Bedenkt man solche Relationen, so ergeben sich zwei Schlussfolgerungen: Ein Theaterbesuch war grundsätzlich teuer und blieb in den Logen dem Hochadel vorbehalten, auf den anderen Plätzen den wohlhabenderen Bürgern und dem niedrigeren Adel. Zum Vergleich: Der Tageslohn eines Handwerkers konnte damals vielleicht 30 Kreuzer betragen, und davon musste er in der Regel auch noch eine Familie ernähren.[44] Die Klientel in den verschiedenen Theatern war (abgesehen von den Repräsentationslogen im Nationaltheater) schon deswegen vergleichbar, weil für einen Besuch vergleichbares Kapital aufgebracht werden musste. Wenn Mozart sich an das Freihaustheater band, so bedeutete dies also keinesfalls einen Wechsel der Klientel. Er selbst, der gefeierte musikalische Mittelpunkt Wiens, lieferte durch seine Besuche im Freihaustheater und im Leopoldstädter Theater (wo er Wenzel Müllers *Kaspar der Fagottist* erlebte) anschauliche Beispiele dafür. Auch der Hochadel und das Herrscherhaus besuchten das Freihaustheater nachweislich, und das gilt nicht nur für Joseph II. So absolvierte Ferdinand IV. von Neapel bei seinem Besuch in Wien am 13. Februar 1791 nachmittags eine Schlittenfahrt im Prater, ging abends ins Theater auf der Wieden zum *Stein der Weisen* und war danach beim Redoutenball in der Hofburg.[45] Leopold II. ist 1791 ebenfalls als Gast beim *Stein der Weisen* bezeugt, wo er Schikaneder mit «Allerhöchstdero Beifall beehret» hat.[46] Mozart selbst verfügte für die erste Aufführungsserie der *Zauberflöte* offenbar über eine eigene Loge – möglicherweise als Bestandteil seines Vertrags –, in die er allem Anschein nach regelmäßig Gäste mitbrachte, darunter den Hofkapellmeister Salieri.

3. Publikum

Die von Schikaneder angestrebte Konzentration auf das große Ausstattungstheater mit modernsten technischen Apparaten hat also ein Publikum angezogen, das auch sonst die Theater, vor allem die Hoftheater, besuchte und in Fragen von Bühne und Musik erfahren war. Der mit diesem Genre verbundene Aufwand vergrößerte zweifellos das finanzielle Risiko für den Impresario, aber dieses blieb zumindest in den 1790er Jahren irgendwie beherrschbar, ungeachtet mancher Gerüchte über bevorstehende Insolvenzen.[47] Denn hohe Einnahmen waren auch deswegen garantiert, weil das Haus gut gefüllt oder, wie es im Fall der *Zauberflöte* bezeugt ist, regelmäßig ausverkauft war. Das von Schikaneder ausgeprägte Genre wurde durch die Verpflichtung Mozarts auf besondere Weise bereichert. Das Interesse des Komponisten an einer nochmals neuen Gattung des musikalischen Theaters traf sich hier mit dem Interesse des Prinzipals. Julius Friedrich Knüppeln bemerkte bereits 1793 eine damit verbundene Breite der Wirkung: «alle Stände drängten sich, die Zauberflöte zu sehen, und man entdeckte stets neue Schönheiten der Tonkunst, je öfter man sie sah: man muß es auch dem Orchester zum Ruhm sagen, daß es dieses Meisterstück würdig darstellte [...].»[48] Die sofort einsetzende, ungeheure Erfolgsgeschichte der *Zauberflöte* hat diese ständeübergreifende Popularität zu einem zentralen Bestandteil des Werkes gemacht. Oder, wie es in einem Bericht aus Berlin vom Mai 1794 heißt: «Nun ist auch hier die Zauberflöte auf die Bühne gebracht, und die Menschen laufen darnach, als wenn ihre zeitliche und ewige Glückseligkeit von dieser Oper abhienge.»[49]

Es ist müßig zu fragen, wie Mozart sich dazu verhalten hätte. Allerdings ist davon die Frage, ob die Popularität in diesem Sinne überhaupt intendiert war, unberührt. Die Struktur des Freihaustheaters und offenbar auch dessen Klientel legen die Vermutung nahe, dass sich zumindest das Wiener ‹Zielpublikum› des Komponisten aus Aristokratie und Patriziat zwischen zum Beispiel *Così fan tutte* und der *Zauberflöte* nicht verändert hat. Zwar gibt es zahlreiche Belege dafür, dass Mozart durchaus über ein subtiles, ausgeprägtes Sensorium für die wirkungsästhetische Überwältigung seiner Zuhörer verfügte. Diese Idee von ‹Wirkung› ließ sich auch mit den Bedingungen des josephinischen Wien und seiner besonderen Form von Öffentlichkeit in Einklang bringen. Mozarts Freund Otto Heinrich von Gemmingen (1755–1836) hielt daher die Zustimmung des Publikums für ein entscheidendes Kriterium des Gelingens: «Der Künstler aller Art arbeitet nun einmal für unsre Sinne, und er muß also wissen ob er auf sie gewürket habe oder nicht, ohne davon zu reden, daß Beyfall doch eigentlich Zweck und Belohnung des Künstlers ist.»[50] Es gibt genügend Indizien, dass Mozart diese Auffassung teilte. Zweifel sind hingegen angebracht bei der Frage, ob sich damit tatsächlich so etwas wie eine ständeübergreifende Popularität verbinden sollte.

An der Wende zum 19. Jahrhundert veröffentlichte der Theologe Johann Christoph Greiling (1765–1840), Pastor in Neugattersleben und knapp zehn Jahre jünger als Mozart, eine umfangreiche *Theorie der Popularität*.[51] Sie versteht sich, gewissermaßen rückblickend und zusammenfassend, als Reaktion auf die Krisensymptome der eigenen Gegenwart und nimmt mit dem Populären ein zentrales Thema insbesondere der zweiten Hälfte des 18. Jahrhunderts nochmals in den Blick. In der axiomatischen, fast wolffianischen Gliederung des Buches wird ein systematischer Ansatz erkennbar, also der Wille, am Vorrang der Verstandestätigkeit festzuhalten. Diese könne aber durch das Schöne, insbesondere im Vortrag, also in der Rede, ‹populär› werden. Greiling lässt keinen Zweifel daran, dass das Populäre für ihn seinem Wesen nach eine theologische Kategorie ist. Es ist darauf gerichtet, die nicht immer einfachen Glaubensoffenbarungen und Glaubenslehren verständlich und anschaulich zu vermitteln, namentlich in der Predigt. Sosehr das Populäre also auf das Sinnliche zielt, seine Beglaubigung erhält es durch die Wahrheit, die sich hinter ihm verbirgt – und diese ist geknüpft an die Verstandestätigkeit. Allerdings bedarf die Wahrnehmung des Populären im Gegensatz zur Verstandestätigkeit nicht notwendig komplexer Voraussetzungen. Populäre Schönheit sei «diejenige Schönheit, wie sie von jedem, weder durch Wissenschaft noch durch

Kunst Gebildeten, gefühlt werden kann. Das Gebiet des Schönen ist zwar grenzenlos, aber der Geschmak, das Schöne zu beurtheilen, ist beschränkt. So wie es nämlich eine höhere und niedere Kultur der Vernunft giebt, eben so auch der Phantasie [...].»[52]

Greiling knüpft damit an eine lange Tradition an, die das gesamte 18. Jahrhundert – und nicht nur im deutschsprachigen Raum – geprägt hat, vor allem aber dessen zweite Hälfte. Das ‹Populäre› galt als Möglichkeit der Teilhabe, gleichsam im Stadium vor dem Können und Vermögen. Schon in Johann Heinrich Zedlers *Universal-Lexicon*, das selbst ein Projekt der ‹Popularisierung› war, wurde Popularität als das Bemühen definiert, sich «durch allerhand Künste des gemeinen Volckes Gunst zu erwerben» – wobei die Bewertung von Gegenstand und Intention abhänge.[53] Diese Definition ging übrigens fast wörtlich in den 1765 erschienenen 13. Band der *Encyclopédie* von Diderot und d'Alembert ein.[54] Johann Andreas Cramer (1723–1788), Theologe in Kiel, hielt in der Biographie seines Kommilitonen Christian Fürchtegott Gellert 1774 fest, dass sich dessen Poesie, vor allem die geistliche, durch das Populäre auszeichne. Das sei das, «wovon man oft mit so viel Geräusche spricht, ohne zu wissen, worinn die schwere Kunst besteht, für die Menge verständlich und doch einnehmend zu reden, sich zu ihrem Gesichtskreise herabzulassen, und das zu treffen, was für sie das edelste und nützlichste ist, ohne kalt, trocken und niedrig zu seyn».[55] Über die theologische Grundierung des Begriffs hinaus ließ sich so alle Verstandestätigkeit mit der Alltagserfahrung kurzschließen. Diderot nannte diesen Prozess 1754 unter Rückgriff auf eine Prägung von Noël-Antoine Pluche ‹philosophie populaire›.[56] Daraus wurde erst relativ spät, nach 1770, im Deutschen der Begriff der ‹Popularphilosophie› abgeleitet, ein Konzept, dem etwa Kant mit großen Vorbehalten gegenüberstand.

Die von Greiling und auch von Cramer hervorgehobene Verbindung zur sinnlichen Wahrnehmung erlaubte offenbar, das Konzept des Populären auch auf den Bereich der Künste zu übertragen. Damit war das neuzeitliche System der schönen Künste, der *beaux arts*, gemeint, das eben auf die sinnliche Wahrnehmung gerichtet war. Das einigende Band dieser Künste war jedoch die Naturnachahmung. In der Musik, deren Verpflichtung zur Nachahmung eine Reihe unlösbarer Probleme mit sich brachte, zeigte sich daher eine grundlegende Schwierigkeit.⁵⁷ Sowohl bei der wortlosen Instrumentalmusik als auch und vor allem bei der Oper stellten sich gravierende Probleme, die stets die Frage nach Wahrheit und Wahrhaftigkeit berührten. Denn das, was mit Cramers Worten «für die Menge verständlich und doch einnehmend» war, musste in der Musik nicht notwendig das «Edelste und das Nützlichste» sein. Ab der Jahrhundertmitte, mit der Konstitution der vermischten Empfindungen vor allem bei Moses Mendelssohn und der Lösung vom Nachahmungspostulat, wurde das Problem sogar noch dringlicher. Es ließ sich allenfalls noch durch einen ethischen Apell lösen. In einem späten kurzen Text der *Allgemeinen Musikalischen Zeitung* von 1813 heißt es geradezu beschwörend: «Eine gute *Musica populare* können nur grosse Männer liefern; dann wird sie, bey all ihrer Popularität, doch edel seyn und immer dauern; kleine Geister hingegen erzeugen in dieser Gattung etwas, das bey schwachen Individuen zwar ebenfalls Eingang findet, aber nur für den Augenblick, nach welchem es in sich selbst zusammenfällt.»⁵⁸

Es ist schwer zu sagen, ob der anonyme Autor dieser Zeilen die *Zauberflöte* im Sinn hatte. Der Konflikt, der sich hier abzeichnet, war jedoch prägend für das 18. Jahrhundert. Einerseits galt die Verpflichtung, ‹popular› zu sein, andererseits konnte, so schon Zedler, nur der Hintergrund ethischer Unbedenklichkeit diesem Popularen die Risiken nehmen. In den Künsten und allemal in der Musik mussten sich die Verhältnisse jedoch verkehren, da die Rolle der Einbildungskraft, der Phantasie, große, schwer beherrschbare Schwierigkeiten verursachte. Denn es gab keine äußere Natur und keine Begriffe, auf die man die Musik beziehen konnte. Leopold Mozart, der mit den Grundlagen dieser Diskussion sicherlich im Detail vertraut war, betrachtete die Dynamik, welche die Komposition des *Idomeneo* in München annahm, einerseits mit Wohlgefallen, andererseits nicht ohne Sorge. Er riet seinem Sohn: «Ich empfehle dir Beÿ deiner Arbeit nicht einzig und allein für das musikalische, sondern auch für das *ohnmusikalische Publikum* zu denken, – du weist es sind *100 ohnwissende* gegen *10 wahre Kenner*, – vergiß also das so genannte *populare* nicht, das auch die *langen Ohren* Kitzelt.»[59] Immerhin bestand auch er auf dem Primat der Verstandestätigkeit. Dabei berief er sich beinahe wörtlich auf eine Gottsched-Parodie von Johann Jakob Bodmer, der 1758 Gottsched hatte sagen lassen: «Kanst du mein langes Ohr noch länger zerren?»[60] Allerdings mahnte er, jene Menschen im Blick zu behalten, die wie König Midas mit Eselsohren versehen waren. Sein Sohn antwortete jedoch ebenso beiläufig wie selbstbewusst: «wegen dem sogenannten Popolare sorgen sie nichts, denn in meiner Oper ist Musick für aller Gattung leute; – ausgenommen für lange ohren nicht. –»[61] Während also Leopold Mozart auf dem auch für Gellert zentralen Argument der Teilhabe (wenigstens durch ‹Kitzel›) beharrte, stellte sein Sohn gerade dieses Verbindende in Abrede. Seine Popularität ist eine Popularität nur für die Verständigen, die aber gerade die ethischen Gefährdungen reduzieren konnte. Wenn Greiling später forderte, das Populäre wende sich auch an jene, die «weder durch Wissenschaft noch durch Kunst» gebildet seien, so hielt Mozart dies offenbar für ausgeschlossen.

Es gibt keinerlei Indizien, dass sich diese Überzeugung in den Wiener Jahren grundlegend geändert hätte, im Gegenteil. Mozarts gesamte Existenz gründete sich auf die Zustimmung der Verständigen, und die Überwältigung, das Erstaunen und die Bewunderung, die er ihnen abnötigen wollte, waren alles andere als voraussetzungslos. Das betrifft auch seinen Umgang mit Gattungen und mit Bühnengattungen allemal. Mozart setzte ein Publikum voraus, das ihm zu folgen bereit war, das also, mit Greiling zu sprechen, aus «durch Kunst Gebildeten» bestand. Und man darf davon ausgehen, dass dies auch für seine Arbeit für das Freihaustheater galt. In einem berühmt gewordenen Brief vom Oktober 1791 an seine Frau beklagte er sich über einen hochmögenden adligen Besucher (der nie zweifelsfrei identifiziert werden konnte), weil diesem am Ende das Verständige abging, er also über «lange ohren» verfügte. Umgekehrt, als er Antonio Salieri mit in eine Aufführung der *Zauberflöte* nahm, war ihm nicht allein die Meinung des Verständigen wichtig: Er wollte selbst diesen in Erstaunen und sprachlose Bewunderung versetzen, also die Urteilskraft sogar des professionellen Musikers außer Kraft setzen.

Mozarts ‹Metier› hatte sich folglich 1791 nicht grundlegend verändert. Das gilt auch für die Ansprüche, die er damit stellte. Für das Projekt der *Zauberflöte* ist dies von zentraler Bedeutung. Denn die zahllosen Herausforderungen, vor die es das Publikum stellte, zielten offenbar nicht auf die Voraussetzungslosen, sondern auf diejenigen, deren Voraussetzungen hier ins Wanken geraten sollten.

II.
Größe und Wahrhaftigkeit

1. «Große Oper»

Mozart hat sein neues Stück mit einem eigenartigen Hinweis in sein Werkverzeichnis aufgenommen: «eine teutsche Oper in 2 Aufzügen. Von Eman. Schickaneder. bestehend in 22 Stücken».[1] Auf die weiteren Details dieses Eintrags wird noch zurückzukommen sein, hier geht es zunächst um die keineswegs selbstverständliche Gattungsbezeichnung zu Beginn. Naheliegend wäre für das Werk schon wegen der gesprochenen Dialoge eigentlich der Begriff des ‹Singspiels› gewesen, den Mozart knappe zehn Jahre zuvor für die Entführung aus dem Serail noch verwendet hatte, jedenfalls steht er so auf dem Erstdruck des Textes und auf dem Theaterzettel zur Uraufführung.[2] Auch Anton Schweizers Alceste, 1773 auf einen Text von Christoph Martin Wieland entstanden, bezeichnete Mozart, als er ihr 1777 in Mannheim begegnete, als das «erste teütsche singspiell».[3] Dabei fiel sein Urteil über das Werk zu diesem Zeitpunkt noch zurückhaltend-reserviert aus, während er im Dezember des Folgejahres, als er in München eine Aufführung sah, keine Gnade mehr kannte. Das Allerschlechteste des missratenen Stückes stehe, so teilte er dem Vater entschieden mit, gleich am Anfang, nämlich die Ouvertüre.

Eine weitere deutsche Oper, die er in Mannheim kennenlernte und die zumindest hinsichtlich der Musik seine wohlwollende Zustimmung fand, war Ignaz Holzbauers Günther von Schwarzburg. Von ihr erschien nicht nur das Libretto, sondern, ungewöhnlich genug, sogar die Partitur im Druck. In beiden Versionen fand ebenfalls der Begriff des ‹Singspiels› Verwendung, trotz der hier fehlenden Dialoge und der komponierten Rezitative. Doch kurz vor der Uraufführung, im Oktober 1776, kündigte Christian Friedrich Daniel Schubart in seiner *Teutschen Chronik* das neue Werk euphorisch als «teutsche Oper aus der teutschen Geschichte! von einem teutschen Dichter! teutscher Komposition! und auf dem besten teutschen Theater aufgeführt!!», kurzum als «heilsame Revolution des Geschmacks» an.[4]

Dem Begriff der ‹teutschen Oper› kam also durchaus eine nachdrückliche Bedeutung zu, und Mozart dürfte sie bei seiner Wahl im Sinn gehabt haben; in einem Brief kurz nach der Uraufführung der *Zauberflöte* kam er nochmals auf die Bezeichnung der «teutschen Oper» zurück.[5] Doch ist damit der Verzicht auf den Begriff des Singspiels noch nicht erklärt – Mozarts eigener Einschätzung der *Alceste* folgend wäre ja auch eine Benennung als ‹deutsches Singspiel› denkbar gewesen. Im Erstdruck des *Zauberflöten*-Textbuches findet sich dann aber nochmals ein abweichender Untertitel, von dem man annehmen muss, dass er auf Mozart zurückgeht: «große Oper». Der Hinweis auf das ‹Deutsche› ist dort wieder eliminiert worden, der Akzent liegt damit zweifellos auf ‹Oper›, allerdings mit einer erstaunlichen Hinzufügung. Die erweiterte Gattungsbezeichnung «große Oper» ist als Untertitel eines Werkes im 18. Jahrhundert nämlich vollkommen singulär. Sie wurde erst nach 1800, offenkundig unter dem Eindruck der *Zauberflöte*, auch für andere Werke verwendet, zunächst in Wien und von Schikaneder selbst, und zwar für weitere ‹Zauberstücke› (Johann Georg Lickls verschollenen *Zauberpfeil* von 1793, Anton Friedrich Fischers *Swetards Zaubertal* von 1805), aber auch für eine deutsche Version der *Clemenza di Tito* (1801). Später dann wurde der Begriff auch von anderen Librettisten und Komponisten gebraucht, zudem begegnet er einem in Übersetzungen vor allem aus dem Französischen (etwa von Opern Cherubinis).[6] Die Klassifizierung ist folglich erklärungsbedürftig, erst recht wenn man bedenkt, dass Mozart mit Gattungsbezeichnungen sorgfältig umging und dass der Begriff der ‹teutschen Oper› in seinem Werkverzeichnis sozusagen seine Privatangelegenheit blieb, also offenbar nicht für die Öffentlichkeit bestimmt war.

Mit dem Begriff des ‹Großen› sind im späten 18. Jahrhundert nicht so sehr quantitative, sondern vielmehr qualitative Aspekte gemeint: Bei ‹groß› und ‹Größe› handelt es sich demnach um ästhetische Termini. Gängige Bezeichnungen von musikalischen Bühnengattungen (wie *dramma per musica*, *opera buffa* oder *dramma giocoso*, die alle auch von Mozart in den 1780er Jahren verwendet wurden) waren zwar mit ganzen Bündeln von Normen verbunden, enthielten sich aber stets einer expliziten ästhetischen Klassifizierung. Im Falle der ‹großen Oper› ist dies anders. Und es ist deswegen besonders auffällig, weil Mozart und Schikaneder damit nur indirekt, also über die allgemeine Terminologie an bestehende Traditionen anknüpfen konnten.

Der aus Winterthur stammende Johann Georg Sulzer (1720–1779), der von Friedrich II. als Professor für Philosophie an die Berliner Ritterakademie verpflichtet wurde, veröffentlichte ab 1771 seine *Allgemeine Theorie der Schönen Künste*. Es war ein bahnbrechendes ästhetisches Nachschlagewerk, das auch in Wien und wohl allemal bei Mozarts Gönner Gottfried van Swieten bestens bekannt war. Dort findet sich ein erstaunlich umfangreicher Eintrag zum Stichwort ‹Groß; Größe›. Auch wenn Sulzer festhält, dass ‹ästhetische Größe› nicht leicht zu bestimmen sei, so ist er doch um Präzision bemüht. Das ‹Große› im ästhetischen Sinne beruhe nämlich auf Unbedingtheit, weil diese verlange, «der Vorstellungskraft, oder der Kraft zu empfinden, eine weitere Ausdähnung zu geben».[7] Ziel aber bleibe es, selbst in dieser Erweiterung noch das Ganze zu erfassen: «Das Böse, das uns droht, und das Gute, das uns schmeichelt, thut erst alsdann die volle Würkung, wenn es keiner Ungewißheit unterworfen ist.» Diese Absolutheit und diese Unmittelbarkeit erweisen sich demnach als das zentrale Wesen von Größe: «Die ästhetischen Gegenstände beziehen sich entweder auf die Sinnen und die Einbildungskraft, oder auf den Verstand, oder auf das Herz; und wir schreiben ihnen Größe zu, wenn wir die bestimmte Würkung davon empfinden, daß die Phantasie, der Verstand, oder das

Herz, Erweiterung der Kräfte nöthig haben, um sie auf einmal zu fassen.»

Anders als das Erhabene, das sich im Zuhörer oder Zuschauer eben nicht vollständig aufzulösen vermag, das also per se bis zu einem gewissen Grad rätselhaft bleiben muss, erschließt sich das Große trotz der überbordenden Fülle seiner Erscheinungen tatsächlich im Augenblick der Wahrnehmung. Dies erfordert zwar, wie Sulzer festhält, eine bedeutende «Erweiterung der Kräfte», führt dann aber, wenn man sich einmal darauf einlässt, dazu, dass man das Ganze schlagartig, gewissermaßen ohne «Ungewißheit» erfassen kann. Die «große Oper» zielt also, legt man diese Bestimmung zugrunde, nicht etwa auf das Rätselhafte, auf das Verborgene, das Arkane, sondern auf eine denkbar große Fülle, ja geradezu auf eine Totale der Erscheinungen. Diese angestrebte Gesamtheit soll zwar Phantasie, Verstand oder Seele bewegen, sie soll dabei jedoch stets fassbar sein und bleiben.

Größe in diesem Sinn verhält sich komplementär zur Wahrhaftigkeit, die Mozart gleichzeitig (und ebenfalls erstmalig) als eine Art von musiktheatralem Gattungsbegriff verwendet hat. In seinem Werkverzeichnis begegnet nämlich fast zur gleichen Zeit für *La clemenza di Tito* der eigenartige Ausdruck der «vera opera», der ‹wahren Oper›, auf die der sächsische Hofdichter Caterino Mazzolà (1745–1806) die Textvorlage Metastasios zurückgeführt habe.[8] Auch hier zieht ein ästhetischer, ebenfalls von Sulzer ausführlich erörterter Begriff in die Benennung musikalischer Gattungen ein, wenn auch nur für Mozarts eigenen Gebrauch. Die ‹wahre Oper› ist offenbar diejenige, in der selbst Fragen der Staatsraison auf affektive Befindlichkeiten zurückgeführt werden und erst dadurch Wahrhaftigkeit beanspruchen können. Im Falle der Größe verhält es sich umgekehrt, denn erst die Fülle, ja die Gesamtheit der Erscheinungen erlaubt eine glaubhafte Darstellung. Wahrheit und Größe ergänzen sich folglich wechselseitig. Auch wenn das ‹Große› im Werkverzeichnis nicht und wenn das ‹Wahre› allein im Werkverzeichnis auftaucht – es scheint, als habe sich Mozart bei seinen späten Opernvorhaben um präzise Zuordnungen bemüht und damit beide Projekte in eine nicht nur beiläufige Beziehung zueinander gesetzt.

Die heterogene Vielfalt der «ästhetischen Gegenstände», die Sulzer bemerkt, soll also in der ‹großen Oper› die Einbildungskraft zwar strapazieren, nicht aber überfordern. Die Dinge sollen demnach, so unwahrscheinlich sie im Einzelnen auch sein mögen, wahrhaftig bleiben. In diesem Sinne ist das Phänomen der ‹großen Oper› im späteren 18. Jahrhundert durchaus diskutiert worden, jedoch ohne Mozarts Konsequenz, den damit verbundenen ästhetischen Anspruch in einem Untertitel festzuhalten. Johann Joachim Eschenburg (1743–1820), ein Schikaneder und Mozart vertrauter Autor, definierte in seinem ästhetischen Handbuch von 1783 die «große Oper» als Gegenstück zur komischen Oper. Die ästhetischen Eigenschaften der ‹großen Oper› lägen, anders als im übersichtlichen sozialen Feld des Komischen, in der Grenzüberschreitung. Diese Grenzüberschreitung verbinde die ‹große Oper› mit der literarischen Gattung des Epos, das als besonders ‹phantastisch› galt. Allerdings bestehe zwischen den beiden Gattungen ein entscheidender Unterschied, da die ‹große Oper› «das für die Sinne als wirklich darstellt, was die Epopöe bloss für die Einbildungskraft schildert».[9]

Eschenburg verweist damit auf ein altes ästhetisches Problem der Operndebatte, nämlich die Frage, wie wahrscheinlich oder unwahrscheinlich ein Bühnengeschehen sein könne, in dem zahlreiche ‹wunderbare› Sachen gezeigt werden und in dem überdies die Akteure nicht sprechen, sondern singen. Doch er löst dieses Problem auf eine bemerkenswerte Weise: Die ‹große Oper› kalkuliere nicht einfach nur wie das Epos mit der Grenzüberschreitung, sondern definiere einfach das, was jenseits dieser Grenze liege, als das Wirkliche. Um dieses ‹Wirkliche› aber erfahrbar zu machen, bedarf es der Musik. Georg Anton Benda (1722–1795), Hofkapellmeister in Gotha und Komponist der auch von Mozart bewunderten Melodramen *Ariadne auf Naxos* und *Medea* (beide 1775), hatte sich wenige Jahre zuvor auf ganz ähnliche Weise geäußert, und zwar mit Blick auf seine Shakespeare-Bearbeitung *Romeo und Julie* (der Text wurde 1776 von Friedrich Wilhelm Gotter eingerichtet): Diese sei deswegen eine «große Oper», weil in ihr «einmal das unnatürliche Natur geworden ist».[10] Daran knüpfte auch der preußische Hofkapellmeister Johann Friedrich Reichardt (1752–1814) an, als er 1782 *Fingal und Komala* ankündigte, ein Projekt nach Ossian, das er als «große deutsche Oper» bezeichnete, das aber ein Projekt blieb.[11]

Wenn aber das Wesen der ‹großen Oper› darin liegt, durch die Art der Darstellung das Unnatürliche zur Natur werden zu lassen, dann wird der tiefe Hintergrund von Mozarts Gattungsbezeichnung erkennbar. Anders als in der «vera opera», die sich von vornherein auf die Wahrscheinlichkeit und Wahrhaftigkeit verpflichtet, soll in der ‹großen Oper› der Fülle selbst der unwahrscheinlichsten Dinge Raum gewährt werden; diese Fülle soll hier aber ebenfalls Glaubwürdigkeit und damit Wirklichkeit erlangen. Die von Eschenburg noch zwiespältig gewahrte Distanz – Dinge werden im Sinne des ‹als ob› lediglich «für die Sinne als wirklich» dargestellt – scheint damit gänzlich zu verschwinden; die Differenz zwischen Darstellung und Wirklichkeit verschwimmt willentlich. Bedenkt man, dass Mozart in seinen späten Opern, vor allem in *Così fan tutte*, die Grenze zwischen Wahrhaftigkeit und Wahrscheinlichkeit in der Darstellung infrage gestellt hat, so scheint sich in der ‹großen Oper› diese Grenze endgültig aufzulösen.[12] Das führt aber zu einer neuen Form von Wahrscheinlichkeit: Denn wenn «das unnatürliche Natur» wird, dann ist es offenbar das Privileg der Musik, diesem Unnatürlichen nicht nur Glaubwürdigkeit und Wahrhaftigkeit, sondern sogar Wirklichkeit zu verleihen.

Nicht allein die Handlung, auch die Partitur der *Zauberflöte* ist voller Herausforderungen an das, was man im späten 18. Jahrhundert ‹Natürlichkeit› nannte: Sie kennt grenzwertige Stimmlagen, Terzette von Damen und Knaben, einfache Lieder neben anspruchsvollen Arien und vieles mehr. Dieses ‹Unnatürliche› wandelt sich jedoch im ‹Großen› zu einer neuen, zu einer anderen Natur. Nur so ist es auch erklärlich, dass sich Titel und Untertitel, Name und Gattungsbezeichnung, Magie und Größe, bestimmter und unbestimmter Artikel, also *Die Zauberflöte* und

1. «Große Oper» 69

Eine *große Oper* nicht ausschließend gegenüberstehen, sondern sich gegenseitig bedingen – und dass in alledem auch die gesprochenen Dialoge aufgehoben sind. Vielleicht ist es daher kein Zufall, dass den Antagonisten der Handlung ebenfalls ‹Größe› zugesprochen werden kann: «großer Sarastro» (II, 1) und «große Königinn der Nacht» (II, 30).

In zahlreichen Interpretationen der *Zauberflöte* ist auf die angeblich verbindliche Tradition des Wiener Volkstheaters hingewiesen worden, am nachdrücklichsten vielleicht von Egon Komorzynski, der damit vor allem Emanuel Schikaneder in sein Recht setzen wollte. Die Bezeichnung ‹große Oper› wirkt jedoch mit allen ihren Implikationen wie ein entschiedener Widerspruch gegen einen solchen Deutungszusammenhang. Denn mit dem Ästhetischen war zugleich eine klar wahrnehmbare stoffliche Fallhöhe verbunden. Im Wien der 1780er Jahre hatte man durchaus konkrete Vorstellungen nicht nur von der Wirkungsweise, sondern auch von den Inhalten einer ‹großen Oper›. In einer Ankündigung im *Allgemeinen Theater-Almanach*, der 1782 in Wien erschien, firmierten zwei Werke Christoph Willibald Glucks, nämlich *Iphigenia auf Tauris* (in der deutschen Version von Johann Baptist von Alxinger von 1781) und *Alceste* (1767), als «grosse Oper». Beides sind tragisch-heroische Werke mit antiken Stoffen.[13] Und in der *Theorie der Dichtkunst*, die der Münchner Rhetorikprofessor Albrecht Kirchmayer (1745–1814) 1788/89 nach Sulzers *Allgemeiner Theorie* herausbrachte, wurde die «große Oper» (hier wie bei Eschenburg als Abgrenzung zur ‹kleinen› «Operette» gemeint, also zum komischen deutschen Singspiel) durch ihre Festlegung auf «wichtige und sehr ernsthafte Gegenstände» gekennzeichnet.[14] Diese Eingrenzung konnte sich auf ältere Vorgaben berufen, etwa auf eine anonyme Rezension in der *Deutschen Bibliothek der schönen Wissenschaften*, wo es unumwunden hieß: «Das heroisch-tragische gehört in die grosse Oper».[15]

Ästhetische Größe meinte also einerseits die Fülle der Erscheinungen, andererseits deren Beglaubigung durch «sehr ernsthafte Gegenstände». Die komische Figur der *Zauberflöte*, Papageno, verdankt sich daher nicht einer lokalen Tradition. Das wäre schon deswegen unwahrscheinlich, weil weder Schikaneder noch Mozart gebürtige Wiener waren, aber auch, weil der exotische Vogelmensch sich bereits in seiner äußeren Gestalt von Kasperl und Hanswurst unterscheidet. Die Sphäre des Papageno ist vielmehr Teil jener überbordenden Fülle der Erscheinungen, die in ihrer Gesamtheit zum Gegenstand der Bühnenhandlung gemacht werden sollten. Gerade die zahllosen Kontraste, die das Werk auf vielen Ebenen durchziehen (und sich nicht auf den Gegensatz von Tamino und Papageno beschränken), lassen die Grenzen zum ‹Unnatürlichen› immer weiter verschwimmen. Die Ernsthaftigkeit des Gegenstandes selbst ist davon jedoch nicht berührt, im Gegenteil.

Das zeigt sich auch an einem signifikanten Detail, nämlich gleich am allerersten Orchestereinsatz. Mozart konzipierte zunächst eine Ouvertüre (und skizzierte davon auch gut 20 Takte), in der bestimmte Momente des späteren Stückes bereits deutlich erkennbar sind: die langsame Einleitung etwa oder die feierliche Tonart Es-Dur. Es fehlten in der Besetzung jedoch noch die Posaunen, die erst der dann ausgeführten Version hinzugefügt wurden – da sie getrennt notiert wurden, möglicherweise sogar erst im allerletzten Moment. Sie verleihen dem ersten Akkord, einem *sforzato*, eine demonstrative Feierlichkeit. Die Bedeutung der Posaune im Sinne sakraler Festlichkeit war im 18. Jahrhundert stets unumstritten, und in diesem Sinne setzte Mozart das Instrument auch in den Chören der *Zauberflöte* ein. Die Posaunen bereits im Instrumentalstück der *Ouverture* bedeuteten jedoch etwas Neues, worauf kurze Zeit später Heinrich Christoph Koch in seinem *Musikalischen Lexikon* von 1802 hinwies: «Von aller übrigen Musik war es [das Instrument der Posaune, L. L.] längst entfernt, bis Mozart in seiner Zauberflöte von neuem darauf aufmerksam machte».[16] Allerdings gibt es immerhin einen Vorläufer, nämlich Glucks *Alceste*, die ja in Wien als ‹große Oper› wahrgenommen wurde. Ihre *Intrada* (der archaische Name deutet bereits auf einen Querstand) ist ebenfalls mit drei Posaunen besetzt, was auch in die französische Version übernommen wurde.[17]

1. «Große Oper»

Entwurf zur Ouvertüre der Zauberflöte, Takt 1–11

Im Bestand der Salzburger Stiftung Mozarteum befand sich ein Fragment aus zwei Blättern und drei beschriebenen Seiten, das jedoch verschollen und nur in einer ‹Nachschrift› (einer Fälschung) des in Salzburg wirkenden Chorleiters Franz Xaver Jelinek (1818–1880) erhalten ist. Allerdings besteht eine Übereinstimmung mit einem eigenhändigen Fragment, das 1889 an die heutige Staatsbibliothek zu Berlin Preußischer Kulturbesitz gelangte (wobei unklar ist, ob dieses Fragment das ursprüngliche zweite Blatt des Salzburger Autographs ist). Daher steht die Authentizität des Entwurfs (KV Anh. 102/Frag 1791g) nicht zur Diskussion. Bereits seit der Mozart-Biographie Otto Jahns wird er im Zusammenhang mit der ‹Zauberflöte› gedeutet, und tatsächlich sind die Zweiteiligkeit, die Tonart Es-Dur und die Besetzung eindeutige Indizien. Gernot Gruber wies in der Edition der Oper im Rahmen der Neuen Mozart-Ausgabe darauf hin, dass Mozart offenbar nicht systematisch, sondern gleichsam ‹kreisend› skizziert habe. Der Entwurf zur Ouvertüre deutet ebenfalls in diese Richtung und lässt die besondere Herausforderung erkennen, die mit der endgültigen Ausarbeitung verbunden war. Auf die naheliegende Idee eines hervorgehobenen Flöteneinsatzes (hier erstmals Takt 2 f.) hat Mozart dort wieder verzichtet.

Mit den Posaunen sollte sich folglich die Tonlage der Oper von Anfang an und signalhaft auf «sehr ernsthafte Gegenstände» richten.[18] Darin liegt zweifellos ein Kontrast zum Haupttitel *Die Zauberflöte*, keineswegs aber zum Untertitel der ‹großen Oper›. Dass Mozart die *Ouverture* im allerletzten Moment erst vollendet hat, ist oftmals diskutiert worden, und der nachträgliche Eintrag in sein Werkverzeichnis bestätigt es zweifellos. Offenbar war ihm das Instrumentalstück, von dem später noch ausführlicher die Rede sein muss, äußerst wichtig. Doch neben der ganz am Ende getroffenen Entscheidung, durch die Hinzufügung der Posaunen Ernsthaftigkeit anzuzeigen, fällt eine weitere auf: Nichts hätte näher gelegen, als im Vorspiel zu einem Werk mit dem Titel *Die Zauberflöte* das namengebende Instrument zum exponierten Gegenstand zu machen. In der früheren Skizze lässt sich erkennen, dass Mozart dies zunächst durchaus erwog – und dann verwarf. Damit wird deutlich, dass der Bezugsrahmen der *Ouverture* tatsächlich nicht der Haupttitel, sondern der Untertitel ist.

An der Ernsthaftigkeit des Werkes sollte es demnach von Beginn an keinerlei Zweifel geben. Es stellt sich dann allerdings die Frage, worin diese Ernsthaftigkeit eigentlich besteht. Im ästhetischen Verständnis des Begriffs von ‹Größe› würde sie gewiss, wie schon bei Gluck, in der Dimension des Dargestellten liegen. Da Mozarts ‹große Oper› aber nun einmal die phantastische Überschrift *Die Zauberflöte* trägt, liegt die Vermutung nahe, dass es nicht mehr um das Dargestellte, sondern um die Darstellung selbst gehen sollte.

2. Künstliche Welten

Auf dem Theaterzettel zur Uraufführung der *Zauberflöte* finden sich drei Zusätze, die von früheren Gepflogenheiten Schikaneders abweichen: die Erwähnung des Komponisten, also Mozarts, und des Umstands,

2. Künstliche Welten

dass er «selbst diregiren» werde; die Annonce des gedruckten Textbuchs; sowie schließlich der Hinweis auf die Ausstatter: «Herr Gayl Theatermahler und Herr Neßlthaler als Dekorateur schmeicheln sich nach den vorgeschriebenen Plan des Stücks, mit möglichsten Künstlersfleiß gearbeitet zu haben.»[19] Schon auf den ersten Blick sollte sich also die Ausstattung als zentraler Bestandteil des neuen Werkes erweisen. Zwar findet sich der Hinweis lediglich auf dem Theaterzettel und nicht im gedruckten Textbuch, doch entspricht er eindeutig einer höfischen Praxis – und zwar ausdrücklich nicht der Opera buffa. Mozart kannte diese Praxis genau, in den Textbuchdrucken der *Entführung*, des *Don Giovanni* oder der *Così fan tutte* fehlen solche Hinweise, in denen zum *Idomeneo* oder zu *La clemenza di Tito*, die beide für einen höfischen Rahmen geschrieben wurden, sind sie selbstverständlich enthalten. Insbesondere in der französischen Oper mit ihren aufwendigen Bühneneffekten war die Nennung des Verantwortlichen nahezu obligatorisch. Im Text der Wiener Aufführung von Glucks *Alceste* (1767) wurde die Dekoration ausführlich erläutert, in der Pariser Version von 1776 wurde dann auch, wenigstens für das Bild des letzten Aktes, der Name des Bühnenbildners hinzugefügt.

Das ist von der Wirklichkeit eines vermeintlichen Volkstheaters weit entfernt, und zwar demonstrativ und nach außen deutlich sichtbar. Auf dem Theaterzettel zur *Zauberflöte* werden aber die Dekorationen nicht einfach nur allgemein erwähnt, es wird zudem – auch dies ungewöhnlich – ihr Bezug zum «vorgeschriebenen Plan des Stücks» hervorgehoben. Dabei handelt es sich nicht bloß um einen Hinweis darauf, dass sie gänzlich neu gefertigt wurden, sondern zugleich um eine Anspielung auf einen zentralen Begriff aus der Ästhetik des 18. Jahrhunderts, der Mozart schon früher beschäftigt hat. In einem berühmt gewordenen Brief vom 13. Oktober 1781 an den Vater über die *Entführung* berief er sich auf den Begriff des gut ausgearbeiteten ‹Plans› als Kern seiner Opernästhetik: «und ich weis nicht – beÿ einer opera muß schlechterdings die Poesie der Musick gehorsame Tochter seÿn. – warum gefallen denn die Welschen komischen opern überall? – mit allem dem Elend was das buch anbelangt! – so gar in Paris – wovon ich selbst ein Zeuge war. – weil da ganz die Musick herscht – und man darüber alles vergisst. – um so mehr muß Ja eine *opera* gefallen wo der Plan des Stücks gut ausgearbeitet [...].»[20]

Der Ausdruck des ‹Plans› entstammt ursprünglich der Architekturtheorie und wurde zunächst in England in die Poetik eingeführt.[21] In der Musikästhetik sprach man – beginnend ebenfalls in England mit dem Komponisten Charles Avison (1709–1770) – vom ‹Plan›, um logische Ordnungsprinzipien in der begriffslosen Instrumentalmusik zu benennen, also neuartige Prinzipien einer formalen musikalischen Architektur.[22] Der «Plan des Stücks» im Falle einer Oper hingegen zielte nicht auf abstrakte Ordnungen, sondern auf jenes geheime Band, das der überbordenden Vielfalt der konkreten sinnlichen Erscheinungsformen auf dem Theater eine Einheit zu verleihen vermag, einen inneren Zusammenhang oder, mit den Worten des Horaz, eine Einheit in der Mannigfaltigkeit. Bernhard Georg Walch (1746–1805), Archivar in Meiningen, schrieb 1782 an den Theaterfachmann Heinrich August Ottokar Reichard (1751–1828) in Gotha, was unter anderem ein gutes Theaterstück ausmache: «Ein weit angelegter, gut durchdachter Plan, mit tiefer Kenntniß und ganz ausgearbeitete Karaktere, Mannichfaltigkeit der Menschen [...].»[23] Übrigens verwendete Schikaneder 1796 ähnliche Worte, als er die *Zauberflöte*, die er «mit dem seligen Mozart fleißig durchdachte», gegen Bearbeitungen verteidigte.[24]

Die Nennung der Ausstatter bereits auf dem Theaterzettel lässt demnach einen bemerkenswerten Anspruch erkennen. Er war wohl programmatisch gemeint für Schikaneders Direktion des Theaters auf der Wieden, gewiss aber für dieses eine Werk. Genannt werden ‹Dekorateur› und ‹Theatermaler›. Ernst Christoph Dreßler (1734–1779), ein Komponist, Sänger und Autor, der von 1771 bis 1774 in Wien tätig war, definierte als Dekorateur den «Baumeister der Schaubühne», denjenigen, der für den Theatermaler die Entwürfe zu liefern habe.[25] In ähnlicher Weise sprach der Tänzer und Choreograph Jean-Georges Noverre (1727–1810), dessen *Lettres sur la danse* 1767 auch in Wien erschienen

2. Künstliche Welten

und für dessen Tochter Mozart ein Klavierkonzert schrieb (KV 271), vom «Décorateur» oder «Peintre-décorateur».[26]

Die beiden bei der *Zauberflöte* für die Bühnenausstattung verantwortlichen Personen, ‹Gayl› und ‹Neßlthaler›, lassen sich nicht eindeutig, aber wenigstens mit einer gewissen Wahrscheinlichkeit identifizieren. In einem Verzeichnis von Schikaneders Truppe von 1792 werden beide als Mitglieder genannt (der eine hier als «Neßtthaler»), allerdings stammt dieses Verzeichnis aus der Saison der *Zauberflöte*, spiegelt also den Status einzig dieser Spielzeit.[27] In Listen der Folgejahre (von 1794 bis 1796) taucht lediglich noch der Name von Gayl auf, nur er scheint also längerfristig Mitglied von Schikaneders Gesellschaft gewesen zu sein, während ‹Neßlthaler› wohl eigens für die eine Produktion oder die eine Saison verpflichtet wurde.[28]

Im Falle des festen Ensemblemitglieds könnte es sich um Ferdinand Gail (1764–vor 1819) handeln, der 1790 und 1793 als «Hoftheatral-Mahler» in Wien nachweisbar ist.[29] Sein Bruder Mathias Gail (1773/74–1830), der 1791 noch zu jung gewesen sein dürfte, gehörte später als ‹Gail der Jüngere› zu Schikaneders Gesellschaft und war 1801/02 auch an der Wiederaufführung der *Zauberflöte* am Theater an der Wien beteiligt. Schwieriger ist die Identifizierung beim zweiten der Genannten. Infrage kommt Michael Nesselthaler (1761–1826), ein Bildhauer, von dem 1811 ein Grabmal in Baden nachweisbar ist (wo er als «k. k. academischer Bildhauer» erscheint) und der anschließend offenbar in Italien gearbeitet hat.[30] Da er jedoch über keinerlei Erfahrung als Bühnenbildner und Bühnenausstatter verfügt zu haben scheint, ist seine Beteiligung an der *Zauberflöte* wenig wahrscheinlich.

Sein Halbbruder Andreas Nesselthaler (1748–1821) kehrte 1789 aus Rom zurück und ging nach Salzburg, wo er 1794 offiziell zum fürsterzbischöflichen Hofmaler aufstieg. Die Annahme, er könne als ‹Dekorateur›, also als der verantwortliche Bühnenbildner, für die *Zauberflöte* tätig gewesen sein, ist deswegen besonders interessant, weil Nesselthaler als Spezialist für Enkaustik, eine Art von Emaille-Malerei, und insbesondere für Transparentmalerei galt; seine Mondscheintransparente waren weithin berühmt.³¹ Gerade dieser Effekt aber war für die anspruchsvolle Bühnentechnik der *Zauberflöte* von besonderer Bedeutung. Sollte also tatsächlich Andreas Nesselthaler, dem sogar noch nach seiner förmlichen Bestallung als Salzburger Hofmaler die Annahme auswärtiger Aufträge erlaubt war,³² verpflichtet worden sein, dann wäre dies ein zusätzlicher Beleg für die besondere Rolle, die der Ausstattung in der Oper zukam, insbesondere aber den damit verbundenen Effekten.

Der Kupferstich, der als Frontispiz den Druck des Librettos ziert und von dem noch die Rede sein muss, verweist im Übrigen zwar grob auf die Szenerie der Prüfung von Tamino und Pamina, entspricht aber den genauen Szenenanweisungen keinesfalls. Da nur der Stecher genannt ist, nicht aber der Maler, da zudem auf dem Plakat zu den Aufführungen zwei Darstellungen Papagenos angekündigt sind, aber nur eine enthalten ist, und da der ansonsten nicht unübliche Verweis auf die Textstelle fehlt, scheint es sich bei dem Stich nicht um eine Szenenillustration zu handeln, sondern um eine möglicherweise kurzfristig erwogene Aufwertung der Ausstattung des Librettos.³³

Auffällig an der *Zauberflöte* ist, wenn man das Libretto aufmerksam studiert, der weitgehende Verzicht auf aufwendige mechanische Bühnenkonstruktionen, also auf das ‹Maschinentheater›, das man vordergründig so oft mit ihr in Verbindung gebracht hat. Denn das ‹mit Rosen bedeckte Flugwerk›, mit dem die drei Knaben erscheinen (II, 16), ist nicht bloß die aufwendigste Maschinerie in der *Zauberflöte*, sondern im Grunde die einzige. Ob es sich hier um eine Anspielung auf das Flugwerk in der Komödiantenszene des *Hamlet* handelt, den Schikaneder regelmäßig auf dem Spielplan hatte, muss offenbleiben, ist aber nicht unwahrscheinlich. Alle anderen Bühneneffekte in der *Zauberflöte* resultierten nicht aus Bauten, sondern aus optischen Phänomenen; diese sind Voraussetzungen für die Szenenwechsel bei geöffnetem Vorhang.

Jörg Traeger hat die Fülle der neuen optischen Darstellungsformen und der mit ihnen verbundenen Wahrnehmungen vor und um 1800, die

2. Künstliche Welten

Andreas Nesselthaler: Uferlandschaft im Mondschein mit Lagerfeuer (ca. 1800)

Es handelt sich hier um ein typisches Beispiel der Transparentmalerei, für die Andreas Nesselthaler berühmt war. Der Sohn eines Uhrmachers stammte aus Langenisarhofen, kam um 1765 nach Baden (bei Wien) und studierte ab 1772 an der Wiener Akademie bei Franz Anton Maulbertsch. Von 1779 an wirkte er in Rom und Neapel, von wo er 1789 in den Dienst des Fürsterzbischofs Hieronymus von Colloredo nach Salzburg wechselte; 1794 wurde er dort zum Hofmaler und Galerie-Inspektor ernannt. Von Salzburg aus arbeitete er auch für andere Auftraggeber. Nesselthaler, der sich 1802 in Salzburg in Carl Maria von Webers Stammbuch eintrug, war berühmt für seine enkaustischen Gemälde, deren Heißwachs-Technik sich als besonders geeignet für optische Illusionen erwies. Gleichzeitig entwickelte er, möglicherweise sogar als Erfinder, die Transparentmalerei. Die kleinformatige Landschaft im Mondschein wurde mit äußerst dünnem Farbauftrag auf Papier gemalt. Der Mond wurde dann ausgeschnitten, zudem wurden Spiegelungen und Lichtreflexe ausgeschabt. Das Blatt befestigte man daraufhin in einem Holzrahmen und beleuchtete es in einem abgedunkelten Raum mit einer Kerze von hinten so, dass diese durch den Mond und das Feuer nicht zu sehen war. Durch das sich bewegende Kerzenlicht entstand zugleich die Illusion eines bewegten Bildes (vgl. Birgit Verwiebe: Lichtspiele. Vom Mondscheintransparent zum Diorama. Stuttgart: Füsslin 1997).
Transparentmalerei auf Papier, 49,4 × 66,5 cm; Wien, Österreichische Nationalbibliothek

in aufwendigen technischen Verfahren verwirklicht wurden, als «Ästhetik des Künstlichen» bezeichnet.[34] Es handelt sich demnach um künstliche Wirklichkeiten, die in ihren Extremformen die Grenzen zwischen Darstellungsweise und Dargestelltem, zwischen Bild und Abgebildetem verwischen wollten. Dabei stand im Gegensatz zu älteren Illusionstechniken die optische Wahrnehmung mit der Konzentration auf Licht und Bewegung im Vordergrund. Ausgangspunkt war dabei die ‹heroische› Landschaft mit ihrer neuen ‹Erfahrbarkeit› im Landschaftsgarten. Traeger nennt als spezifische Ausprägungen dieser neuen Darstellungsformen unter anderem das Panorama, das Lichtbild, die Phantasmagorie, den Reproduktionsstich als ‹Duplikat› von Natur, das Lebende Bild (tableau vivant) und das künstliche Licht.

Es ist auffällig, dass sich ein Großteil dieser neuen künstlichen Wirklichkeiten auf eine ganz unmittelbare Weise in der Zauberflöte wiederfindet. Schikaneder hatte auch schon davor, etwa im Stein der Weisen, mit den neuen Techniken experimentiert, aber in der Zauberflöte tat er es mit einer erstaunlichen und vor allem nun auf die Musik bezogenen Systematik. Auch hier bildet den Ausgangspunkt die neue Erfahrung der Landschaft, die sich im Landschaftsgarten zu einer Welt verdichtete, eine Erfahrung, in der Urbild und Abbild sich vertauschten. Die anspruchsvolle Gartenkunst der Zeit war, anders als die Landschaftsmalerei, keine Kopie der Natur mehr, in ihr war vielmehr, wie es 1779 bei dem Kieler Professor Christian Caius Lorenz Hirschfeld (1742–1792) heißt, «die Natur die Copie».[35] Eine solche Szenerie der Grenzüberschreitung steht gleich am Anfang der Oper: «eine felsichte Gegend, hie und da mit Bäumen überwachsen; auf beyden Seiten sind gangbare Berge, nebst einem runden Tempel» (I, 1). Die Zutat des Tempels verweist überdeutlich auf den Kontext der Landschaftsmalerei. Dagegen stehen die beiden intimen Gartenszenen im zweiten Aufzug, auf die noch zurückzukommen sein wird.

Den vollständigen Übergang in die Illusion leistete dann das Panorama, das 1787 von dem irischen Maler Robert Baker (1739–1806) erfunden wurde. Am Ende seiner Entwicklung konnte dem Betrachter in

2. Künstliche Welten

einem Rundbau die inszenierte Landschaft als ‹echte› Natur präsentiert werden (zumal die Bühne nicht die Landschaft, sondern der Ort des Betrachters war). Zweifellos mit dieser spektakulären Technik verbunden ist die Prüfungsszenerie im zweiten Aufzug der *Zauberflöte*, in der zwei Berge gezeigt werden, einer mit einem Wasserfall und ein anderer, der Feuer speit: «jeder Berg hat ein durchbrochenes Gitter, worin man Feuer und Wasser sieht; da, wo das Feuer brennt, muß der Horizont hellroth sein, und wo das Wasser ist, liegt schwarzer Nebel» (II, 28). Der komplizierte Bühneneffekt bedurfte wie beim Panorama eines architektonischen Rahmens, hier der vergitterten Berge, um überhaupt erzeugt werden zu können. Alles andere musste man mit Vorhängen und Lichtwirkungen bewerkstelligen. Diese Techniken waren einerseits im Panorama von Bedeutung, andererseits prägten sie, als ‹belebte› Imagination, das ‹Eidophusikon›. Dieses wiederum war eine Erfindung, die der Maler Philipp James de Loutherbourg (1740–1812) 1781 in London vorgestellt hatte. In seiner Inszenierung konnten durch die Überblendung von bemalten transparenten Bildplatten bei raffinierter Beleuchtung bewegliche Bilder erzeugt werden.[36] Zumindest die Feuer- und Wasserimaginationen der Prüfungsszene sind nur auf diese Weise vorstellbar, wahrscheinlich auch die letzte Verwandlung der Oper, die nur lapidar beschrieben wird: «Sogleich verwandelt sich das ganze Theater in eine Sonne» (II, 30).

Eine nochmalige Steigerungsform dieser Art von Illusion bildete die Phantasmagorie, die auf der Laterna magica beruhte und ab den 1780er Jahren nachweisbar ist, auch auf dem Theater, etwa im Finale von Goethes *Egmont* von 1788. Gemeint ist die Projektion auf Rauchwolken, mit der sich Beweglichkeit sogar von Personen suggerieren ließ und die etwa für Geistererscheinungen verwendet werden konnte. Wenn man in der Prüfungsszene Tamino und Pamina durch das prasselnde Feuer wandern sehen soll, so ließ sich dieser Effekt wohl nur mit Hilfe der Phantasmagorie verwirklichen, also mit einer Projektion von Figurinen auf Dampf.

Konterkariert wurde diese Imagination von Belebtheit vom Gegenteil, der erstarrten Aktion, also der Darstellung einer ‹plastischen› Szene als Lebendes Bild. Dieses konnte einem Vorbild aus der Malerei folgen, musste es aber nicht notwendig. In der *Zauberflöte* gibt es mehrfach Stellen, die daran erinnern, besonders deutlich das Schlussbild, das damit auch äußerlich auf die Phantasmagorie reagiert. In ihm ‹spricht› (mit der sehr kurzen Ausnahme Sarastros) niemand mehr, es singt allein ein «Chor von Priestern»: «Sarastro sitzt erhöht; Tamino, Pamina, beyde in priesterlicher Kleidung. Neben ihnen die ägyptischen Priester auf beyden Seiten. Die drey Knaben halten Blumen» (II, 30). Alle diese Effekte sind grundiert von der Erfahrung des künstlichen Lichts, das in den verschiedensten Zusammenhängen begegnet, von den «transparenten Sternen» am Thron der Königin der Nacht über den vom Mond beleuchteten Garten mit Pamina bis hin zur Sonne am Schluss.

Im Grunde finden sich in der *Zauberflöte* also alle neuen Darstellungsformen jener ‹Ästhetik des Künstlichen› und machen es wenigstens nicht unwahrscheinlich, dass ein Spezialist wie Andreas Nesselthaler daran beteiligt war. Für eine ‹große Oper› ist das deswegen bemerkenswert, weil damit eine zentrale ästhetische Diskussion des 18. Jahrhunderts gewissermaßen schlagartig beendet werden konnte. Das Wunderbare, das Unwahrscheinliche der Oper galt stets als ein grundlegendes Problem. Christoph Martin Wieland löste es 1775 in seinem *Versuch über das Teutsche Singspiel* pragmatisch, nämlich durch die Konstruktion einer kommerziellen Übereinkunft. Er nennt diese einen «*gewißen bedingten Vertrag*» der Dichter und Komponisten mit den Zuschauern. Dieser Vertrag solle die Grundlage für eine vorsätzliche Illusion bilden, «bis zum höchsten Grade der Täuschung, den die Natur der Sache zuläßt».[37] Verlangt wird vom Zuschauer die Absicht, beim Betreten des Theaters die Vorbehalte der Vernunft gegen das Eintrittsbillet einzutauschen. Der Dichter täuscht also nicht nur vorsätzlich den Zuschauer, sondern der Zuschauer kommt auch ins Theater, um sich für die Dauer der Auffführung vorsätzlich täuschen zu lassen.

Damit konnte die Oper als Gattung mühelos beglaubigt werden. Wieland allerdings forderte als Gegenleistung für den «bedingten Vertrag» noch eine gewisse Zurückhaltung auf der Bühne ein. Er hatte Vorbehalte gegen die Annahme, dass die Oper («die sogenannte Opera seria») «ein *Werk der Feerey* seyn müsse, worinn *alle schönen Künste* mit einander in die Wette eifern, die vollkommenste Befriedigung der Augen und Ohren äußerst-sinnlicher und verzärtelter Zuschauer hervorzubringen».[38] Genau darauf zielt aber die Vielfalt der ‹Ästhetik des Künstlichen› in der *Zauberflöte* mit allen ihren Überwältigungsmechanismen. Es geht um die denkbar «vollkommenste Befriedigung der Augen», und zwar offenbar nicht durch vermeintlich ‹barocke› Maschinen, sondern durch die allerneuesten technischen Errungenschaften der optischen Inszenierung.

Damit wird die Rolle der Musik jedoch auf eine neue Weise bestimmt. Die Musik ist nicht, wie noch in Schikaneders Produktionen zuvor, einfach eine Illustration und damit eine Verstärkung des Optischen im Sinne eines zweifellos anspruchsvollen Bühneneffekts. Vielmehr dient sie in einer Art von sinnlicher Gesamtheit erst zu dessen Beglaubigung, sie macht das «Werk der Feerey» überhaupt darstellbar. Wie komplex das Verfahren war, zeigt sich an einem auffälligen Detail. Der ‹Plan› zur *Zauberflöte* war offenkundig ‹fleißig durchdacht›, und doch ergaben sich bei der Komposition noch bemerkenswerte Änderungen. Vor allem wurden die zahlreichen Hinweise im Text zu ‹illustrativer› Musik, insbesondere in den gesprochenen Dialogen, von Mozart am Ende nicht befolgt. Offenbar sollte die Musik, anders als im Eidophusikon, eben nicht mehr bloß ‹schildern›, nicht mehr nur illustrieren. Besonders deutlich wird das bei den Prüfungen, in denen zwar die Flöte erkennbar in den Vordergrund tritt, doch gerade nicht im Sinne einer musikalischen Veranschaulichung. Während Rauschen und Prasseln zu hören sein sollen, erklingt daher gleichzeitig die Musikgattung der vordergründigen Domestizierung, der Marsch. Die Fülle der Erscheinungen, gebannt in eine Totale der möglichen optischen Effekte, kann offenbar ihren eigentlichen Sinn erst in der und durch die Musik entfalten.

Vielleicht ist dies auch der Grund dafür, warum die nicht umgesetzten ‹Anweisungen› im gedruckten Libretto bestehen blieben.

3. Die Fülle der Erscheinungen

Mozart hat sich in einem erstaunlichen (und in dieser Form singulären) Akt des kompositorischen Selbstbewusstseins im Februar 1784 dazu entschlossen, ein Werkverzeichnis mit Werktiteln und Incipits anzulegen. Die *Zauberflöte* erscheint dort «Jm Jullius» des Jahres 1791.[39] Alle anderen Opern (beginnend mit dem *Figaro*) weisen als Incipit den Beginn der Ouvertüre auf, bei der *Zauberflöte* jedoch ist der Beginn des ersten Aufzugs vermerkt. Nach *La clemenza di Tito* (wieder mit dem Incipit der *Ouvertura*, eingetragen am 5. September) verzeichnete Mozart am 28. September, also erst zwei Tage vor der Uraufführung, den Priestermarsch und die *Ouvertura* der *Zauberflöte*, in dieser Reihenfolge. Dabei handelt es sich um die orchestralen Einleitungen zum zweiten und zum ersten Aufzug.

Um die Vollendung der Ouvertüre haben sich manche Legenden gebildet, doch belegbar sind sie alle nicht. Für beide Stücke gibt es Entwürfe, die Mozart aber nicht ausgearbeitet hat.[40] Daraus lässt sich lediglich schließen, dass er mit der endgültigen Fixierung dieser beiden Teile der Oper sehr lange wartete, über den Abschluss des *Tito* hinaus. Und die *Ouverture* wollte er offenbar erst nach der Fertigstellung des Marsches in Angriff nehmen. Trotz des dicht gedrängten Terminplans spricht jedoch nichts für die in Anekdoten geschilderte Zeitnot, im Gegenteil. Mozart hat offenbar – ungewöhnlich genug für ihn und sein Selbstbewusstsein – merklich gezögert, eine endgültige Gestalt festzulegen. Anscheinend war eine Eröffnung der *Zauberflöte* im Sinne einer ‹normalen› Oper für ihn unmöglich, und noch in der endgültigen Aufzeichnung begegnen überraschenderweise Striche.

3. Die Fülle der Erscheinungen 83

Auf die Besonderheit der Posaunen wurde schon hingewiesen. Der ausdrücklich ‹feierliche› Tonfall, gleich im ersten Akkord zugleich durch das Es-Dur markiert, setzt die Tonlage. Formal handelt es sich bei der Ouvertüre um einen zweithematischen Sonatensatz mit einer langsamen Einleitung, allerdings wird der Beginn dieser langsamen Einleitung mit den Akkorden vor der Durchführung wiederholt. Die Nähe des Hauptthemas zu einer Klaviersonate von Muzio Clementi (op. 24, Nr. 2, veröffentlicht 1789) ist nicht leicht zu bewerten, auffällig ist jedoch zunächst der Wechsel von ‹intimer› Klaviermusik zum groß besetzten Orchester. Anders als bei Clementi, der diese B-Dur-Sonate bei seiner Begegnung mit Mozart 1781 selbst gespielt hat, ist die Exposition fugiert. Die Verbindung von einer langsamen, punktierten Einleitung und einem schnellen, fugierten Hauptteil ist aber zweifellos ein Merkmal der französischen Ouvertüre, wie sie Mozart im Paris der 1770er Jahre noch erleben konnte. Typisch für dieses Modell ist, neben den von Mozart auch verwendeten Doppelpunktierungen, die Wiederkehr des langsamen Teils – und dann die Wiederholung des schnellen.

Zwar spielte die französische Ouvertüre um 1790 keine Rolle mehr in der kompositorischen Praxis. Doch ist die Nähe zu ihr so offenkundig, dass man sie nicht ‹überhören› kann. Diese Reminiszenz fügt sich in die Tonlage des Feierlichen. Der Göttinger Akademische Musikdirektor Johann Nikolaus Forkel (1749–1818) hielt 1778, also zu Beginn von Mozarts Paris-Aufenthalt, bei seiner kritischen Auseinandersetzung mit Gluck fest, dass eine französische Ouvertüre «viele Pracht und pathetischen Ausdruck» aufweise und daher vor eine «Oper ernsthaften und edlen Innhalts» gehöre.[41] Der gothaische Hofkapellmeister Anton Schweizer (1735–1787) hat seine fünf Jahre zuvor uraufgeführte, von Mozart so gering geschätzte *Alceste* ebenfalls mit einer französischen Ouvertüre eröffnet. Mozarts Anspielung auf die französische Ouvertüre, die so eindeutig konnotiert war, richtete sich an den Verständigen, der mit diesem Hintergrund vertraut war. Aber es ist eben nur eine Anspielung, die nicht bruchlos erfolgt. Denn nach der Rückkehr des Adagio mit den Akkorden schließt sich nicht etwa eine Wiederholung des schnellen

Muzio Clementi: Klaviersonate op. 24, Nr. 2, 1. Satz
W. A. Mozart: Ouvertüre zur Zauberflöte

Clementi

Mozart

Muzio Clementi (1752–1832) brachte 1788 und 1789 zwei Sonaten als op. 24 heraus. Die zweite in B-Dur hatte er am 24. Dezember 1781 bei jenem berühmt gewordenen Wettstreit mit Mozart gespielt, den Kaiser Joseph II. veranlasst hatte. Das Thema des Fugato in Mozarts ‹Zauberflöten›-Ouvertüre bezieht sich zweifellos auf Clementis ‹Allegro con brio›, das zum Zeitpunkt der Uraufführung der Oper ja gedruckt vorlag. So deutlich die Reminiszenz ist, so deutlich ist aber zugleich die Veränderung. Während Clementi das anfängliche Piano der rechten Hand mit dem langen Legato der anderthalb Oktaven durchmessenden linken Hand zu den Forte-Akkorden steigert, löst Mozart den Gedanken in eine Kontrastformulierung auf, mit dem durch das Sforzato besonders deutlich hervorgehobenen Auftakt der Sechzehntel. Damit ist nicht nur eine Veränderung des Charakters bewirkt. Offenbar wollte Mozart ein instrumentales, für eine kontrapunktische Verwendung denkbar ungeeignetes Thema eines Komponisten, der ihm zudem als «blosser Mechanicus» galt (Brief an Leopold Mozart am 16. Januar 1782. In: MAB 3 (1963), S. 191), zum Gegenstand seines Orchestersatzes machen. Die damit bewirkte Steigerung in eine Hybridform dürfte zumindest den Kennern aufgefallen sein.

Teils an, sondern die Durchführung mit anschließender Reprise und Coda. Zudem fehlt der für die französische Ouvertüre charakteristische Wechsel von geradem und ungeradem Takt. Die Anspielung ist demnach mehrdeutig.

3. Die Fülle der Erscheinungen

Das betrifft zugleich den Sonatensatz selbst, der in der Orchestermusik um 1790 zweifellos eine italienische und wienerische tagesaktuelle Realität war. Denn der ‹normale› Sonatensatz kennt allenfalls die Wiederholung der langsamen Einleitung vor der Reprise, wie zum Beispiel schon im ersten Satz von Mozarts Posthornserenade, nicht aber die durch sie herbeigeführte Unterbrechung zwischen Exposition und Durchführung. Zudem wird das Hauptthema in der Ouvertüre der *Zauberflöte* wie erwähnt im Fugato vorgestellt, und die damit verbundene kontrapunktische Technik prägt sogar den Seitensatz. Das Fugato ist aber eine typische ‹Durchführungstechnik›, wie sie Mozart in der fast gleichzeitig entstandenen *Ouvertura* zum *Tito*, ungeachtet einer dreigliedrigen Exposition, ganz ‹korrekt› verwendet hat. In der Zauberflöten-Ouvertüre ändert sich in der Durchführung zwar demonstrativ das Tongeschlecht, nicht aber das kontrapunktische Verfahren an sich. Die Akkorde aus der langsamen Einleitung eröffnen also neuerlich ein Fugato. Anders als im Finale der C-Dur-Sinfonie KV 551 handelt es sich beim Thema der *Ouverture* aber gerade nicht um ein motivisches Kondensat aus der weitläufigen kontrapunktischen Überlieferung, sondern um ein genuin ‹instrumentales› Thema.[42] Vielleicht liegt der Sinn des Clementi-Bezugs also darin, durch diesen genuin instrumentalen Charakter die Ferne zur gelehrten kontrapunktischen Tradition, dem das Thema dann aber trotzdem unterworfen wird, überdeutlich hervorzuheben. Und offenbar hat Clementi darauf sogar reagiert, indem er sich entschloss, seine Sonate 1804, also gut zehn Jahre nach der *Zauberflöte*, nochmals in revidierter Form (als op. 47, Nr. 2) zu veröffentlichen.

In der *Ouverture* überblenden sich demnach verschiedene Traditionen, solche der Gegenwart und der unmittelbaren Vergangenheit, Traditionen verschiedener geographischer Zuordnungen und unterschiedliche ‹Semantiken› von Verfahrenstechniken und Formbildung. Die einzelnen Bestandteile lassen sich dabei absichtsvoll nicht mehr bruchlos und linear einem einzigen Bezugsrahmen zuordnen. Damit trägt das Stück alle Züge einer Hybridkonstruktion, die sich von einer regulären

Operneröffnung unterscheiden soll. Allein die Feierlichkeit, der Ernst des Tonfalls stehen außer Frage, was durch eine vierte Ebene der Anspielungen besonders deutlich wird. Die Kombination einer langsamen Einleitung mit einem fugierten Satz prägte nämlich auch die Tradition der Wiener Kirchensonate, die von Johann Joseph Fux bis zu Johann Georg Albrechtsberger reicht und die Mozart in seiner Bearbeitung einer Klavierfuge für Streicher (als Adagio und Fuge, KV 546, 1788) selbst aufgegriffen hat. Die *Zauberflöten*-Ouvertüre ist daher – auch in der Gelehrtheit des Satzes – nicht in einem vordergründigen Sinne ‹heiter›.

Das gilt aber zugleich für den Priestermarsch am Beginn des zweiten Aufzugs. In der zunächst angedachten Version, in der wahrscheinlich die Posaunen noch fehlten, lässt sich ein traditioneller Marsch sehr viel deutlicher erkennen. Ein Marsch sollte nämlich, so Sulzer 1774, «die Beschwerlichkeit des Marschirens erleichtern, zugleich aber auch den kriegerischen Muth unterstüzen». So müsse «der Tonsezer darauf denken, daß der Gesang und Gang des Marsches munter, muthig und kühn sey; nur wild, oder ungestühm darf er nicht seyn».[43] Der dann von Mozart realisierte Marsch ist davon jedoch denkbar weit entfernt, ohne dass der Ernst der Situation – wie etwa beim Marsch in *Così fan tutte* oder bei der ‹lieta marcia› am Ende des *Figaro* – in Zweifel gezogen würde. In beiden Opern existiert zudem wenigstens noch ein vermittelter militärischer Bezug, der in der *Zauberflöte* gänzlich fehlt.

Der Gedanke einer Hybridkonstruktion war also herausfordernd, und er scheint programmatisch gemeint gewesen zu sein, im Blick auf den Habitus des Werkes, das es anzukündigen galt, und zwar sowohl zu Beginn der Oper als auch zum Auftakt des zweiten Aufzugs. Wenn nämlich das Wesen dieser Oper das ‹Große› im ästhetischen Sinne sein sollte, also der Vorsatz, eine möglichst umfassende Fülle der Erscheinungen zum Gegenstand zu machen, dann sollte sich dies schon in der *Ouverture* überdeutlich ankündigen. Deren Hybridkonstruktion zielt bereits ganz am Anfang auf jene «Erweiterung der Kräfte», die Sulzer als Merkmal von ‹Größe› hervorgehoben hatte. In der damit erreichten

3. Die Fülle der Erscheinungen

Mehrdeutigkeit ist, in den Worten Bendas, schon zu Beginn der Oper «das unnatürliche Natur geworden».

Gerade daraus wird ersichtlich, dass die Fülle der Erscheinungen in der *Zauberflöte* offenbar von Anfang an nicht auf eine vordergründige Homogenisierung ausgerichtet ist. Doch repräsentiert die Welt der *Zauberflöte* nicht einfach eine entfesselte Phantasiewelt, in ihr spiegelt sich vielmehr – worauf noch ausführlich eingegangen werden soll – die Wirklichkeit des späten 18. Jahrhunderts, und zwar vorsätzlich auf eine nicht mehr lineare Weise, also nicht im Sinne eines Abbilds. Gerade deswegen werden zwar fortwährend die bedeutenden Themen des Jahrhunderts berührt, aber stets in jener absoluten «Erweiterung der Kräfte», also gewissermaßen in einer ‹Übersteuerung›, die über das Gewöhnliche aller sinnlichen Erfahrung hinausreichen soll.

Dafür ein Beispiel: Natürlich repräsentiert Sarastro die gute, die geglückte Herrschaft, doch am Ende weiß niemand, wie sie eigentlich zustande kam und wie sie legitimiert ist. Das für das Jahrhundert der Aufklärung so wichtige Naturrecht, also die Ordnung der menschlichen Verhältnisse in einem vertraglich niedergelegten Rechtssystem, spielt dabei jedenfalls keine Rolle (mehr). Der gefallene Mensch wandelt jenseits aller Vereinbarungen einfach an «Freundes Hand vergnügt und froh ins bessere Land» (II, 12), wie Sarastro selbst singt, dem eine Trennung der Gewalten gänzlich unbekannt ist. Sarastro beschwört also ethische, nicht rechtliche Grundsätze seines Reiches, und die extreme, also ‹unnatürliche› Lage, in der er diese besingt – vom hohen cis bis zum tiefen fis – korrespondiert mit vergleichbaren Extremen, in denen die sternflammende Königin das Wesen ihrer bösen Herrschaft offenbart: Rache. Die Anwälte dieser beiden Reiche, die drei Damen und die Priester im Weisheitstempel, sind ebenso einfach ‹da› – und auch sie sind durch musikalische Extreme, durch vergleichslose Konfigurationen gezeichnet: ein Frauenterzett und einen Männerchor.

Die in dieser Fülle verbundenen Widersprüche werden auch nicht verborgen, sondern als Reibungen geradezu fortwährend und demonstrativ ausgestellt. Das betrifft zunächst die generelle Handlungsebene, bereits im Groben der vermeintlichen Brüche, aber auch in den Details. Warum zum Beispiel hält sich dieser gute Herrscher Sarastro, der sich auf einem von sechs Löwen gezogenen Triumphwagen wie ein römischer Kaiser herbeiziehen lässt und der das bessere Land der zugewandten Freundschaft feiert, eigentlich Sklaven? Darauf wird zurückzukommen sein, auch auf die Frage, warum ein ohnehin schon ideales Reich überhaupt noch eines ‹besseren Landes› bedarf. Warum werden die Sklaven, die auf Sarastros ausdrücklichen Wunsch nicht allein seinen Prüflingen böse zusetzen, am Ende des ersten und des zweiten Aufzugs grausam bestraft, und zwar aus jener Rache heraus, die eigentlich der Königin der Nacht vorbehalten sein sollte? Und warum beschwört diese Rachekönigin, der die zugewandte Freundschaft offenkundig völlig fremd ist, dagegen ausgerechnet die Mutterliebe?

Im Sinne Sulzers wäre es die Aufgabe einer ästhetischen, also umfassend sinnlichen Wahrnehmung, diese (und viele andere) Widersprüche und Reibungen zu erfassen und im Moment des Erfassens glaubwürdig zu machen. Sie wären dann eine Illusion, durchaus im Sinne von Wielands ‹bedingtem Vertrag›. In der *Zauberflöte* scheint sich das jedoch zu verändern. Anders als noch im *Stein der Weisen* erhält nämlich hier die Musik eine neue, eine zentrale Funktion. Sie illustriert die Fülle der Erscheinungen nicht, das obliegt den aufwendigen optischen Inszenierungsformen in der neuen Ästhetik des Künstlichen. Vielmehr soll die Musik offenbar zum Medium werden, das die Wahrnehmung jener Fülle nicht nur ermöglicht, sondern in einer imaginären Gesamtheit auflöst.

Damit knüpft Mozart neuerlich an eine zentrale Diskussion der Aufklärung an. Die Musik, ursprünglich auf die Nachahmung von Affekten festgelegt, bedurfte eigentlich des klärenden Wortes, um diesen Affekten Sinn und Bedeutung zu verleihen. Mit der Entdeckung der ‹vermischten Empfindungen› um die Mitte des 18. Jahrhunderts erlangte die Musik jedoch etwa bei Gluck das Privileg, als einzige der Künste über angemessene Darstellungsmechanismen für dieses ‹Unscharfe› zu verfügen. Mozart ging im Wien der 1780er Jahre noch einen Schritt weiter, indem er – ausdrücklich bereits im zitierten Brief zur Entführung an den Vater – die Verhältnisse umkehrte: Nicht die Poesie, also das Wort, verleiht der Musik Bedeutung, sondern die Musik der Poesie.

Im ‹durchdachten Plan› der *Zauberflöte* scheint dann nochmals eine neue Dimension erreicht zu werden. Denn die Fülle der ausgebreiteten Dinge verweigert sich offenbar vorsätzlich jeglicher rationaler Ordnung. Alles in der Phantasiewelt des Theaters ist absichtsvoll auf eine grundlegende Grenzüberschreitung ausgelegt. In einer solchen nicht mehr homogenisierbaren Gesamtheit wird es demnach zur Aufgabe der Musik, nicht etwa Sinn und Bedeutung zu generieren, sondern Wahrnehmung überhaupt noch zu ermöglichen. Vielleicht hat Mozart deswegen so lange gezögert, ein angemessenes instrumentales Vorspiel zu fixieren. Denn in der dann entstandenen Version überlagern sich, ganz ohne Worte, die Bestandteile derart vielschichtig, dass in ihrer Mehrdeutigkeit klare Zuordnungen von ‹Bedeutung› unmöglich werden. Gleichwohl wird damit die formal funktionierende Einheit nicht infrage gestellt, im Gegenteil. Die ostentative Feierlichkeit des Tonfalls verweist darauf, dass in der Hybridkonstruktion selbst nichts Spielerisches oder Ironisches liegt.

Nimmt man dieses Verfahren in der *Ouverture* ernst, so lässt sich bereits in ihr erkennen, dass die *Zauberflöte* eben nicht von einer logischen dramaturgischen Ordnung zusammengehalten werden soll. Die Technik einer additiven Reihung spiegelt sich äußerlich darin, dass die Niederschrift der Oper offenbar in einzelnen Schichten erfolgte – also möglicherweise nicht in der Chronologie des Geschehens, aber eben auch nicht in einer dramaturgischen Logik. Mozart notierte normalerweise in seinem Werkverzeichnis bei den Opern die Anzahl der Nummern. Bei der *Zauberflöte* ist der Vermerk noch etwas vielsagender: «bestehend in 22 Stücken» (die *Ouverture*, die noch nicht final vorlag, war also schon mitgezählt). Offenbar sollten die Partitur und damit die Oper keine Hierarchie von Bedeutung mehr kennen, sie bestehen lediglich aus Stücken. Auch darauf wird noch ausführlicher zurückzukommen sein.

Die ‹große Oper› ist von Beginn an mit dem allergrößten Erfolg gespielt worden, und der Komponist, der außerordentlich stolz und zufrieden damit war, hat in der ersten Zeit wohl regelmäßig Gäste mitgebracht. Am 13. Oktober 1791 gehörten der Hofkapellmeister Antonio Salieri und die Sängerin Caterina Cavalieri, die erste Konstanze, zu seiner Begleitung. Beiden gefiel, wie Mozart vermerkte, «nicht nur meine Musik, sondern das Buch und alles zusammen»: Sie würden die Oper «gewis sehr oft sehen, den sie haben noch kein schöneres und angenehmeres *spectacel* gesehen. – Er [Salieri, L. L.] hörte und sah mit aller Aufmerksamkeit und von der *Sinfonie* bis zum letzten Chor, war kein Stück, welches ihm nicht ein *bravo* oder *bello* entlockte».[44] Es herrschte also offenbar ein stilles Einvernehmen zwischen Mozart und Salieri, der mit seinem emphatischen Beifall bekundete, dass er den Plan des Ganzen mit lauter gleichgewichtigen Teilen verstanden hatte. Doch genau daran entzündete sich zugleich Kritik. In einer Besprechung des Klavierauszugs hob der in Halle ansässige Organist und Pädagoge Daniel Gottlob Türk (1750–1813) diese Eigenschaft negativ hervor: «Das Ganze hat daher nicht die gehörige Haltung; so wie man auch nicht selten Wahrheit oder richtige Darstellung des Charakters darin vermißt».[45] Anders als bei Salieri erregte die Gleichgewichtigkeit des Heterogenen hier Vorbehalte und Unverständnis.

III.
Orte und Landschaften

1. Wilde und geordnete Natur

Versucht man, sich den bedeutungsvollen Details der Oper anzunähern, so bieten sich in einem ersten Schritt deren Schauplätze an, also deren Handlungsräume.[1] Die Bemerkungen zu den Bühnenbildern der *Zauberflöte* sind nämlich ungewöhnlich detailliert, den Handlungsorten der Oper kommt also eine alles andere als beiläufige Bedeutung zu. Darin unterscheiden sich diese Anweisungen zum Beispiel von denen zum *Stein der Weisen*, aber auch zu Wranitzkys *Oberon* oder zu Müllers *Fagottist*. Sie fallen jedoch noch durch eine weitere Eigenart auf, nämlich durch eine mangelnde Eindeutigkeit ungeachtet ihrer Ausführlichkeit. Das betrifft vor allem die Naturszenerien. Die beiden Aufzüge der *Zauberflöte* beginnen zwar in der Natur: Zunächst wird eine «felsichte Gegend» mit Bergen gezeigt (I, 1), später ein «Palmwald» mit silbernen Stämmen und goldenen Blättern (II, 1). In beiden Fällen wird diese Natur jedoch durch eigenartige Elemente der Künstlichkeit bereichert. Im ersten Aufzug finden sich «auf beyden Seiten» mit Wegen versehene, also «gangbare Berge, nebst einem Tempel»; im zweiten Aufzug sind es «Sitze von Blättern», auf denen jeweils eine kleine Pyramide steht.

Es sind also gerade keine natürlichen Landschaften, die hier zu sehen sind, sondern künstliche. Darin weichen sie von den Landschaften in vergleichbaren Werken ab. In *Fernando und Yariko*, einem Singspiel des Münchner Archivars Karl von Eckhartshausen (1752–1803) mit der Musik des Wiener Komponisten Franz Teyber (1758–1810), das Schikaneder im September 1789 in seinem Freihaustheater uraufgeführt hat, steht zu Beginn ein charakteristischer, dem Anfang der *Zauberflöte* ähnlicher Hinweis: «Eine felsichte Gegend am Ufer des Meers; man entdeckt zur Seite eine Höhle, und auf der Ebne sind dort und da Bäume».[2] Ganz vergleichbar ist die Szenerie im zweiten Akt vom *Stein der Weisen*: «Felsigte Gegend und Aussicht ins Meer».[3] Doch das Bild der in diesen Opern gezeigten Natur ist eindeutig, es handelt sich einfach um eine ‹wilde› Landschaft ohne Brechungen oder Störungen, ohne Künstlichkeit.

‹Gangbare Berge› verweisen überdies, anders als Meer oder Höhle, nicht auf eine einschüchternd-entgrenzte, sondern auf eine gewissermaßen ‹gezähmte› Gebirgslandschaft. Der runde Tempel, schon bei Winckelmann nicht ein Zeichen der griechischen, sondern der römischen Antike, ist sogar ein eindeutiges Indiz für eine antikisch-idyllische Szenerie im Sinne eines Landschaftsgartens. In einer Bestandsaufnahme der kaiserlichen Gemäldegalerie, die der Basler Kupferstecher Christian von Mechel (1737–1817) auf Veranlassung Josephs II. 1783 in Wien herausbrachte, ist etwa die Beschreibung eines Gemäldes aus dem 17. Jahrhundert von Johann Thomas zu lesen, die in eine vergleichbare Richtung weist: «Der Triumph des Silens in einer waldichten Landschaft, in welcher man auf einer Anhöhe zur Linken einen runden Tempel sieht.»[4] Der antikische, künstliche Charakter der ersten *Zauberflöten*-Szenerie muss für die Zuschauer deutlich wahrnehmbar gewesen sein. Er korrespondiert auch erkennbar mit dem feierlichen Es-Dur-Schluss der Ouvertüre. Und er wird später nochmals bekräftigt in Papagenos erstem Auftritt, denn Papageno kommt nicht nur einen der ‹gangbaren Wege› herunter, sondern hält auch in beiden Händen ein «Faunen-Flötchen» (I, 2), das als Anspielung auf die antike Idylle gelten kann.

Der Auftritt Taminos erscheint dagegen nicht nur als ein Kontrast, sondern als eine veritable Störung. Das ‹prächtige japonische Jagdkleid›, das ihn auszeichnet, passt nicht zu der Szenerie. Mit dem Japanischen

1. Wilde und geordnete Natur 93

waren nämlich konkrete Vorstellungen und Anschauungsformen verbunden, insbesondere seit den weit verbreiteten Arbeiten des französischen Kupferstechers Bernard Picart (1673–1733), die ab 1723 über 15 Jahre erschienen waren.[5] So bemerkte 1780, gewiss unter Picarts Einfluss, der französische Literat François Henri Turpin (1709–1799), dem Mozart während seines Paris-Aufenthalts begegnet sein könnte, ein Schöngeist habe festgestellt, dass man die Japaner als sittliche Antipoden der Europäer verstehen müsse: weil bei ihnen das Schwarze eine fröhliche und das Weiße eine traurige Farbe sei. Und er korrigiert zugleich: Das vollkommen Andere habe dabei nichts mit Moral zu tun.[6] Nimmt man eine solche Differenzierung ernst, so erscheint in Taminos Kleidung das Fremde, das Andere, das Antipodische im und zum Landschaftsgarten. Dass es sich dabei nicht um einen Bruch, sondern um eine Brechung handelt, zeigt sich auch an der tonalen Fortschreitung von Es-Dur nach c-Moll in der *Introduction*, der Eingangsszene der Oper, denn die Moll-Parallele deutet auf Kontrast und Verwandtschaft zugleich.

Tamino ist offenbar auf der Jagd, ein Grund dafür wird jedoch nie offenbart. Er ist dabei allerdings selbst zum Gejagten geworden – und zwar ausgerechnet durch eine Schlange. Die Eröffnung als Jagdszene ist eine deutliche Anspielung auf den aktuellen *Fagottisten* von Müller, denn auch dieser beginnt mit einer Jagd. Doch handelt es sich dort um eine gerade musikalisch ganz topische, ungebrochene Szenerie, während die Schlange und Tamino, die beiden Fremden, unversehens in eine arkadische Landschaft eindringen. Tamino ist zudem allein und mit einer defekten Waffe unterwegs, mit einem Bogen ohne Pfeil.

Wie eine Weiterentwicklung dieser Konstellation, in der das Künstliche in die Natur eindringt, erweist sich der Umstand, dass ausgerechnet die Natur selbst wenig später als künstlich vorgeführt wird, nämlich durch eine Verwandlung bei offenem Vorhang. Denn es heißt bei der ersten Szenenänderung: «Die Berge theilen sich auseinander, und das Theater verwandelt sich in ein prächtiges Gemach» (I, 6). Das

III. Orte und Landschaften

Teilen der Berge und Landschaften deutet eigentlich auf eine apokalyptische Szenerie, und eine solche wird auch durch das dreimalige Donnergrollen beim Szenenwechsel aufgerufen. Im Text wird dazu ein «heftig erschütternder Accord mit Musik» gefordert, also eine mimetische Korrespondenz zwischen Musik und Szene, die in der Partitur umzusetzen Mozart auch hier verweigert hat. Als Ergebnis der Verwandlung erscheint jedoch nicht etwa eine furchtbare, entfesselte Szenerie, sondern das genaue Gegenteil, eben ein «prächtiges Gemach», naturferne Künstlichkeit. Doch auch diese hält noch Naturelemente bereit, nämlich den mit «transparenten Sternen» verzierten Thron der Königin.

Wilde und geordnete Natur, Natürlichkeit und Künstlichkeit lassen sich also spätestens im ersten Szenenwechsel der *Zauberflöte* nicht mehr auseinanderhalten. Demonstrativ thematisiert die Musik in diesem Augenblick das komplexe Wechselverhältnis auf eine sehr eigenwillige Weise. Mozart hat Georg Anton Bendas bereits erwähntes Melodrama *Ariadne auf Naxos* 1777 in Mannheim gehört, er hat es geschätzt, und Schikaneder hat es im Mai 1790 im Freihaustheater aufgeführt. Es ist wenigstens denkbar, dass Mozart es dort nochmals gesehen hat. Die regelmäßigen Wiener Theaterbesucher dürften jedenfalls mit diesem Werk bestens vertraut gewesen sein. Nach dem Abschied des Theseus

---

Georg Bendas Duodrama ‹Ariadne auf Naxos› kam Anfang 1775 in Gotha heraus und war neben seiner wenige Monate später uraufgeführten ‹Medea› eines der ersten Erfolgsstücke der neuen, auf Rousseau zurückreichenden Gattung des Melodramas. Der Text stammt von dem Schauspieler Johann Christian Brandes (1735–1799), bestimmt war er eigentlich für Anton Schweizer, der die Vertonung aber ablehnte. Die Gattung verfügte über charakteristische Eigenschaften: gesprochene Sprache zu Instrumentalmusik, in der Regel eines Orchesters; eine monologische Grundstruktur; die Erkundung extremer Seelenlagen; und ein in der Regel nicht abendfüllendes Format. Mozart bewunderte Benda und seine auch von Schikaneder aufgeführten Melodramen, beide Werke besaß er (wahrscheinlich im Klavierauszug). Er beschäftigte sich überdies mit einem eigenen Gattungsbeitrag (‹Semiramis›), der jedoch nicht fertiggestellt wurde (möglicherweise sind die Zwischenaktmusiken in ‹Thamos› (KV 345/336a) ein Überbleibsel daraus). Die Anspielung

1. Wilde und geordnete Natur

Georg Benda: Ariadne auf Naxos, Allegro moderato e maestoso (2. Auftritt)
W. A. Mozart: Die Zauberflöte, Recitativo ed Aria der Königin der Nacht (I, 16)

Benda

Mozart

auf Bendas Sonnenaufgangsszene beim Auftritt der Königin der Nacht im ersten Aufzug ist gerade wegen der Verkehrung des Kontexts ein weiteres Indiz für die Hybridkonstruktionen innerhalb der ‹Zauberflöte›.

erwacht hier die Protagonistin aus tiefem Schlaf. Dazu hat der Komponist einen Sonnenaufgang orchestral aufwendig inszeniert, und Ariadne nimmt in ihrem Monolog Bezug darauf, indem sie zwischen den Orchesterabschnitten eben diesen Sonnenaufgang schildert. Das bewegte, synkopisch gebrochene C-Dur im Orchester, das Crescendo sowie die aufsteigenden Figuren sind folglich nicht bloß abschildernd gemeint, sondern Text und Musik bedingen sich hier auf eine undurchdringliche Weise. Im Mittelpunkt steht dabei die Natur des beginnenden neuen Tages, der zugleich Ariadnes letzter werden soll und mit ihrem tödlichen Sprung von den Felsen enden wird.

Der erste Auftritt der Königin der Nacht nach den ‹geteilten Bergen› bezieht sich unüberhörbar auf diese Passage Bendas. Diese erklingt nun aber nicht im strahlenden C-Dur, sondern in B-Dur, einer Tonart des Numinosen. Es ist nicht der Beginn eines neuen Tages, sondern, angesichts einer geteilten Landschaft, ein Hinweis auf die unwirkliche Künstlichkeit der Nacht-Königin. Die musikalische Metaphorik des Sonnenaufgangs wird hier also in ihr Gegenteil verkehrt, und die von Benda beabsichtigte Interaktion mit dem Text wird preisgegeben. Der Einsatz des Rezitativs der Königin «O zittre nicht» bezieht sich daher nicht nur auf den szenischen Wechsel selbst, sondern zugleich, wie in einem Gedächtnisraum, auf den Kontext der ursprünglichen musikalischen Konfiguration des Vorbilds.

Die Indifferenz zwischen wild und geordnet, zwischen Natürlichkeit und Künstlichkeit wird zu Beginn des zweiten Aufzugs demonstrativ erneut heraufbeschworen. Denn der «Palmwald», der dort zu sehen ist, kann zunächst zwar als Verweis auf Bäume gelten, die außerhalb Europas wachsen, also auf eine Natur, die von derjenigen des ersten Aufzugs grundsätzlich verschieden ist. Doch auch hier handelt es sich nicht um ursprüngliche, sondern um künstliche Natur, denn die Blätter der Palmen sollen golden sein. Der goldene Palmzweig galt im 18. Jahrhundert als «Symbolum des Friedens»,[7] aber er ist eben keinesfalls ‹natürlich› – ebenso wenig, wie es Pyramiden sind. Der Marsch, der die Szene einleitet und dessen Merkmale jenseits von Natürlichkeit in Ord-

1. Wilde und geordnete Natur

nung und Domestizierung liegen, unterstreicht diesen Charakter. Und auch hier bricht, wie bei der ersten Verwandlung, die Nacht in die Szene ein, sogar mit demselben Donnergrollen wie im ersten Aufzug. Die Verwandlung erzeugt abermals nicht etwa eine entfesselte, schreckliche Natur, sondern das genaue Gegenteil, den «kurzen Vorhof eines Tempels» (II, 2), auf dem sich ägyptische Ruinen befinden. Diese verfallene Künstlichkeit kennt zudem in der Gestalt von «einigen Dornbüschen» gleichfalls Elemente der Natur. In beiden Fällen erweisen sich die szenischen Wechsel zudem als Überraschungen, da die Inszenierung selbst, mit Donner und Schreckenssignalen, eigentlich andere Resultate erwarten lässt.

In der Künstlichkeit der *Zauberflöte* existieren folglich wilde und geordnete Natur stets nur in Überblendungen. Der «Hayn», der im ersten Aufzug die Tempel von Weisheit, Vernunft und Natur offenbaren soll (I, 15), ist ein ambivalenter Ort, in ihn dringen wilde Tiere und Vögel ein. Und wenn sich im zweiten Aufzug das Theater in eine Halle verwandelt, «wo das Flugwerk gehen kann» (II, 13) – ein Flugwerk, das «mit Rosen und Blumen umgeben ist» –, deuten «zwey Rasenbänke» selbst in dieser Welt des absolut Künstlichen auf das Natürliche. Denn bei der Rasenbank handelt es sich eigentlich um ein genuines Element der Natur. In einem anonymen Singspiel, *Der Einsiedler* von 1780, findet sich beispielsweise der Hinweis, dass der Schauplatz auch hier ein «Hayn» sei: «im Hintergrunde eine Einsiedeley in einem Felsen, um welcher einige Früchte, Bäume und Blumen stehen, nebst einer Rasenbank».[8] Die Rasenbank der *Zauberflöte*, in der es zwar einen ‹Hain› gibt, steht jedoch nicht dort, sondern in einer Halle.

Die selbst in solchen Details erkennbare Vermischung der Ebenen, die sich weiterverfolgen ließe, beruht also auf Vorsatz. Das Resultat ist so verwirrend, wie die Szenenwechsel selbst es sind, denn die fehlende Eindeutigkeit erlaubt es nicht mehr, klare Unterscheidungen zu treffen zwischen Natürlichkeit und Künstlichkeit in allen denkbaren Schattierungen. Damit werden aber auf subtile Weise zentrale Kategorien des 18. Jahrhunderts infrage gestellt. Johann Georg Sulzer bemerkte 1770, dass die «Natur die ursprüngliche Werkstäte aller Künste» sei, da «alle Erfindungen der Künste entweder aus dem Reiche der Natur würklich hergenommen, oder in demselben wenigstens ungleich vollkommner anzutreffen sind».[9] Die damit verbundene hierarchische Ordnung gewährte gewissermaßen eine stabile Struktur.

In den Welten der *Zauberflöte* wird diese Struktur unklar. Ihre Grenzen verschwimmen absichtsvoll, weil keine Ebene sich als so intakt erweist, dass sie szenisch und damit musikalisch noch kongruent vorgeführt werden könnte. Es wird nicht nur, mit den zitierten Worten Georg Bendas, die Unnatur zur Natur, sondern auch die Natur zur Unnatur. Alle Szenerien sind natürlich und künstlich zugleich, und es fällt schwer, die Elemente sinnvoll auseinanderzuhalten. Der Donner, der die Verwandlung der stilisierten Natur in ein Gemach oder in eine Ruinenlandschaft ankündigt, erweist sich daher nicht allein als Theatereffekt, sondern als vielschichtiges Signal, da das Resultat nicht der erzeugten Erwartung entspricht und zudem jeweils anders ist.

Der Vorwurf der wilden Unstimmigkeit, der die *Zauberflöte* schon früh traf, war folglich in der Diagnose sehr korrekt. Gleichwohl legt die Systematik des Verfahrens bis in die Details, der Umstand also, dass nie das eine oder das andere für sich zu existieren vermag, nahe, dass die Unstimmigkeit wohl kalkuliert ist. Und dies findet seinen unmittelbaren Widerhall bereits in den äußeren Grenzüberschreitungen der Partitur. Die extremen Lagen der Königin der Nacht und Sarastros sind ja nicht einfach Kuriositäten, sondern in ihnen verschwimmen wahrnehmbar und absichtsvoll sogar in der vokalen Disposition die Trennlinien zwischen Natürlichkeit und Künstlichkeit. Die Fee Perifirime in Müllers *Fagottist* hat ebenfalls exzentrische Koloraturen zu singen, doch sind diese im Unterschied zur *Zauberflöte* stets eindeutig, nämlich phantastisch. Und so ist es nicht verwunderlich, dass sich ein vergleichbares Spannungsfeld ausgerechnet in Taminos ‹Bildnis-Arie› zeigt. Diese ist nämlich nur ein vermeintliches Paradigma affektiver Natürlichkeit, da sie auf einem Sonett-Text beruht, also einer poetischen Form der allerstrengsten Künstlichkeit.

1. Wilde und geordnete Natur

Ein gewisses Kondensat der geschilderten Technik bilden die drei Gartenszenerien des zweiten Aufzugs. Der Garten als bedeutsamer musiktheatraler Handlungsort beschäftigte Mozart aktiv bereits seit dem *Idomeneo*. In den Wiener Werken ist er zu einem Merkmal größter Aussagekraft geworden. Bedeutsame Gartenszenerien prägen fast alle Opern von der *Entführung* bis zu *Così fan tutte*, und durchweg sind sie ambivalent. Am weitesten geht zweifellos der *Don Giovanni*. Anders als der *Figaro* schließt das ‹dramma giocoso› nicht, sondern beginnt in einem nächtlichen Garten. In ihm kommt es aber nicht bloß zu Unwägbarkeiten, sondern schnell und ohne Umschweife zur Katastrophe. Donna Anna flieht aus ihrem Haus in diesen Garten, um gerade noch der Vergewaltigung durch Don Giovanni zu entgehen – doch wird der Commendatore, der ihr zu Hilfe eilen will, dort von Giovanni ermordet. Der Garten als Nachahmung der unbelebten Natur verliert seine stimulierende, beseelende Kraft, denn der Commendatore gibt ausgerechnet an diesem Ort seine Seele und sein Leben preis: «E dal seno palpitante – / Sento – l'anima – partir –» – «Aus der noch pochenden Brust fühle ich die Seele weichen».[10] Die Frage, ob die damit verbundene Verkehrung zentraler Anschauungsformen des 18. Jahrhunderts noch reversibel sein könnte, muss Mozart intensiv beschäftigt haben. Denn die Zweifel daran waren anscheinend so übermächtig, dass sie in Wien zur Streichung der letzten Szene des *Don Giovanni* geführt haben. Dort endete das Werk eben nicht mit dem resümierenden Sextett der Protagonisten, sondern in Flammenmeer und Erdbeben, mit der entsetzten Flucht der Zeugen und einem Schluss auf leerer Bühne.

In der *Zauberflöte* steigern sich solche Ambivalenzen nochmals, und sie werden endgültig unauflösbar. Ein großer Teil des zweiten Aufzugs spielt in einem «angenehmen Garten» (II, 7). An diesem idyllischen Ort mit Bäumen, «die nach Art eines Hufeisens gesetzt sind», und mit einer «Laube von Blumen und Rosen» herrscht das Glück geordneter Natur, hier sogar mit einer «Rasenbank» an der richtigen Stelle. In der Vorrede seiner *Gartenkunst*, die der Mannheimer Botaniker und Arzt Friedrich Casimir Medicus (1736–1808) 1782 Karl Theodor von der Pfalz widmete, wird ausdrücklich festgehalten, dass ein Garten dazu diene, «das Gefühl des Edlen und Erhabenen» hervorzurufen.[11] In der Welt der *Zauberflöte* geschieht jedoch das genaue Gegenteil, in einer fast ausweglosen Steigerung. Denn in diesem Garten will Monostatos die schlafende Pamina vergewaltigen, und an demselben Ort fordert die Königin der Nacht, die «unter Donner» erscheint (II, 8), ihre Tochter in einer Arie jenseits von Natürlichkeit zum Mord an Sarastro auf. In einer nochmaligen Steigerung der ohnehin schon überzeichneten Koloraturen (in den Triolen ab Takt 67) werden dann die Grenzen der Natürlichkeit sogar wörtlich aufgehoben: «zertrümmert auf ewig alle Bande der Natur».

Für zwei weitere Szenen verwandelt sich das Theater abermals in einen Garten, beide Male in einen «kurzen Garten», wie es ausdrücklich heißt – gemeint ist ein kleiner, intimer Garten (II, 26 und II, 29). Es sind jene Orte, an denen Pamina und Papageno ihre Selbsttötung beschließen und beinahe auch ausführen. In einer solchen Kumulation wird der Ort des Gartens im Sinne einer geordneten Natürlichkeit nicht nur infrage gestellt, er wird gänzlich aufgehoben. Auch wenn die schrecklichen Taten noch abgewendet werden, die geordnete Natur ist kein Ort, an dem man Verbrechen, Mord oder Suizid plant. Der grundlegende Ansatz auch des Landschaftsgartens, dass mit der gehegten Natur die gehegte Freiheit korrespondiere, verkehrt sich folglich in sein Gegenteil.[12]

Der sächsische Hofkapellmeister Johann Gottlieb Naumann (1741–1801), dem Mozart 1789 in Dresden begegnete, beschwor in seiner 1787 entstandenen Oper *Orpheus und Eurydike* oberflächlich eine ähnliche Konstellation. Das Werk beginnt in einem schattigen «Cypressenhain», einem Garten, in dem sich Altar und Urne finden: «Es ist Nacht, und der Mond scheint im Hintergrunde des Schauplatzes». Hersilia klagt: «Welch Grausen wohnt in diesem Hain!», und ist entschlossen, einen Mord zu planen, einen Mord aus Eifersucht.[13] Es besteht aber in dieser Szene kein Zweifel daran, dass Gedanke und Ort in einem furchtbaren, widernatürlichen Missverhältnis stehen, worauf Orpheus auch umgehend verweist. Der Unterschied der *Zauberflöte* dazu liegt darin, dass dort solche Klarheiten verschwinden – und mit ihnen nicht nur die Konturen von Natürlichkeit und Künstlichkeit, sondern auch der damit verbundenen Parameter. Nach dem ersten Erscheinen der Königin fragt sich «nach einer Pause» Tamino: «Ists denn auch Wirklichkeit, was ich sah? oder betäubten mich meine Sinnen?» (I/7) Bereits diese Frage setzt die Inversion, die Umkehrung, voraus, denn die Erfahrungsseelenkunde des 18. Jahrhunderts kannte zwar den Vorgang, dass die Sinne betäubt werden, aber nicht, dass die Sinneswahrnehmung das Subjekt selbst betäubt. Bei dem süddeutschen Publizisten Christian Jakob Wagenseil (1756–1831) heißt es etwa 1781 unter Berufung auf Don Quichotte: «Es ist eine gewöhnliche Würkung der Furcht, daß sie die Sinne betäubt, und uns die Dinge nie so erscheinen macht, wie sie würklich sind.»[14] Tamino hingegen zweifelt nicht an dem, was er sah, also an seinen Sinnen, sondern daran, ob sein Verstand damit fertig wird.

An der hier erkennbaren eigenartigen Unschärfe ändert sich bis zum Schluss der Oper, deren Verwandlungen sich alle bei offener Bühne vollziehen, nichts. Im letzten Donner der *Zauberflöte*, kurz vor Sarastros Monolog und dem Priesterchor, streift die Szenerie daher Natur und Kunst endgültig ab: «Sogleich verwandelt sich das ganze Theater in eine Sonne» (II, 30). Und doch, selbst in diesem strahlenden Leuchten verschwinden die zuvor beschworenen Ambivalenzen nicht.

2. Innen und Außen

Die Schauplätze der *Zauberflöte* kennen selbstverständlich ein Innen und ein Außen, jedoch ist diese Konstellation hier besonders kompliziert. Ein Hauptgegenstand der Oper ist nämlich das Prüfungsritual, also der Wille, von einem äußeren Bereich in einen inneren vorzudringen. Dieses ‹Innere› ist, der Logik einer Prüfung folgend, zunächst versperrt. In der Oper aber bleibt das Innere, in das Tamino aus plötzlicher

Liebe eindringen möchte, zur Gänze unsichtbar. Im gesamten Werk, das immerhin zwölf Dekorationen (bei zehn Verwandlungen, alle ohne Vorhang) kennt, gibt es nur zwei wirklich geschlossene Räume: «ein prächtiges Gemach» (I, 6) und «ein prächtiges ägyptisches Zimmer» (I, 9), beide im ersten Aufzug. Hinzu kommen im zweiten Aufzug noch die «Halle» (II, 13) und das «Gewölbe von Pyramiden» (II, 20), also Orte, in denen sich Innen und Außen eher mischen denn trennen. In der Oper wird also fast durchweg nur ein Außen sichtbar, das Innen bleibt eine Fiktion. Und selbst dort, wo eindeutig ein durch Türen abgegrenztes Inneres beschritten wird, in der Prüfungsszenerie selbst – das Paar betritt die Räume durch Tore, die dann auch geschlossen werden –, ist dieses Innere eine in Felsen versenkte Natur, die durch ein Gitter beobachtet werden kann. Die eigentliche Außenwelt der Naturelemente von Wasser und Feuer wird als Innenraum gezeigt, so dass die Grenzen sogar hier verschwimmen.

Daneben gibt es weitere Widersprüche. Das ‹prächtige Gemach› der Königin lässt im Kontext des 18. Jahrhunderts einen idyllischen, einen geradezu märchenhaften, mitunter erotisch konnotierten Raum erwarten. In einem Prosagedicht zur Hochzeit Josephs II. mit Maria Josepha von Bayern 1765, das der Numismatiker Aloysius Cristianus (gest. 1775) verfasste, ist unter Anspielung auf Ägypten von einem «prächtigen Gemach» in diesem Sinne die Rede: «Frischblühende Rosen, zarte Violen, wohlriechende Jacinten, und Jasminen, und was immer den glänzenden Frühling schmückt, wird aus den göldenen Körbchen, und aus vollen Köchern gegossen.»[15] Zwar verweist in der *Zauberflöte* die Sternendekoration durchaus noch auf diesen Zusammenhang, doch wirkt bereits der Thron selbst als Querstand. Als Zeichen der Machtdemonstration hätte sich ein Thronsaal angeboten, nicht der intime Rahmen des Gemachs. Musikalisch wird diese Brechung weitergeführt, denn die bereits erwähnte Anspielung auf Bendas Sonnenaufgangsszenerie zu Beginn der Szene ist auch eine Referenz an die freie Natur, also eben nicht einen geschlossenen Raum, schon gar nicht den intimen Rahmen eines Gemachs.

2. Innen und Außen

Der zweite geschlossene Raum, das «prächtige ägyptische Zimmer» in der Burg des Sarastro, vereint ebenso widerspruchsvolle Elemente. Denn dieses ist, anders als das Gemach, tatsächlich ein Herrschaftsraum. In dem Singspiel *Psyche* von 1790, verfasst von dem Berliner Publizisten Karl Friedrich Müchler (1763–1857), erscheint, typischerweise, «ein prächtiges Zimmer in einem Pallaste».[16] In der *Zauberflöte* verschwimmen die Dinge dagegen auch hier. Denn dem ‹ägyptischen Zimmer› werden weitere exotische Elemente hinzugefügt: «schöne Pölster nebst einem prächtigen türkischen Tisch», die aber gerade erst hereingetragen, also sichtbar ergänzt werden. Das Zimmer präsentiert sich also, im Verständnis des 18. Jahrhunderts, als eine Art von exotischem Museumsraum. Zudem ist es ein Ort, an dem Sklaven, Monostatos und schließlich die gefangene Pamina agieren, also Personen, die weit entfernt von jeder Herrschaft sind. Der Raum, der anders als das Gemach der Königin musikalisch nicht durch eine Verwandlung eingeführt wird, befindet sich überdies zu ebener Erde, was bei einem Herrschaftsraum ebenfalls vollkommen unwahrscheinlich ist. Durch ein Fenster kann Papageno von außen ins Innere schauen, wobei unklar bleibt, wie er überhaupt an diesen Punkt hat gelangen können.

Bedenkt man, wie sorgfältig Mozart in seinen Opern ab dem *Idomeneo* Raumfolgen und Raumhierarchien geordnet hat, besonders deutlich sichtbar im *Figaro*, so ist auch die Konstellation in der *Zauberflöte* nicht beliebig, sondern bedeutungsvoll, wenn auch in einer eigenwilligen Art. Schon zu Beginn heißt es von «Sarastros Burg», sie sei «prachtvoll» und befinde sich «in einem angenehmen und reitzenden Thale» (I, 5), während das Reich der Königin in den Bergen liege. Eine Burg befand sich jedoch in der Vorstellungswelt des 18. Jahrhunderts stets auf einer Höhe, nie in einem Tal. Allerdings ist die sorgsam bewachte Burg in der ganzen Oper ohnehin nicht zu sehen, der einzige Innenraum, der ihr zugeordnet werden kann, ist das «prächtige Zimmer». In Sarastros ‹Hallen-Arie› erfährt man dagegen, dass auch die Königin über eine Burg verfüge. Noch erstaunlicher ist, dass Sarastro seine «heil'gen Hallen» in jenem «angenehmen Garten» beschwört, in dem soeben Pläne für ein Verbrechen geschmiedet wurden. Erst nach dem Abschluss der Arie vollzieht sich dann tatsächlich der Szenenwechsel zur «Halle» selbst.

Die Szenenfolgen der *Zauberflöte* sind durchweg harte Fügungen, sie kennen keine Übergänge, sie kennen aber auch keinen wirklichen Wechsel von Innen und Außen. In seinem *Aufklärungs-Versuch* von 1788 bemühte sich der Lindauer Arzt Jacob Hermann Obereit (1725–1798), die Erfahrungsseelenkunde des Menschen im Hinblick auf die Erkenntnis zu systematisieren, mit gravierenden Vorbehalten gegen eine rein sinnliche, innere wie äußere Wahrnehmung: «Aber alle diese Erfahrungskunde der äussern und innern bloßen Sinnlichkeits-Vernunft würde [es] durch die bloße Natur sich selbst gelassen nie zu einer allgemeinen nothwendigen Sach-Erkenntniß [...] bringen. Denn woher sollte sie dazu, woher könnte sie in dem blos sinnlichen Erfahrungskreise von innen und außen kommen?»[17] Die Indifferenz der Wahrnehmungswelten in der *Zauberflöte* wirkt wie ein Angang gegen derartige Überlegungen, denn die Überblendung von Innen und Außen führt zugleich zur Konzentration auf eine reine «Sinnlichkeits-Vernunft». Allein sie kann demnach zu einer «Sach-Erkenntniß» führen, wenn auch zu keiner kohärenten.

Der Struktur der damit verbundenen schroffen Fügungen entspricht die musikalische Architektur, denn auch die Partitur weist lediglich Schnitte, keine Übergänge auf und damit ebenfalls kein Innen und Außen. Mozart, dem in seinen zahlreichen Accompagnato-Rezitativen die Übergänge so außerordentlich wichtig waren, der gerade den damit verbundenen Abstufungen und Schattierungen eine so große kompositorische Aufmerksamkeit geschenkt hat, hat in der *Zauberflöte* fast ganz auf derartige Rezitative verzichtet. Das einzige selbständige Rezitativ ist das beim ersten Auftritt der Königin der Nacht, es ist zugleich die einzige explizite Verwandlungsmusik. Die Anspielung auf Benda, also eine bekannte Vorlage, ist daher selbst in dieser Hinsicht aussagekräftig, als Verzicht auf eine genuine, eine ‹neue› Lösung. Und die einzige ausgedehnte Accompagnato-Szene ist ihrerseits nicht selbständig, sondern eingebettet in das Finale des ersten Aufzugs. Es ist die Szene, in der Tamino in die Tempel eindringen will und schließlich auf den «Sprecher» trifft, also auch die einzige Szene, in der es explizit um ein klar wahrnehmbares Innen und Außen geht. Mozart hat bei dieser Szene übrigens auf die Particell-Notation verzichtet (mit der Einfügung der Bläser in einem zweiten Arbeitsgang), er scheint sie also gleich weitgehend vollständig notiert zu haben.

Mit Hilfe der drei Knaben landet Tamino, anders als angekündigt, nicht bei einer Burg, sondern in einem Hain (I, 15): «Ganz im Grunde ist ein schöner Tempel, worauf diese Worte stehen: Tempel der Weisheit; dieser Tempel führt mit Säulen zu zwey anderen Tempeln; rechts auf dem einen steht: Tempel der Vernunft. Links steht: Tempel der Natur.» Die Kombination von drei Tempeln, die man damals etwa in Paestum antreffen konnte, lässt sich in zahlreichen Reisebeschreibungen des 18. Jahrhunderts finden, als szenisches Bild war sie also topisch. Entscheidender ist hier aber der Umstand, dass die Tempel in der *Zauberflöte* nicht Gottheiten gewidmet sind, sondern Abstrakta, nämlich Vernunft, Natur und Weisheit. Die Verbindung von Natur und Vernunft kann dabei als ideelles Fundament des Aufklärungszeitalters gelten. Ihr Erscheinen auf der Bühne ist also beim ersten Hinsehen nicht mehr als ein Versatzstück. Doch angesichts der wienerischen Verhältnisse um 1790 stellen sich die Dinge anders dar.

Die Herrschaft Josephs II., die so viele Menschen anzog, wurde vor allem in den ersten Jahren publizistisch und propagandistisch aufwendig begleitet. Franz Xaver Zinsmeister (1742–1797), katholischer Priester in Eichstätt, gehörte zwar nicht dem unmittelbaren Kreis der Wiener Aufklärer an. Als erbitterter Gegner der Jesuiten erregte er mit seiner Schrift *Was ist der Kaiser* jedoch großes Aufsehen; sie erschien in drei Teilen, der erste 1781 in Wien. Am Ende lässt sie sich als Apologie auf Joseph II. und sein Herrschaftsverständnis deuten. Zinsmeister überhöht dabei die Einheit von Natur und Vernunft als Grundlage einer geglückten Herrschaft, also derjenigen Josephs II.: «Meine Philosophie betrachtet den Ursprung der weltlichen Macht nach einem zweyfachen

Étienne-Louis Boullée: Entwurf zum «Temple de la curiosité» (ca. 1790)

Étienne-Louis Boullée (1728–1799) studierte in Paris bei Jacques-François Blondel und Jean-Laurent Legray zunächst Malerei, dann Architektur. Er strebte eine Karriere als Architekt im höfischen Umfeld an, zog sich dann aber, nach seiner Ernennung zum Mitglied der Académie Royale d'Architecture 1780, weitgehend aus der aktiven Bautätigkeit zurück. Fortan konzentrierte er sich auf spektakuläre Entwürfe, die er als Grundlage seiner Lehrtätigkeit, aber auch seiner geplanten Architekturschrift verstand. Boullée wurde zum begeisterten Parteigänger der Revolution. Wohl 1790 entstand der Entwurf zu einem «Temple de la curiosité» («Tempel der Neugier»), wahrscheinlich nicht von ihm allein, sondern lediglich unter seiner Beteiligung. Die chiffrenhafte Vergegenständlichung aufgeklärter Ideale erinnert an die hierarchische Tempel-Landschaft in der ‹Zauberflöte›. Ob Mozart Boullée in Paris begegnet ist, ist nicht nachweisbar.
Bleistift und Tinte auf Papier, 20,8 × 42,1 cm; New York, Cooper Hewitt, Smithsonian Design Museum

---

Gesichts-Punkte; einmal nach der Natur und Vernunft, blos, als menschlich [...]; ein anders mal nach der Religion [...].»[18] Die für jede Herrschaft notwendige Übereinstimmung von Vernunft und Natur sollte also ungeachtet der Religion als eine Art von Gründungsurkunde der josephinischen Herrschaft erscheinen. In einer Apologie Josephs, die der Theologe Franz Rudolph von Grossing (1752–1830), ein typischer Vertreter der josephinischen Generation, 1784 herausbrachte, heißt es dementsprechend: «Die Vernunft stimmet hierin mit der Natur vollkommen überein, weil Natur, und Vernunft in Ansehung der Menschen eine, und die nähmliche Sache sind. Natur und Vernunft rufen uns ohne Unterlaß das große Menschengesetz zu: *lasse jedem das Seinige* [...].»[19]

Mit dem Tod Josephs II. geriet diese Raison offenbar ins Wanken, und es scheint, als spiegele sich genau dies in der eigenartigen Tempelszene der *Zauberflöte*. Denn Tamino versucht zunächst, Zugang zum Tempel der Vernunft zu erlangen, dann zu dem der Natur. Es misslingt beide Male, eine Stimme aus dem Inneren weist ihn jeweils zurück. Erst beim Weisheitstempel öffnet sich eine Tür, und es erscheint nicht etwa, wie man erwarten könnte, ein Gelehrter, sondern ausdrücklich ein «alter Priester», also eine wie immer geartete religiöse Instanz. Wie bei Zinsmeister stehen sich menschliche und religiöse Verhältnisse gegenüber, und die Weisheit erhebt sich über Natur und Vernunft. Im Dialog mit dem «Priester» beschwört Tamino schließlich nochmals die Topoi aufgeklärter Erkenntnis: «O ewige Nacht! Wann wirst du schwinden? Wann wird das Licht mein Auge finden?» Es ist kein Zufall, dass diese Frage gleichsam passivisch, nicht aktivisch formuliert ist, dass das Auge vom Licht der Erkenntnis getroffen werden muss. Und es ist ebenso wenig Zufall, dass darauf nicht eine rationale Antwort erklingt, sondern der numinose Klang eines unsichtbaren Männerchors, der in der Tradition des Geisterchors mit nicht zuzuordnenden Stimmen steht. Die Unschärfe, die sich hier zu erkennen gibt, scheint also einer aktuellen politischen Situation geschuldet, wird aber aller Bezüge zu dieser Aktualität beraubt. Indem die Suprematie von Natur und Vernunft infrage gestellt wird, erhält die Weisheit so etwas wie eine kompensatorische, quasi-religiöse Funktion.

Schon die frühe Kritik an der *Zauberflöte* konzentrierte sich auf den Mangel an Handlungslogik, damit aber auch an Begriffsschärfe. Es scheint jedoch so zu sein, dass die Begriffe – wie hier vor allem Vernunft, Natur und Weisheit, Zentralbegriffe des späten 18. Jahrhunderts – nicht einfach als Versatzstücke verwendet werden, sondern durchaus auf die konkrete Gegenwart bezogen sind. Der Umstand, dass sie weder Präzision noch Schärfe erlangen, ist damit kein Mangel, sondern willentlich. Und auch dies wird zum Gegenstand der Szene. Taminos Rückfrage, wann das Licht zu seinem Auge gelangen werde, wird eben nicht durch einen dogmatischen Lehrsatz beantwortet, sondern durch einen numinosen Geisterchor («einige Stimmen», I, 15): «Bald Jüngling, oder nie!» Rational ist diese Antwort alles andere als befriedigend, sie ist im tiefsten Sinne skeptisch. Im Wien des Jahres 1781, also zehn Jahre früher, wäre eine solche ambivalente Antwort kaum denkbar gewesen.

Indem Innen und Außen verschwimmen, bleibt auch das ‹Eindringen› selbst ein rätselhafter Akt. Sarastro gelangt zwar durch die Tür des Weisheitstempels auf die Bühne, der Tempel selbst ist fortan aber gar nicht mehr zu sehen; ob der ‹kurze Vorhof des Tempels› im zweiten Akt (II, 2) wirklich zum Weisheitstempel gehört, ist vollkommen unklar, zumal keine glänzende Architektur, sondern eine Ruinenansammlung zu sehen ist. Es bleibt überdies offen, was mit den drei Tempeln im Laufe der weiteren Handlung geschieht. Wenn in der allerletzten Szene Tamino und Pamina Aufnahme finden, schreiten sie nicht etwa durch eine Tür in das Innere eines Gebäudes, sie befinden sich vielmehr schon inmitten der neuen, der anderen Gesellschaft. Die Tempel, die dafür standen, sind verschwunden. Die eigenartige Bewegungslosigkeit, die im Tableau der Finalszene emblematisch beschworen wird, prägt aber die gesamte Oper: Nur äußerst selten vollzieht sich dort eine wahrnehmbare Bewegung von einem Raum in einen anderen. Es ist beispielsweise nicht einmal klar, woher die Priester zu Beginn des zweiten Aufzugs eigentlich kommen und wohin sie dann, ohne Musik, abmarschieren. Ein einziges Mal, in der Prüfungsszene, sieht man tatsächlich ein Ein- und Austreten, aber in eine Szenerie, in der sich eben Innen und Außen verkehren, in der also die Natur wie in einem Guckkasten erscheint.

Gemessen an dem Umstand, dass das Prüfungsritual selbst auf Übergänge, Übertritte und Bewegung zielt, mutet der Verzicht auf eine klare szenische Visualisierung zumindest irritierend an. Dies aber ist von zentraler Bedeutung für die kompositorische Gestalt. Mozart war in seinen Opern immer wieder um prägnante Übergänge und Verwandlungen bemüht, doch ausgerechnet in der *Zauberflöte* mit ihrem erheblichen Bühnenaufwand spielen sie eine kaum wahrnehmbare Rolle. Damit korrespondiert der Umstand, dass die musikalischen Konfigurationen in aller Regel eindeutig sind, dass sie also keine Entgrenzungen kennen. Bedenkt man, wie einige Jahre später Luigi Cherubini, nur wenig jünger als Mozart, in seiner *Médée* eine Fülle von Übergängen bis in das Grauen des Schlussbildes aufwendig inszeniert hat, so mutet der Verzicht in der *Zauberflöte* umso auffälliger an. Gesteigert wird dieser Eindruck durch einen bühnentechnischen Aufwand, der gerade für eine Dynamisierung, für fortwährende Übergänge die besten technischen Voraussetzungen geboten hätte. Der Verzicht darauf und die Konzentration auf optische Effekte scheint eine Antwort zu sein auf jene Erschütterungen, die sich im Zerfall der Einheit von Vernunft und Natur nach dem Ende des josephinischen Jahrzehnts abzuzeichnen begannen.

3. Mensch und Tier

Wenn die Schauplätze der *Zauberflöte* von bemerkenswerten Grenzüberschreitungen geprägt sind, so überträgt sich das auch auf diejenigen, die in ihnen agieren. Zunächst fällt eine mitunter irritierende Indifferenz zwischen Mensch und Tier auf, eine Unschärfe, die in der anthropologischen Diskussion des 18. Jahrhunderts nicht oder nur in seltenen Ausnahmefällen vorgesehen ist.[20] Papageno ist, nicht nur wegen seines an einen Papagei erinnernden Namens,[21] dafür das offensichtlichste Beispiel. Das wird von Tamino sogar ausdrücklich festgehalten. Denn er zweifle, so sagt er, daran, dass Papageno ein Mensch sei (II, 2): «Nach deinen Federn, die dich bedecken, halt' ich dich – (geht auf ihn zu.) / PAPAGENO: Doch für keinen Vogel?» In jedem Fall galt eine solche Unbestimmtheit als ein Verstoß gegen die Natur. In einer weit verbreiteten, kommentierten deutschen Ovid-Ausgabe, die 1738 erstmals erschien, wird die Ikarus-Legende in diesem Sinne erläutert: Der Verfasser, also Ovid, «macht etwas neues, das nicht natürlich ist; nemlich daß ein Mensch mit Federn durch die Luft fliegen sol».[22] In der *Zauberflöte* fliegt Papageno zwar nicht, doch die Unbestimmtheit zwischen Mensch und Vogel bleibt seine prägende Eigenschaft. Der überaus produktive sächsische Theologe und Pädagoge Johann Christian Dolz (1769–1843) räsonierte 1807 über die Fähigkeit des Menschen, Widersprüchliches zusammenzudenken, und gab dafür ein ihm besonders naheliegendes Beispiel: «Nach diesem Gesetze des Denkens lassen sich mit einem Gegenstande solche Merkmale, die ihm in der Wirklichkeit nicht zukommen, vereinigt denken; z. B. ein Mensch mit Federn, ein Papageno.»[23]

Die Vogelnähe Papagenos ist umso erstaunlicher, als dieser selbst Vögel fängt und sie zum Tausch anbietet. Der fliegende Mensch hingegen wurde wenige Jahre vor der *Zauberflöte* zu einem außergewöhnlichen literarischen Motiv. Rétif de la Bretonne (1734–1806), ein Freund Friedrich Melchior Grimms, dem Mozart in Paris gewiss begegnet ist, hat in seinem utopischem Roman *La Découverte australe par un homme volant* das Modell einer neuen Gesellschaft entworfen. Das Buch erschien 1781, die deutsche Übersetzung, die Wilhelm Christhelf Sigmund Mylius besorgte, drei Jahre später unter dem Titel *Der fliegende Mensch*. Der Held Victorin erkundet dort zusammen mit seiner Geliebten Christine mittels einer eigens gebauten Flugmaschine verschiedene Gesellschaftsentwürfe, als deren geglücktester ihm die ‹Christineninsel› in der Südsee erscheint. Von dort entdecken die Fliegenden weitere Inseln, und auf der 25. Insel treffen sie auch auf Vogelmenschen (während es auf den anderen Inseln noch weitere Kreuzungen zwischen Mensch und Tier gibt, auf der 17. etwa Löwenmenschen): «Nach einer Viertelmeile wurden sie eine Menge grosser Vögel auf derselben gewahr, deren Flug den Fledermäusen glich. Endlich kamen sie nahe genug, um mit ihren Sehglase unterscheiden zu können, daß diese

3. Mensch und Tier

Vögel fliegende Menschen waren.»²⁴ In der sozialistischen Utopie der Christineninsel gibt es übrigens einzig noch die Tauschwirtschaft, und die unüberbietbare Nähe aller zur Natur führt daher zur Gleichheit aller untereinander. Die Menschen werden zu Naturmenschen.

Ob der Roman für die *Zauberflöte* eine konkrete Rolle spielte, lässt sich kaum ausmachen.²⁵ Zumindest ist in ihm die Überkreuzung von Mensch und Natur als zentrales Motiv gesteigerter Unwirklichkeit erkennbar, und der damit verbundenen disruptiven Erzählstruktur begegnete man mit Vorbehalten, die wenig später auch für den Umgang mit Schikaneder bestimmend werden sollten. So beklagte ein anonymer Rezensent der französischen Ausgabe im *Reichspostreuter*, einer in Altona herausgegebenen, aber auch in Wien verfügbaren Zeitung, den Mangel an Ordnung, Handlungslogik und Wahrscheinlichkeit: «Das Buch läßt sich gut lesen, und ist unterhaltend; oft aber setzt der Verfasser bey seinen Fictionen alle Wahrscheinlichkeit aus den Augen.»²⁶ Der weimarische Gelehrte Karl August Musäus (1735–1787) meinte 1786, nun bezogen auf die deutsche Fassung, bei dem Roman handele es sich «um ein sonderbares Chaos, von Sinn und Unsinn durch einander».²⁷

Papagenos Mischexistenz zwischen Vogel und Mensch wird, so scheint es auf den ersten Blick, unmittelbar veranschaulicht durch ein idyllisches «Faunen-Flötchen», das er «mit beyden Händen hält» (II, 4) und das schon sein Auftrittslied begleitet. Allerdings ist die Flöte des Fauns, die Panflöte, zwar zweifellos das Attribut eines Mischwesens, aber eben nicht aus Mensch und Vogel, sondern aus Mensch und Ziege. Damit wird eine weitere auffällige Unschärfe eingeführt, die sich auch in der Behandlung des Instruments selbst zeigt. Papagenos Flöte mit fünf Pfeifen ist zwar nicht näher spezifiziert, scheint aber das von Zedler beschriebene ‹siflet de chaudronnier› zu sein, also die Kupferpfeife des Pan.²⁸ Papageno muss diese auf der Bühne signalhaft spielen, aber stets im Aufschwung vom Grundton g zum Dominantton d. Die damit verbundene Ungenauigkeit wurde sogar in einem Kinderbuch, das 1794 in Leipzig erschien, vermerkt. Denn zwischen Papagenos Flöte und der ‹eigentlichen› Panflöte bestehe eben nur ‹fast› keine Differenz: «Der einzige Unterschied ist dieser, daß die Pfeife des Pan sieben, und diese Papagenopfeife nur fünf Röhren hat.»[29]

Zwar war die Verwendung des *siflet de chaudronnier* kein vollständiges Novum in der Oper, es findet sich etwa schon bei Reinhard Keiser.[30] Und in Lullys Pastorale héroique *Acis et Galathé* von 1686, die noch in den 1760er Jahren in Paris präsent war, wurde der Riese und Ziegenhirt Polyphem zumindest bei den ersten Aufführungen in der *Marche* der sechsten Szene des zweiten Aktes durch zwei fünftönige Panflöten charakterisiert, die aber schon in der gedruckten Partitur zu einfachen Traversflöten geändert wurden. Allerdings sind solche Einzelfälle denkbar weit entfernt von einer konsistenten aufführungspraktischen Tradition. Bei der Panflöte in der *Zauberflöte* handelt es sich also wie bei ihrem Besitzer, dem Vogelmenschen, um etwas Uneindeutiges. Auch wenn sich im 18. Jahrhundert offenbar eine Panflöte (wohl mit sechs Pfeifen) in den Sammlungen des Wiener Hofes befand, das Instrument musste zweifellos für die Oper und das Freihaustheater ganz neu gebaut und damit auch neu erfunden werden.[31]

Papageno kommt übrigens selbst auf die Indifferenz zwischen Mensch und Vogel zurück, und zwar bei seiner ersten Begegnung mit Monostatos: «Bin ich nicht ein Narr, daß ich mich schrecken ließ? – Es giebt ja schwarze Vögel in der Welt, warum denn nicht auch schwarze Menschen?» (I, 14) Daneben gibt es in der *Zauberflöte* tatsächlich Wesen, die fliegen, wenn auch mittels einer Maschine. Dabei handelt es sich aber nicht um Menschen, sondern um jene drei Knaben, die in der Besetzungsliste als «drey Genien» erscheinen. Im Text selbst werden sie immer «die drey Knaben» genannt, und so bezeichnete sie Mozart auch in seiner Partitur. Doch die Knaben verkörpern tatsächlich Genien, also mythologische Schutzgeister, die in aller Regel als geflügelte Knaben dargestellt wurden. In Maximilian Blumhofers bereits erwähntem Singspiel *Die Luftschiffer* von 1787 begegnen «Geister und Genien», allerdings nur als stumme Figuren.[32] In der Oper *Il capriccio corretto*, die 1783 für Dresden geschrieben wurde, auf einen Text von Caterino Mazzolà und komponiert von Franz Seydelmann (1748–1806), erscheinen Chöre von lieblichen und hässlichen Genien, also Geister, die tatsächlich singen. Der Genius als zentrale mythologische Figur des späteren 18. Jahrhunderts ist Begleiter und Schutzgeist zugleich, dessen Epiphanie sich oftmals göttergleich vollzieht.[33] Der zweite Auftritt der drei Knaben in der *Zauberflöte* «in einem mit Rosen bedeckten Flugwerk» erinnert an eine solche göttliche Epiphanie. Gesteigert wird dieser Effekt durch die künstliche Umgebung, denn das Flugwerk schwebt nicht etwa in der freien Natur herein, sondern «in einer Halle» (II, 15).

Nun waren Knaben auf der Opernbühne nicht ungewöhnlich. So begegnet einem kurz vor der *Zauberflöte* in der anonymen ‹romantisch-komischen Oper› *Selim und Zelide* von 1788, deren Text erhalten blieb und die vermutlich in Prag aufgeführt wurde, im ersten Aufzug ein Chor von Knaben und Mädchen. In der komischen Oper *Gestorben und entführt*, 1789 geschrieben von dem Theaterdichter Heinrich Gottlob Schmieder (1763–1815) und wohl nicht vertont, gibt es im ersten Aufzug einen Chor von Schülern. Und in Wenzel Müllers *Sonnenfest der Braminen*, 1790 im Leopoldstädter Theater aufgeführt, findet sich ein «Chor von Kindern mit Rosengirlanden».[34] Wohl in den seltensten Fällen dürften dabei tatsächlich Knaben oder Mädchen aufgetreten sein, eine Mitwirkung von Kindern ist nur in Sonderfällen wie der pantomimischen Kindertruppe von Filippo Nicolini (gest. 1775?) bezeugt. Ein solcher Sonderfall existierte allerdings auch in Wien. Denn am Leopoldstädter Theater unterhielt der Direktor Karl von Marinelli (1745–1803) eine Kinderschule, die zur Vorbereitung auf den Theater- und den Sängerberuf diente, und diese Schule, die ab 1789 von dem Kapellmeister Ferdinand Kauer (1751–1831) geleitet wurde, trat um 1790 auch mit eigenen Produktionen hervor.[35]

Es ist daher wenigstens denkbar, dass die «drey Genien» Mozarts tatsächlich von Knaben gesungen wurden. Unabhängig davon ist jedoch ein anderer Umstand erstaunlich. Der dreistimmige Satz der Genien ist einfach, von begrenztem Umfang und homophon, sichtbar auch daran, dass Mozart den Text in seiner Handschrift stets nur der Oberstimme unterlegt hat. Damit erweist sich der Satz gleichsam als Imitation, als

Illusion eines tatsächlichen Knabengesangs, ob realiter von Knaben gesungen oder nicht. Dies ist bemerkenswert. Sopranpartien in geistlicher Musik wurden auch im Wien der 1780er Jahre zwar von Knaben ausgeführt. Das hatte aber für die anspruchsvolle Gestaltung der Singstimmen keinerlei Bedeutung. Ähnliches gilt für Schuldramen wie zum Beispiel Mozarts *Apollo et Hyacinthus* und andere Sonderfälle. Und es gilt für ausdrückliche Knabenrollen auf der Opernbühne, etwa den spektakulären Auftritt Amores in Glucks *Orfeo ed Euridice*, geschrieben für eine zwar hohe, aber im Habitus ‹normale› Sopranstimme und gesungen von einer Frau. Das Terzett in der *Zauberflöte* präsentiert sich dagegen – dezidiert im Kontrast zu den anderen Partien – als habitueller Knabengesang und soll als solcher identifiziert werden. Der Satz, der sich damit verbindet, weist dabei durchaus Binnendifferenzierungen auf. Beim ersten Auftritt (I, 15), bei dem die Knaben zu Fuß erscheinen, ist er marschartig, beim zweiten Auftritt (II, 16), bei dem sie fliegen, ein Triosatz.

Ein Flugwerk wie jenes, in dem die drei Knaben hier hereinschweben, galt in der damaligen Zeit als ein besonders aufwendiger, aber eben auch besonders widernatürlicher Bühneneffekt, so bei Jean-Georges Noverre, der einen solchen Effekt höchstens im Ausnahmefall zulassen wollte.[36] In einem anonymen Bericht von 1788 über eine englische Theateraufführung erscheint die Flugmaschine als sinnentleerter, jeder geregelten Dramaturgie entgegenstehender Bühnenzauber: «Ich sah in London, und zwar auf dem Nationaltheater ein Stük, wovon ich noch heute nichts weis; was ich daraus machen soll, denn es war zusammengesetzt aus Oper, Pantomime, Flugwerk und Komödie. [...] Ein Ding, so weniger zusammen hienge, läßt sich nicht wol denken. Darum war auch des Klatschens kein Ende, und die Damen in den Logen konnten sich nicht wieder daraus finden. Ein Vogelkrämer mit seiner Kleinigkeit erhielt vorzüglichen Beifall: er pfiff drey verschiedene Vogelgesänge, und sang selbst dazwischen ein Gassenliedchen. Jedesmal erfolgte ein lautes Händeklatschen.»[37] In Johann Adam Hillers sehr umfangreicher Rezension zu Jean-Jacques Rousseaus *Dictionaire de musique* wird diese widernatürliche Sinnlosigkeit geradezu beschworen: «Die sinnreichsten Maschinen, das kühnste Flugwerk, Ungewitter, Donner, Blitze, und alle Wunder der Zauberey wurden angewendet, die Augen zu verblenden, da indeß eine Menge von Instrumenten die Ohren betäubten.»[38]

Die Musik zum Flug der *Zauberflöten*-Genien unterscheidet sich von diesen Eigenschaften allerdings erstaunlich deutlich. Das ätherische A-Dur des Allegretto, im Piano nur der Streicher, Flöten und Fagotte, dazu der feierlich-altertümliche Triosatz sind weit entfernt von einem vordergründigen Bühneneffekt und von aller blendenden, betäubenden Überwältigung. Dabei muss die Bühnenmaschine selbst von größter, weitgehend geräuschloser Perfektion gewesen sein, denn jedes laute Knarren hätte die viertaktige instrumentale Einleitung vollständig zerstört.

Die Epiphanie von Genien war zudem oftmals an die Unwirklichkeit eines nächtlichen Traums gebunden. In Klopstocks *Salem*, einer frühen Ode von 1748, erscheint der Genius in der Nacht, sein Attribut ist ein Kranz aus Rosen.[39] Die Flugmaschine der Genien in der *Zauberflöte* ist also kaum zufällig mit Rosen bedeckt, einem Symbol von Unschuld ebenso wie von Idyllik. Die Erscheinung der drei Genien zielt auch von daher nicht auf Überrumpelung, sondern ist von feierlichem, stillem Ernst getragen. Die kompositorische Suggestion von Knabenstimmen fügt sich in dieses Bild. Und so ist es kein Zufall, dass ausgerechnet diese phantastischen Genien in ihrer Flugmaschine, obwohl sie doch eigentlich von der Königin der Nacht eingesetzt wurden, mit ihrer knabenhaften, kindlichen Diktion den Sieg der Vernunft besingen: «Bald soll der Aberglaube schwinden» (II, 26). Im gedruckten Text steht, anders als im Autograph, «der finstre Irrwahn», wobei unklar bleibt, wie es zu dieser Abweichung kam: ob also die Änderung dort nicht berücksichtigt wurde oder ob sie als Ergänzung der letzten Minute nicht mehr Eingang in das Autograph, sondern nur noch in die (verlorenen) Stimmen fand. Die Begriffe wurden im 18. Jahrhundert jedoch weitgehend synonym verwendet, auch wenn ‹Aberglaube› bedeutend häufiger begegnet.

Die menschlichen Mischformen in der *Zauberflöte* sind vielfältig, und sie beschränken sich keineswegs auf Mensch und Tier. Tamino erläutert gleich zu Beginn sein Menschsein mit der hierarchischen Zusatzbedeutung des Prinzen, die Sarastro nach dem Priestermarsch jedoch wieder zurücknimmt, denn Tamino sei mehr als ein Prinz, er sei Mensch (II, 1). Solche Unschärfen zwischen den Kategorien durchziehen das Werk auf hartnäckige Weise, sie betreffen Mensch und Tier, Prinz und Mensch, Genius und Kind, Mann und Weib. Alle diese (vermeintlichen) Unterscheidungen sind zentraler Gegenstand grundlegender anthropologischer Reflexionen des Aufklärungszeitalters, doch werden sie hier seltsam ungenau, sie verlieren die Konturen. Besonders deutlich zeigt sich das an Papageno, der die eigene ‹Unschärfe› selbst gewissermaßen zurückprojiziert. Kurz vor dem Aufbruch zur Befreiung Paminas (I, 8) stellt er mitten im Quintett fest, Sarastro sei «wie ein Tiegerthier». An dieser Stelle wird der Satz durch einen Orgelpunkt geradezu unterbrochen, Zeichen für Papagenos Vorbehalte und Zweifel.

In alledem gibt es aber auch konkrete, und zwar trennende Begegnungen zwischen Mensch und Tier, so schon gleich zu Beginn. Tamino ist auf der Flucht vor einem «grimmigen Löwen», wie es in der ersten Fassung heißt. Mozart hat dies in seiner Handschrift gestrichen und durch «der listigen Schlange» ersetzt, offenbar so rechtzeitig, dass es auch in den Librettodruck Eingang fand. Für die Handlung logischer wäre zweifellos die Flucht vor einem Löwen, einem gefährlichen Raubtier. Die Ersetzung durch die Schlange beraubt die Szene nicht nur der Plausibilität, sondern macht zugleich Taminos Ohnmacht in hohem Maße unwahrscheinlich. Vordergründig ist die Schlange selbstverständlich ein christliches Symbol, denn der Teufel schleicht «wie eine listige Schlange, und gleich einem brüllenden Löw, um uns» herum.[40] Doch darüber hinaus ist sie zugleich ein Attribut des geflügelten Genius, wie schon Zedler vermerkt: Der Genius sei «als eine Schlange gebildet».[41] Da es sowohl gute als auch böse Genien gibt, steht die listige, böse Schlange wohl in einem Spannungsverhältnis zu den drei guten Knaben-Genien. Vage bleibt dies aber allemal, denn beide haben irgendwie mit der Königin der Nacht zu tun, und der Umstand, dass der Löwe durch die Schlange ersetzt wurde, verweist auf die kalkulierte Präzision, mit der Mozart derlei Unbestimmtheiten herbeigeführt hat.

Zu den weiteren Begegnungen zwischen Tier und Mensch gehört die Szene im ersten Aufzug, in der Tamino wilde Tiere mit seinem Flötenspiel zähmt, also ganz ohne jene Waffen, die schon bei seinem ersten Auftritt versagt haben. In ähnlicher Weise bezwingt aber Papageno zuvor nicht etwa Tiere, sondern «Monostatos und Sclaven», die nach seinem Glockenspiel sogar «marschmäßig» abgehen, also in einer besonders strikt geordneten militärischen Formation. Sarastro seinerseits tritt im letzten Bild des ersten Aufzugs aus dem Tempel der Weisheit «auf einem Triumphwagen», der «von sechs Löwen gezogen wird». Sein Auftritt wird angezeigt durch einen schnitthaften Wechsel nach C-Dur und den Einsatz von Trompeten und Pauken, der hier, im Gegensatz zum Terzett der drei Damen am Beginn der Oper, ‹korrekt›, also angemessen ist. Aber selbst dieses Bild ist zumindest ambivalent. Im 18. Jahrhundert begegnet man nämlich auch der Vorstellung, dass der Weingott Bacchus auf einem von Löwen gezogenen Wagen sitzt. Insbesondere aber ist der Löwenwagen ein Symbol der Göttin Rhea, der Gemahlin des Kronos: «Sie sitzet auf einem Wagen, welcher von Löwen gezogen wird, um damit anzuzeigen, daß durch ihre mütterliche Güte alles gezähmet werde.»[42] Der feierliche Ton des C-Dur-Marsches beim Auftritt des ‹mütterlichen› Sarastro steht zudem in einem seltsamen Kontrast zum unmittelbar vorausgehenden G-Dur-Marsch der durch das Glockenspiel betörten Sklaven. Und doch, auch Sarastros Löwen werden später (II, 19) ausgerechnet von Taminos Flötenspiel verzaubert.

Die seltsamen Unschärfen, welche die Oper auch auf dieser Ebene durchziehen, haben diverse Bezugspunkte und Verankerungen in Denkformen und Anschauungsweisen des späteren 18. Jahrhunderts, worauf noch einzugehen sein wird. Sie sollen sich hier nicht mehr linear auflösen lassen. Sogar der drastische Theatereffekt des ‹Flugwerks›, des einzigen Bestandteils eines wirklichen Maschinentheaters, wird seiner

Charles Dupuis: La Terre (1721)

Für die eklektischen Bild- und Symbolwelten in der ‹Zauberflöte› gibt es viele Bezugspunkte, die zum Teil weit ins 18. Jahrhundert zurückreichen und sich keineswegs eindeutig zuordnen lassen können oder sollen. Für den von Löwen gezogenen Triumphwagen des Sarastro findet sich eine ganze Reihe von denkbaren, heterogenen Vorbildern. Der französische Kupferstecher Charles Dupuis (1685–1742) fertigte 1721 einen großformatigen Stich nach einer Vorlage des Malers Louis de Boullogne (1654–1733) an, eine allegorische Darstellung der Erde, die auf einem von Löwen gezogenen Triumphwagen sitzt, im Rahmen eines Zyklus der vier Elemente. Herrschaftliche und allegorische Darstellung vermischen sich bereits hier.
Radierung, 40,5 × 53,3 cm (Platte); Cambridge/Mass., Harvard Art Museums/Fogg Museum, Gift of Belinda L. Randall from the collection of John Witt Randall

---

Vordergründigkeit beraubt. Das Unwahrscheinliche soll damit nicht bloß wahrscheinlich, sondern sogar natürlich werden. Mit Bendas Worten wird die Unnatur auf diese Weise zur Natur, aber eben nicht mehr

3. Mensch und Tier

im Sinn einer sprachlos machenden Überwältigung. Der Vogelmensch Papageno mit seiner Panflöte wird ebenso zum Teil einer ‹natürlichen› Welt wie die Schar der tanzenden Tiere, der mit einem ambivalenten Attribut versehene Sarastro oder das Trio der mit Rosen geschmückten Genien. Wenn Papageno also sein Auftrittslied mit der Panflöte anstimmt, ist dies nicht mehr einfach eine diegetische Bühnenrepräsentation. Denn er stellt sich mit seinem Lied nicht etwa Tamino vor – diesen hat er ja noch gar nicht wahrgenommen –, sondern vergewissert sich lediglich seiner selbst. Die scheinbare Sinnlosigkeit der Selbstbehauptung («Der Vogelfänger bin ich ja») wird auf diese Weise zu einer befremdlichen Selbstverständlichkeit. Und damit entkleidet sich sogar die schematische, im späten 18. Jahrhundert besonders umstrittene Form des Strophenliedes ihrer so oft beklagten Künstlichkeit, auch sie wird zum ‹natürlichen› Teil einer innerlichen Selbstvergewisserung.

Das Dissoziative dieses Ansatzes, das sich in den zahllosen absichtsvoll ‹ungenauen› Verhältnissen zu erkennen gibt, wirkt auch zurück auf die Techniken, mit denen sich die Realität auf der Bühne konstituiert. Und diese Techniken sind vor allem solche der Musik. Die ‹Natürlichkeit› des Vogelmenschen Papageno korrespondiert mit der Natürlichkeit seines Gesangs, von dem aber nicht klar ist, an wen er sich eigentlich richtet. Die Verknüpfung der verschiedensten Elemente dient dabei nicht etwa der Herstellung einer szenisch-konzeptionellen Stringenz, sondern einer assoziativen Weitung des Bühnengeschehens. Das ‹als ob› des Knabengesangs der Genien mag dafür ein besonders anschauliches und eindrucksvolles Zeichen sein. Die bereits zitierte Szenenanweisung am Ende des ersten Aufzugs veranschaulicht jene Weitung ebenfalls: «Das Theater verwandelt sich in einen Hain. Ganz im Grunde ist ein schöner Tempel, worauf diese Worte stehen: Tempel der Weisheit; dieser Tempel führt mit Säulen zu zwey anderen Tempeln; rechts auf dem einen steht: Tempel der Vernunft. Links steht: Tempel der Natur» (I, 15). Die Kombination von Weisheit, Vernunft und Natur erweist sich vor diesem Hintergrund als eine neuerliche Unschärfe, da ein hierarchisches

Verhältnis durch das optische Arrangement infrage gestellt wird. Wieland hat diese Unschärfe wenige Jahre später in seinem *Musarion* ausdrücklich als vage Hoffnung benannt: «Es ist darum zu thun dass wir uns glücklich machen, / Und nur vereinigt kann dies Weisheit und Natur».[43]

4. Exotismus

Der Umstand, dass sich die Schauplätze der *Zauberflöte* überblenden, dass Natürlichkeit und Künstlichkeit verschwimmen, führt in der Konsequenz dazu, dass es auch keinen konkreten Handlungsort der Oper gibt, keinen realen und keinen fiktiven. Darin unterscheidet sich die *Zauberflöte* von vergleichbaren Werken. In Wenzel Müllers *Fagottist* von 1791 heißt es etwa: «Die Handlung ist in Quitschiwitsch».[44] *Der Stein der Weisen* trägt den Ort, *Die Zauberinsel*, sogar gleich im Untertitel. In der *Zauberflöte* fehlen derartige Angaben. Immer wieder ist auf die Nähe der Oper zum Märchen *Lulu oder Die Zauberflöte* aus Christoph Martin Wielands *Dschinnistan*-Sammlung hingewiesen worden, die zwischen 1786 und 1789 erschien. Doch ein markanter Unterschied zeigt sich gleich zu Beginn, denn das Märchen kennt einen exakten, genau angegebenen Ort: «In einem Walde nicht weit von Mehru, der Hauptstadt im Königreich Korassan».[45] In Mozarts Oper gibt es dagegen eine ganze Reihe von Bezügen auf geographisch oder chronologisch fernliegende Welten, die jedoch weder zusammenhängend noch homogen sind, sich also nicht kohärent auflösen lassen sollen.

An erster Stelle hat sich in der Wahrnehmung schon früh und bestimmend Ägypten in den Vordergrund gerückt.[46] Bereits in einer Pressenotiz zur Uraufführung ist von einem Singspiel über die «egyptischen Geheimnisse» die Rede: «Gestern wurde auf dem Wiednertheater ein Singspiel, die egyptischen Geheimnisse, zu welchem Hr. Mozart die Musik komponirte, und selbst das Orchester dirigirte mit ungetheiltem Beifall aufgeführt.»[47] Erstaunlich ist diese Auskunft vor allem deswegen, weil der Theaterzettel eindeutig den korrekten Werktitel (und dazu keinerlei andere Hinweise) enthielt, es also eigentlich keinen Grund für diese Falschinformation gab. Erklärlich ist sie wohl nur, wenn man annimmt, dass der Motivzusammenhang des ‹Ägyptischen› als so dominierend wahrgenommen wurde, dass er die ‹offiziellen› Informationen überlagern konnte. In der bereits zitierten anonymen Rezension von 1794 galt das Werk daher auch als «ein abentheuerliches Gemisch von ägyptischer Fabelei».[48]

Tatsächlich gingen wohl Anregungen zu der Oper vom *Sethos*-Roman aus, den der französische Philosoph Jean Terrasson (1670–1750) 1731 herausbrachte. Er wurde schon in den 1730er Jahren ins Deutsche übersetzt und abermals in den 1770er Jahren, nun von Matthias Claudius, und zwar unter dem Titel *Geschichte des egyptischen Königs Sethos*.[49] In der früheren Übersetzung spielte der Roman zugleich eine gewisse Rolle für Tobias Philipp von Geblers *Thamos*-Drama von 1774, zu dem Mozart Musik komponierte und das Schikaneder 1780 in Salzburg aufführte. Dennoch sind auch in diesem Fall die Bezüge in der *Zauberflöte* so vage, dass man von einem konsistenten ägyptischen Kontext kaum sprechen kann.

So ist es kaum verwunderlich, dass in der Oper die ausdrücklichen, konkreten Anspielungen auf Ägypten sehr begrenzt sind und fast beliebig wirken. Der Bezug wird nicht einmal auf dem Titelkupfer besonders hervorgehoben, obwohl dieser ungewöhnlicherweise eigens für den aufwendigen, sorgfältig geplanten Librettodruck angefertigt wurde. Ignaz Alberti (1760–1794), der Verleger und Kupferstecher, bei dem das Libretto erschien, hat sich dabei als Vorlage zweier Stiche von Jean Laurent Legeay (gest. nach 1786) bedient. Dieser wirkte zunächst vor allem in Berlin und Ludwigslust, dann in Paris und veröffentlichte 1770 eine ausdrücklich als Vorlagenbuch bezeichnete Sammlung von 24 gestochenen ‹alten› Sujets. Sie beziehen sich ebenso vorsätzlich wie diffus auf Altertümliches aller Art, jede konkrete Anspielung auf Ägypten

Ignaz Alberti: Titelkupfer zum Libretto der Zauberflöte (1791)

Ignaz Alberti eröffnete 1783 eine eigene Offizin in Wien, deren Schwerpunkt die Druckgraphik war; 1787 lassen sich 20 Mitarbeiter nachweisen. Er war auf Landkarten und botanische Darstellungen spezialisiert. 1789 kam noch ein eigener Verlag hinzu, der sich am Graben befand und 16 Mitarbeiter zählte. Warum Schikaneder und Mozart sich entschieden, den Text der ‹Zauberflöte› bei ihm (und nicht bei einem auf Theater spezialisierten Verlag) drucken zu lassen, ist unklar, aber es scheint die persönliche Nähe entscheidend gewesen zu sein, zumal Alberti wie Mozart Mitglied der Freimaurerloge ‹Zur neugekrönten Hoffnung› war (vgl. Johanna Senigl: Ignaz Alberti, privil. Buchdrucker, Buchhändler und Kupferstecher. Samt Bibliographie seines Lebenswerkes. In: Mitteilungen der Internationalen Stiftung Mozarteum 2001, S. 102–125). Eine Kupferstichsammlung Albertis zum Theater (unter dem eingedeutschten Namen Ignaz Albrecht) erschien postum, 1803, allerdings ohne Bezug zur Oper (Ignaz Albrecht: Das deutsche Theater in

4. Exotismus

Jean Laurent Legeay: Blatt 10 und 24 aus Collection de divers sujets [...] (1770)

Bildern. I. Theil. Leipzig: Liebeskind 1803). Für den Titelkupfer zur ‹Zauberflöte› bezog sich Alberti auf zwei Vorlagen des französischen Kupferstechers Jean Laurent Legeay. Da Alberti selbst ein versierter Stecher war, dürfte diese eklektische Kombination beabsichtigt gewesen sein, auch wenn offenbleiben muss, auf wen sie zurückgeht. Auffällig ist dabei auch, dass direkte und eindeutige Anspielungen auf die Szenographie der Oper fehlen.
Alberti: Kupferstich, 16 × 10 cm (Blatt); München, Bayerische Staatsbibliothek
Legeay: Radierungen, 35,9 × 28,2 cm (Blatt); Berlin, Staatliche Museen zu Berlin, Kunstbibliothek

---

fehlt.[50] Alberti montierte aus diesem Werk die Blätter 10 und 24 mit kleinen Abweichungen zusammen. Ob diese Montage auf ihn selbst zurückgeht, ist schwer zu sagen, es könnte sich auch um eine Idee Mozarts, der Legeay in Paris begegnet sein könnte, oder auch Schikaneders (oder Nesselthalers) handeln. Wichtig an dem hier aufgerufenen ‹Altertum› ist jedoch die diffuse Ungenauigkeit, die sich zugleich im graphischen Verfahren der Montage zu erkennen gibt. Dazu passt der Umstand, dass der Titelkupfer nur vage mit der Oper zu tun hat. Nichts wäre leichter gewesen, als auf dem Titel wirklich konkrete Ägyptenbezüge herzustellen. Dafür stand eine Reihe von nicht zuletzt durch Gottfried van Swieten gut verfügbaren Vorlagen zur Verfügung, beginnend mit den Pyramidendarstellungen in Johann Bernhard Fischer von Erlachs *Entwurff einer historischen Architectur* von 1725. Der Verzicht darauf muss also, allemal bei einem solchen Vorhaben, als programmatisch erscheinen.

Diese montagehafte Ungenauigkeit charakterisiert aber den gesamten Text der *Zauberflöte*. Ägypten kommt in den Szenenanweisungen überhaupt nur dreimal explizit vor, zunächst im neunten Bild des ersten Aufzugs: «Zwey Sclaven tragen, so bald das Theater in ein prächtiges ägyptisches Zimmer verwandelt ist, schöne Pölster nebens einem prächtigen türkischen Tisch heraus»; dann, schon viel weniger konkret, im ersten Bild des zweiten Aufzugs: «Das Theater ist ein Palmwald [...]. 18 Sitze von Blättern; auf einem jedem Sitze steht eine Pyramide, und ein großes schwarzes Horn mit Gold gefaßt»; und schließlich im 20. Auftritt des zweiten Aufzugs: «Das Theater verwandelt sich in das Gewölbe von Pyramiden». Der Exotismus, der sich hier zeigt, wird damit nahezu beliebig, denn das prächtige Gemach verbindet sich wie selbstverständlich mit dem prächtigen türkischen Tisch, einem besonders niedrigen Möbel, an dem man ohne Stuhl sitzen konnte. Die Pyramiden im Palmwald sind Elemente kryptischer, numinoser Bedeutungshaltigkeit, während das schwarze Horn im späteren 18. Jahrhundert eher nach Skandinavien verweist. Und das Pyramidengewölbe ist ein topischer Ort des erhabenen Schreckens, wie er zeitgleich in der Romanliteratur begegnet.

Auch im gesprochenen und gesungenen Text gibt es nur drei wirkliche Ägyptenverweise, nämlich auf «Isis und Osiris»: einmal im Priesterchor mit Sarastro zu Beginn des zweiten Aufzugs, dann im Priesterchor des 20. Auftritts und zuletzt im Chor am Schluss, der noch ausführlicher betrachtet werden soll. Von Isis allein ist zu Beginn der Prüfungen (bei den Geharnischten) und an deren Ende (bei Pamina und Tamino) die Rede.

Der feierliche Männerchor der Priester ist ebenfalls ein ‹exotisches› Novum. Ein zentrales Vorbild dürfte Christoph Willibald Gluck gewesen sein mit den Skythenchören aus dem ersten Akt seiner *Iphigénie en Tauride* (1779); Goethes *Lila* in der Vertonung Reichardts von 1791 kann hier keine Rolle gespielt haben. Gluck betont das antikisch-exotische Kolorit deutlich mit Piccoloflöte und Schlagzeug und dem schnellen Tempo des Allegro – Elementen, auf die Mozart gänzlich verzichtet. Der hymnische Ton des beim ersten Mal vier-, beim zweiten Mal dreistimmigen Männerchors mit Posaunen (im ersten Fall dazu mit Bassetthörnern) lässt sich hier zweifellos als Zeichen geheimnisvoller Feierlichkeit lesen. Der Ägyptenbezug dient dabei der Erzeugung einer Art von numinoser Distanz, aber wohl kaum einer wie immer gearteten Konkretion. Dies deckt sich auch mit den ägyptischen Elementen im Freimaurertum. Hofrat Ignaz von Born (1742–1791), mit Mozart auch durch die gemeinsame Ordenszugehörigkeit bestens bekannt, hielt 1784 im Wienerischen *Journal für Freymaurer* unter Berufung auf Isis und Osiris nur lakonisch fest: «Wahrheit und Weisheit war das Ziel der Arbeiten des ägyptischen Priesterthums».[51]

Bei den Anspielungen auf Ägypten handelt es sich auch nicht um die einzigen exotischen Elemente in der *Zauberflöte*. Zu ihnen gehören zunächst die Sklaven. Welcher Herkunft sie bei Mozart sind, bleibt im Text unklar. Da Monostatos ausdrücklich als «Mohr» bezeichnet wird, scheinen sie sich aber von ihm zu unterscheiden. Seit dem späteren 18. Jahrhundert wurde das Thema der Sklaverei intensiv diskutiert. Im josephinischen Wien fand die Debatte vor dem Hintergrund der Rechtsreformen des Joseph von Sonnenfels und der ambivalenten Haltung des Monarchen selbst statt und nahm daher eigenwillige Züge an, da die Befürworter der Reformpolitik in Konflikt mit ihrem Idol geraten konnten.[52] Doch von dieser Debatte ist in der *Zauberflöte* nichts zu merken. Die Sklaven erscheinen geradezu beiläufig auf der Szene, und sie verschwinden endgültig von ihr bereits im 17. Auftritt des ersten Aufzugs – und dies auch noch «marschmäßig», verzaubert durch Papagenos Glockenspiel. Dagegen gab es in den 1780er Jahren auf der Opernbühne durchaus Beispiele für den gezielten Einsatz des Themas in exotischem Kolorit, etwa in dem Singspiel *Die aus der türkischen Sclaverey erkaufte Sclavin und Schöne Zigeunerin Zerbineta* (Kassel 1783) oder in Johann Peter Ritters Oper *Der Sclavenhändler* (Mannheim 1790), auch in Wenzel Müllers bereits erwähntem *Sonnenfest der Braminen* (Wien 1790).[53] Doch in der *Zauberflöte* werden solche Konkretionen vermieden.

So reduziert sich die fragmentarische Präsenz der Sklaven am Ende auf die Frage, warum ausgerechnet der weise Sarastro sich überhaupt Sklaven hält. Einfache Diener wären ebenfalls denkbar gewesen, am Ende vielleicht sogar plausibler. Der Philosoph und Ökonom Ludwig Heinrich von Jakob (1759–1827), der nur drei Jahre jünger als Mozart und ein aufmerksamer Sonnenfels-Leser war, hielt 1809 kurz nach seiner Berufung an die Universität Charkiw lakonisch fest: «Die anscheinende Ruhe in solchen Ländern, wo Sclaverey herrscht, ist die Ruhe eines Pulverthurms, ein einziger Funken sprengt das ganze Gebäude in die Luft.»[54] Die hier erkennbare Politisierung findet sich bei Sarastro und seinen Sklaven nicht, der Widerspruch zwischen der weisen, ‹mütterlichen› Herrschaft und den von Sarastro eingesetzten Entrechteten wird einfach ausgestellt – und verschwindet dann «marschmäßig» im Zauberton.

Die auffälligste ‹exotische› Figur ist zweifellos Monostatos, den Mozart in seiner Handschrift zunächst als «Monastatos» bezeichnete (so begegnet er gelegentlich auch in der frühen Rezeption). Auf der Opernbühne der 1780er Jahre traf man sehr gelegentlich auf Dunkelhäutige, zum Beispiel in *Das wütende Heer*, einem «heroisch-komischen Singspiel» nach Christoph Friedrich Bretzner, komponiert 1788 in Graz von Johann Baptist Lasser (1751–1805). Mit der Figur des Monostatos war jedoch, wenigstens vordergründig, die Verbindung zu einer besonders auffälligen Persönlichkeit im josephinischen Wien gegeben, zu Angelo Soliman (um 1721–1796). Soliman, ein ehemaliger Sklave wohl nigerianischer Herkunft, war in den 1730er Jahren nach Wien gelangt und wurde dort ein Günstling des Feldmarschalls Wenzel von Liechtenstein. 1781 fand er Aufnahme in die Loge *Zur wahren Eintracht*, zu deren

Mitgliedern Joseph Haydn, der mit Mozart befreundete Otto Heinrich von Gemmingen und Karl Ludwig Giesecke zählten. Mozart, seinerseits Mitglied der Loge *Zur Wohltätigkeit*, war oftmals zu Gast in der *Wahren Eintracht*, dürfte also Soliman persönlich gut gekannt haben. Der Göttinger Anthropologe Johann Friedrich Blumenbach (1752–1840) hob 1790 die besondere Rolle Solimans hervor: «In Rücksicht ihrer Talente zur Musik brauche ich mich nicht erst auf die Beyspiele zu berufen, da Neger in America durch dieselben so viel verdient, dass sie sich für grosse Summen frey kaufen können: da es selbst in Europa nicht an Beyspielen von Schwarzen fehlt, die sich als wahre Virtuosen gezeigt. Der junge Freidig ist als ein meisterhafter Conzertist auf dem Violon und der Violine sehr bekannt [...]. Nun und ebenfalls in Wien lebt ja der würdige und so sehr ausgebildete alte *Angelo Soliman*, Gesellschafter beim Fürsten *Alois Lichtenstein*.»[55]

Gleichwohl erweist sich diese Verbindung als äußerst oberflächlich und ambivalent, denn der fiktive Monostatos ist ganz im Gegensatz zum realen Soliman gerade keine vorbildliche Figur. Er schadet Pamina und will sie sogar vergewaltigen – bis er sich der Königin der Nacht anschließt. Das Äußerliche spielt dabei, obwohl es in der damaligen Zeit naheliegend gewesen wäre, keine signifikante Rolle, denn Papageno entdeckt ja schon bei der ersten Begegnung mit Monostatos, dass jeder Schrecken überflüssig ist: Monostatos sei einfach ein Mensch wie jeder andere und damit natürlich. Dieser zweifelt zwar in seinem Lied (II, 7) selbst an diesem Umstand: «bin ich nicht von Fleisch und Blut?» Die Textänderung im gedruckten Libretto zu «Ich bin auch den Mädchen gut?» könnte auf Mozart zurückgehen und bedeutet somit eine nochmalige Zuspitzung. Diese droht aber umgehend gegenstandslos zu werden, weil die logisch-aufklärerische Selbstbehauptung von Monostatos als Mensch nicht etwa zu seiner Läuterung, gewissermaßen zu einer Freimaurer-Existenz wie bei Angelo Soliman, führt, sondern zum Gegenteil, zum Vorsatz der bösen Tat.

Auch in diesem Fall ergibt das Exotische folglich keine klare Kontur, es bleibt widersprüchlich und ungenau, was zugleich an der Stimmlage zu erkennen ist. Denn eigentlich wäre es topisch gewesen, Monostatos (wie zuvor Osmin in der *Entführung*) mit einem Bass zu besetzen. Es ist aber ein Tenorrolle. Die Versatzstücke des Exotischen entsprechen damit dem Montagecharakter des Titelkupfers, auch weil sie sich eindeutigen Zuordnungen auf jeweils anderen Ebenen vollständig zu verweigern scheinen. Diese Gemengelage ist aber wohl zentraler Bestandteil dessen, was die «große Oper» auszeichnen soll.

Umso bemerkenswerter ist der Umstand, dass das auf so deutliche, wenn auch willentlich inkonsistente Weise heraufbeschworene ‹Exotische› in der Partitur auch jenseits der Männerchöre überhaupt keine erkennbare Rolle spielt. Die *Zauberflöte* ist voller ungewöhnlicher Instrumentationseffekte, von Posaunen über Panflöte und Glockenspiel bis hin zu den Bassetthörnern. Sie kennt extreme Stimmkonfigurationen in den Partien des Sarastro oder der Königin der Nacht, sie kennt ‹falsche› Zuordnungen wie den Tenor für Monostatos oder die Suggestion von Knabengesang, sie kennt irreguläre Ensembles wie den Männerchor oder das Trio der drei Damen. Aber all dies kommt ohne exotische Erweiterungen aus. Diese gab es im damaligen Wien durchaus, vor allem bei Gluck, aber auch bei Haydn, und Mozart hat sie selbst verwendet, besonders deutlich in der *Entführung aus dem Serail*. Aber während selbst im *Don Giovanni* und im *Figaro* wenigstens klangliche Anspielungen auf den Handlungsort begegnen, also Elemente eines spanischen Kolorits, findet sich in der *Zauberflöte* nichts davon – nicht einmal dort, wo es besonders naheliegend gewesen wäre wie etwa in der Prüfungsszenerie oder im ägyptischen Gemach.

Es lässt sich dagegen ein anderes Verfahren beobachten, mustergültig verwirklicht in der Arie des Monostatos *Alles fühlt der Liebe Freuden*, die wiederum keine Arie, sondern ein Strophenlied ist. Hier tritt die Piccoloflöte hinzu, aber offenkundig nicht im Sinne einer exotischen Verfremdung. Denn der Gesang erhält die merkwürdige Anweisung: «Alles wird so piano gesungen und gespielt, als wenn die Musik in weiter Entfernung wäre». Die Bühne hat sich in eine nächtliche Szenerie verwandelt, deren Mondleuchten eine besondere Herausforderung für die transparente Illusionsmalerei im Stile Andreas Nesselthalers gewesen sein muss.[56] Diese nächtliche Situation ist zugleich eine Traumszene, denn Pamina schläft. Es handelt sich also um den Zeitpunkt, an dem ein Genius erscheint, ein guter oder – wie in diesem Fall – ein böser. Die Musik suggeriert dabei folglich nicht das Exotische, das *räumlich* weit Entfernte, sondern das Unwirkliche, das im Wahrnehmungsvermögen weit Entfernte. Diesem erstaunlichen, ganz neuen Habitus entspricht das ‹sempre pianissimo› im Orchester, und er ist der Grund für die Parallelführung von Piccoloflöte und Traversflöte. Das Piccolo erzeugt darin eben nichts Exotisches – das wäre im Oktavabstand zum Traverso geschehen. Da beide Instrumente aber im Unisono spielen (mit kleinen Auslassungen einiger Sechzehntelschläge), verfremdet der Klang des Piccolos den extrem hohen Flötenklang. Er macht ihn unwirklich, und dies ausgerechnet in der Tonart C-Dur.

Der szenische Effekt der vom Mond unwirklich beleuchteten nächtlichen Szenerie wird damit auf die Musik übertragen, mit Konsequenzen wiederum für die Form. Im Gegensatz zu Papagenos Strophenlied, das im Moment des Erklingens auf einmal ‹natürlich› wird, wird das Strophenlied des Monostatos im Augenblick des Vortrags unwirklich, sichtbar an der Gliederung in jeweils eine ungerade Zahl von Takten. Dieselbe musikalische Form wird also durch den Kontext ganz gegensätzlich begründet und legitimiert, mit weitreichenden Folgen. Denn wenn das Lied einmal als natürlich, ein anderes Mal als unnatürlich erscheinen kann, dann ist es ähnlich ambivalent wie das Exotische. Die Schlussfolgerungen für Sarastros Strophenlied über die «heil'gen Hallen» sind erheblich, denn es wird damit unklar, welcher Sphäre es eigentlich zuzuordnen ist.

Es handelt sich um ein im späten 18. Jahrhundert spektakuläres Vorgehen, auf diese Weise den Wirklichkeitscharakter der Musik in Zweifel zu ziehen. Wahrheit, Wahrscheinlichkeit und Wirklichkeit waren zentrale Parameter der Musikästhetik in der zweiten Hälfte des 18. Jahrhunderts. Hier werden sie in einem ‹als ob› (oder, mit der Anweisung des Monostatos-Liedes, «als wenn») aufgehoben und damit zur Disposition gestellt. Diese Hinwendung zum Unwirklichen ist ebenso außergewöhnlich wie symptomatisch. Sie wirkt nicht nur auf andere Begründungszusammenhänge zurück, eben die Lieder von Papageno und Sarastro, sondern lässt sich auch auf anderen Ebenen erkennen: in phantastischen Stimmlagen, eigenartigen Ensembles oder in singenden Knaben, die keine sind. Auf ähnliche Weise wird in den Priesterchören das Numinose feierlich beschworen, ohne das Fremde, das mit ihnen auf der Szene fest verbunden ist, zum Gegenstand der Partitur zu machen.

Das Exotische der Szene führt also nicht dazu, dass dieses wie noch in der *Entführung* in die Musik verlängert wird, gewissermaßen als eine eigene, virtuose Form der Distanzierung. Mozart hält im Gegenteil an den bereitstehenden Normen fest und stellt diese von innen heraus infrage, in einer Weise, die schon in der *Ouverture* beginnt. In dieser außerordentlichen Technik gibt sich folglich die Hybridkonstruktion der gesamten Oper zu erkennen. Der Komponist knüpft damit zwar an Techniken von *Così fan tutte* an, fügt ihnen jedoch eine neue Dimension hinzu. Anders als in der Opera buffa geht es in der *Zauberflöte* nämlich nicht mehr nur um Wahrheit und Wahrscheinlichkeit der Musik und des von ihr Dargestellten, sondern um die musikalische Wirklichkeit insgesamt.

Die titelgebende Zauberflöte, die schließlich die Prüfungszeremonie bestimmt, wird damit zu einem mehr als ambivalenten Instrument. Sie verändert nicht einfach die Wirklichkeit, etwa mit tanzenden Tieren oder in furchtbaren, lebensgefährlichen Prüfungen. Vielmehr kann sie die Herstellung einer solchen gar nicht mehr gewährleisten. Dieser Konflikt zwischen denkbaren Legitimationen von Musik und deren Aufhebung prägt aber die gesamte Oper und verlängert sich programmatisch bis in den Schluss. Das schnelle Allegro des Schlusschors illustriert ein regungsloses, arrangiertes *tableau vivant* der Beteiligten. Und der vierstimmige Chor mit Sopran, Alt, Tenor und Bass ist laut Szenenanweisung ausdrücklich ein Chor der «ägyptischen Priester» (II, 30), deren Ziele doch nach Ignaz von Born Wahrheit und Weisheit sind. Den Priesterchor als Männerchor gab es bereits in der Oper, und er wäre mühelos wiederholbar gewesen, doch hier löst er sich in ein Ensemble aus Frauen und Männern auf. Ganz am Ende der *Zauberflöte* ist folglich nicht mehr klar, wer dort eigentlich singt.

IV.
Objekte

1. Bildnis

In der *Zauberflöte* gibt es eigenartige Unbestimmtheiten nicht nur bei den Räumen und Akteuren, sondern auch bei den Gegenständen, mit denen die Handelnden umgehen. Einer der berühmtesten und seltsamsten begegnet gleich zu Beginn: das Bildnis Paminas. Die mit ihm verbundene ‹Bildnis-Arie› hat seit Generationen die Aufmerksamkeit nicht nur der Mozart-Forscher erregt. Die erstmalige Rückkehr des erhabenen Es-Dur nach der *Ouverture*, die eigenwillige Art der Vertonung, die formalen Besonderheiten, alles das ist immer wieder erwogen und diskutiert worden. Nur am Rande fand dabei ein Phänomen Beachtung, das weniger Be- als Verwunderung verdient. Der Prinz Tamino, ein Schwächling, der aus Furcht vor einer Schlange in Ohnmacht fällt, verdankt seine Rettung nicht etwa Rittern oder anderen Helden, sondern drei Damen, die von der Schönheit des ängstlichen jungen Mannes fasziniert sind («Was wollte ich darum nicht geben, / Könnt' ich mit diesem Jüngling leben!», I, 1). Von ihrer Herrin, der sternflammenden Königin, die zuvor die listige Schlange geschickt hat (welche eigentlich ein grimmiger Löwe war), wurden sie allerdings beauftragt, dem Prinzen nach der Rettung das Porträt einer anderen Frau, der Tochter der Königin, zu überreichen. Tamino ist sofort fasziniert: «Dies Bildniß ist bezaubernd schön / Wie noch kein Auge je geseh'n» (I, 4).

Bei dem unsagbar schönen, ‹ungesehenen› Bildnis handelt es sich um das Ideal eines gemalten Porträts.[1] Es erfüllt auf den ersten Blick die

Anforderungen, die mit dem Genre verbunden waren. Sie finden sich konzentriert im Artikel zum Porträt in Johann Georg Sulzers *Allgemeiner Theorie der Schönen Künste*: Ein gelungenes Bildnis macht uns demnach «mit Charakteren der Menschen bekannt».[2] Doch lässt Sulzer keinen Zweifel daran, dass es sich dabei stets um eine mimetische Gattung handelt und handeln muss. Das Porträt ist abbildlich, anders als in der Historienmalerei nicht im Blick auf ein Ereignis oder eine Geschichte, anders als in der Landschaftsmalerei nicht im Blick auf die Natur oder deren Arrangement, sondern im Blick auf den Charakter, die Seele eines Menschen. Aus diesem Grund darf und soll der Porträtmaler alle Wesenszüge der Seele in seiner Darstellung zur Geltung bringen. Er bleibt dabei aber der Idee von Abbildlichkeit verpflichtet, denn Sulzer hält fest, dass «ein Portrait beynahe eben so starken Eindruk auf den Menschen machen kann, als die Person selbst».[3] Er verweist dabei ausgerechnet auf die Musik und die Analogie des Herrscherporträts in einer Huldigungsoper. Der entscheidende Akzent liegt bei ihm zweifellos auf dem «beynahe», also auf einer uneinholbaren Distanz zwischen dem Bild und dem Vor-Bild, zwischen Abbild und Wirklichkeit, zwischen Kunst und Natur. Diese Distanz wird in dem Artikel besonders hervorgehoben durch den Hinweis auf den Memorialcharakter von Bildnissen verstorbener Personen. Allerdings ist diese Festlegung bei Sulzer mit einer erstaunlichen Ambivalenz verbunden. Das «vollkommene Portrait» stelle «uns eine menschliche Seele von eigenem persönlichen Charakter» vor. Doch diese «sehen wir so gar im Portrait meistentheils besser, als in der Natur selbst; weil hier nichts beständig, sondern schnell vorübergehend und abwechselnd ist».[4] Das «beynahe» der Darstellung ist also zugleich ihr Vorzug, weil sie das Natürliche zu überwinden vermag.

Das Bildnis, das Tamino in den Händen hält, ist deswegen einzigartig, weil es diese wesensmäßige Distanz zum Gegenstand nicht mehr kennt; in ihm ist Sulzers «beynahe» vollständig eliminiert. Beim Porträt Paminas handelt es sich nicht mehr um Nachahmung, sondern um Substitution. Das Bildnis vermag also, an die Stelle seines Gegenstan-

1. Bildnis

des und dessen Natur zu treten, was sich auch in die Dramaturgie einfügt, weil Tamino das Porträt einer ihm gänzlich unbekannten Person vor sich hat. Der Prinz kann sich folglich, wie von der Königin beabsichtigt, in dieses Bildnis verlieben, weil es alle Theorien und Verpflichtungen der Nachahmungsästhetik hinter sich lässt. Der Zuschauer vor der Bühne erfährt dementsprechend auch nichts über den Maler dieses Porträts, nichts über seine Beschaffenheit, nichts über seinen Anlass. Er sieht dieses nie gesehene Bildnis zudem allein im Spiegel von Taminos affektiver Reaktion – und im Spiegel der Musik, die von dieser Reaktion ausgelöst wird. In der Formulierung des zweiten Verses der Arie zeigt sich diese Indirektheit unmittelbar, denn das «wie noch kein Auge je geseh'n» verweist weniger auf literarische denn auf theologische, ja eschatologische Zusammenhänge. Diese begegnen auch im späteren 18. Jahrhundert noch, etwa in dem Satz: «gleich dem, was hier kein Auge je gesehen / Kam er vor Jesu Thron zu stehen».[5] Dass Tamino im folgenden Vers gleich vom «Götterbild» spricht, unterstreicht diesen eschatologischen Zusammenhang ausdrücklich. Und er unterscheidet sich damit von der zweiten Dame, die bei der Begegnung mit ihm sehr konkret ausruft: «so schön, als ich noch nie gesehn».

Zwar trifft man das Motiv der Bilderverehrung schon vor der *Zauberflöte* in der Literatur an, auch im Singspiel. Aber in aller Regel tritt das Porträt dort an die Stelle einer bereits bekannten Persönlichkeit. Etwas anders gelagert ist der Fall in einem «heroisch-komischen Ballett», das Christoph Martin Wieland 1772 für Weimar schrieb: *Idris und Zenide*; die Musik stammte von Anton Schweizer, die Choreographie vom weimarischen Ballettmeister Carl Schulze.[6] Dort endet der zweite Akt mit einer Liebeserklärung von Idris an das Bildnis seiner Zenide. Allerdings sind die Akteure dieses Balletts keine Menschen, sondern Nymphen. Und die Liebeserklärung hat eine unerwartete Folge: Durch sie erwacht nämlich die Nymphe Zenide erst zum Leben. Es handelt sich also um eine Anverwandlung der im letzten Drittel des 18. Jahrhunderts besonders beliebten Geschichte des Bildhauers Pygmalion, der die von ihm gehauene Skulptur zum Leben zu erwecken vermag. Das Geschaffene wird beseelt und damit zum Lebendigen. Auf diese Weise wird das Bildnis in *Idris und Zenide* in gewisser Hinsicht selbstreferentiell, es wirkt wie eine Verheißung. Ähnliches gilt auch für Wielands Dschinnistan-Märchen *Neangir und seine Brüder, Argentine und ihre Schwestern* wo bei der Liebe zum Bildnis ein Zaubertrank eine zentrale Rolle spielt.[7] Dieser Modus der Selbstbezüglichkeit ließ sich auch umkehren. Am Anfang des zweiten Aufzugs von Ignaz Holzbauers Singspiel *Günther von Schwarzburg*, das 1777 in Mannheim uraufgeführt und von Mozart geschätzt wurde, begegnet König Karl in einer ausgedehnten Accompagnato-Szene in einer Grotte seinem eigenen Bildnis. Das Porträt wird hier zum Spiegel seiner Befindlichkeit und zum Weg der Selbsterkundung.

Im Falle Taminos verhält es sich jedoch gänzlich anders. Wie in einer religiösen Vision verliebt sich der Prinz, und zwar fernab aller Verfremdungen durch das Komische oder das Irreale, in das Bildnis einer Frau, die er noch nie gesehen hat und die sich ihm hier offenbart. In dieser eigenartigen Folge geraten Natürlichkeit und Künstlichkeit in ein umgekehrtes Verhältnis, da das Künstliche das Natürliche ersetzt. Der in Wien wirkende Gelehrte Franz Christoph von Scheyb (1704–1777) bemerkte in einer späten Schrift die damit verbundene Indifferenz der Porträtmalerei. Er übt zunächst Kritik am «Theatralact» der Bildnisse, also der vorsätzlichen Inszenierung. Unter Verweis auf eine Darstellung Josephs II. reklamiert er dagegen das Natürliche und bemerkt zugleich das damit einhergehende Risiko: «Führt aber jemand seinen Pinsel so geschickt, daß die Natur allein herrschet und seine Kunst, wie beym Apelles, im Werke zu seyn scheinet, die doch allein das Gemälde verfertiget hat; so wird jedes kennende Auge die Arbeit bewundern, sie mag vorstellen was sie will.»[8] Einer solchen Bewunderung im Sinne von Sulzers «Erweiterung der Kräfte» erliegt auch Tamino, denn seine Faszination gilt ja nicht der Person, sondern allein dem Bild. Ganz am Ende sehnt er daher den Übergang zur Wirklichkeit herbei: «O wenn sie doch schon vor mir stände!» Und doch ist dies zugleich eine entscheidende Differenz zum Pygmalion-Mythos, dessen Verkehrung Mozart schon im *Don Giovanni* beschäftigt hatte, in der furchtbaren Verlebendi-

1. Bildnis

gung der Marmorstatue des Commendatore.⁹ Denn bei Pygmalion wird das Künstliche, das Marmorbild, schließlich zum Natürlichen einer lebendigen Person, während in der *Zauberflöte* das Natürliche zu einem betörenden Künstlichen geworden ist.

Taminos spontane Liebeserklärung im Larghetto, nach Heinrich Christoph Koch das Tempo des «Sanftdahinfließenden ruhiger und angenehmer Empfindungen»,¹⁰ bedient sich erstaunlicherweise des Sonetts. Nach Sulzer war das Sonett «völlig in Abgang gekommen», weil es nicht natürlich sei: «denn der Dichter muß seine Gedanken in die Form des Sonnets hineinzwingen».¹¹ Immerhin galt es als Möglichkeit, tiefe Gefühle auszudrücken, aber in der Regel jenseits der Oper und überhaupt jenseits der Musik. Der Braunschweigische Hofbeamte und Komponist Johann Friedrich Gräfe (1711–1787) etwa veröffentlichte 1755 feierlich und als deklarierten Ausnahmefall ein komponiertes Sonett, und in Ignaz Umlauffs Wiener Singspiel *Welche ist die beste Nation* von 1782 begegnet das Sonett nur noch in einer ironischen Anspielung.¹² Taminos Arie ist also auch in dieser Hinsicht eine Ausnahme. Die Plötzlichkeit der überwältigenden Empfindung des Künstlichen äußert sich in einer poetischen Form, die selbst als Muster gesteigerter, ja absoluter Künstlichkeit galt.

Die Arie weist kein Orchestervorspiel, sondern nur zwei einleitende, auftaktige Figuren auf. Sie beginnt also unmittelbar in dem Moment, in dem Tamino laut Libretto «für alle diese Reden [der anderen, L. L.] taub schien». In ihr wird, ungewöhnlich genug, die Strophenstruktur der Vorlage zwar vordergründig gewahrt, jedoch wird sie durch gezielte Maßnahmen immer ungenauer, unschärfer: Am Ende der ersten Strophe wird der letzte Vers wiederholt, am Ende der zweiten Strophe sind es der dritte und vierte Vers. Zwischen dritter und vierter Strophe wird dann die Struktur ganz verwässert: Wie in einem Enjambement wird der Beginn der vierten Strophe («Was würde ich!») in das Ende der dritten gezogen und dann noch durch eine Generalpause vom Folgenden abgesetzt. Neben den beiden Arien der Königin der Nacht gehört Taminos Gesang zu den solistischen Gebilden in der Oper, die keine

Strophenlieder sind. Und doch dient gerade die strenge strophische Vorlage dieser Arie dazu, musikalische und poetische Formen so komplex zu verschränken, dass die Konturen ungenau werden. Die Arie ist damit von einer komplizierten Vermischung geprägt: von poetischer und musikalischer Form, von Natürlichkeit und Künstlichkeit, von Charakter und Abbild. Zudem ist bemerkenswert, dass sich diese Liebeserklärung nicht an ein Gegenüber wendet, weil es das offenbar gar nicht gibt.

Wenig später, bei der ersten Begegnung mit Pamina (I, 14), wird Papageno das Abbild mit dem Vorbild vergleichen, also in Umkehrung des üblichen Weges nicht vom Original (wie es Tamino selbst nennt, I, 5) auf das Abbild, sondern vom Abbild auf das Original schließen. Für den menschlichen Charakter ist im späten 18. Jahrhundert die Physiognomik entscheidend. Doch Papageno geht darauf gar nicht ein, sondern reduziert die Porträteigenschaften auf absurdeste Banalitäten, auf das Vorhandensein von Augen, Nase und Mund und deren jeweilige Farbe und auf das ebenso absurde Problem der fehlenden Gliedmaßen. Dem ‹Zauber› des Bildnisses – das eine Miniatur sein muss, da Papageno es wie einen Orden am Hals trägt – wird damit alles genommen, er löst sich auf in banale Alltagserfahrungen. Auf Papagenos Weise wären mit diesem Bildnis im Grunde zahllose Frauen identifizierbar: «Die Augen schwarz – richtig, schwarz. – Die Lippen roth – richtig, roth – Blonde Haare – Blonde Haare. – Alles trift ein [...].»

Allerdings gibt Papageno damit eine phänotypische Auskunft, die irritierend ist: Pamina verfügt nämlich abgesehen von den roten Lippen über schwarze Augen und blonde Haare. Diese Konstellation galt in der Anthropologie des 18. Jahrhunderts als geradezu undenkbar, entweder verbanden sich blonde Haare mit blauen Augen oder schwarze Haare mit schwarzen oder braunen Augen. Das hatte auch Konsequenzen für die Wahrnehmung des Künstlichen. In seiner *Schule der Mahlerey*, die der hallesche Philosoph Christian Friedrich Prange (1752–1836) im Jahr 1782 herausbrachte, heißt es lapidar: «Wenn man blonde Haare mahlt, so muß man auch allezeit blaue, große, lebhafte und durchdringende

1. Bildnis

Augen machen». Und umgekehrt: Wir wollen «braune Haare machen, indem, wenn die Augen braun sind, die Haare auch braun seyn müssen».[13] Diese Festlegung wurde zudem mit ethnographischen Differenzen verbunden. Der Naturforscher Johann Matthäus Bechstein (1757–1822), zum Zeitpunkt der Veröffentlichung Lehrer am Salzmannschen Erziehungsheim im thüringischen Schnepfenthal, bemerkte 1789, Europäer hätten «meist blonde Haare», während Amerikaner in der Regel über «schwarze Augen» verfügten.[14] Die Mischung von blonden Haaren und schwarzen Augen bei Pamina ist also mindestens erklärungsbedürftig.

Bei der Suche nach Vorläufern für diese Mischung lassen sich nur wenige signifikante Spuren ausmachen. Eine findet sich in dem frivolen Roman *Prinz Formosos Fiedelbogen und der Prinzeßin Sanaclara Geige*, der 1780 anonym erschien, aber von Friedrich Maximilian von Klinger stammt. Formosos Geliebte Flörpine, die «die Musik liebte», war «ein blondes, aufgewektes, sorgenfreyes Ding, dem der Augenblick mehr als die Zukunft war. Ihre dunkel braune Augenbrauen, und schwarze Augen wachten, daß sie in der Mitte zwischen Blondinen und Brünetten stund. Sie hatte das lüsterne der ersten, und das Feste, piqante der lezteren. Schlug sie ihren runden weißen Arm um den Fiedelbogen, so wars zum hinreißen. Und sah sie dabey Formoso ins Aug – Zum hinsinken.»[15] Die Kombination von blondem Haar und schwarzen Augen kann also als Zeichen eines Mischwesens gelten, wobei sich die erotischen Zuweisungen Klingers abstrahieren lassen, gewissermaßen als Vereinigung von Unschuld und Bestimmtheit oder, im Sinne der weiteren Handlung der *Zauberflöte*, von bedingungsloser Hingabe und ebenso bedingungsloser Entschlossenheit. Zudem lässt sich die Tatsache, dass sich in der Vereinigung von blonden Haaren und schwarzen Augen zugleich ethnographisch klar differenzierte Kategorien vermischen, als weiteres Indiz für etwas Unbestimmt-Exotisches verstehen. Erst im Nachhinein wird damit klar, dass das vertonte Sonett, das durch die genannten Eigenschaften ausgelöst wurde, ein Mittel ist, diese Mischung in der Art und Weise der Darstellung abzubilden.

In der Ästhetik des Künstlichen werden also die Grenzen zwischen dem Bild und dem Abgebildeten kalkuliert unscharf. In der Figur von Pamina und ihrem Bildnis – das Tamino zugleich verzaubert und zum Handeln treibt, das also die mit blonden Haaren und schwarzen Augen verbundenen Charaktereigenschaften auf den Betrachter überträgt – verdichtet sich diese Ästhetik. Die Liebe des Protagonisten wird nicht durch eine Begegnung, sondern durch ein künstliches Gemälde ausgelöst, und diese Liebe gibt sich zu erkennen in einer Arie, deren Spontaneität sich in einem kompositorisch komplex verwobenen Sonett äußert, deren Natürlichkeit also mit äußerster Kunstfertigkeit verbunden wird. Es vermischt sich demnach die vermeintliche Unmittelbarkeit des Affektausdrucks mit der Kompliziertheit der Darstellung – in einem Prinzip, das Papageno in seinem oberflächlich absurden Vergleich mit der Person selbst in Verbindung bringt, denn die Dargestellte wird dort auf Augen, Lippen und Haare reduziert. Die ‹Bildnis-Arie› ist folglich selbst eine Hybridform, in der feste, unauflösbare Mechanismen nachdrücklich infrage gestellt werden.

Der ‹Zauber›, den Tamino dabei beschwört und der auch auf den Titel der gesamten Oper verweist, ist nicht einfach nur ein irrationaler Vorgang. In ihm verschwimmen zentrale Paradigmen des Zeitalters der Vernunft auf absichtsvoll unentwirrbare Weise. Da dies unmittelbar mit den Handelnden, ja sogar mit ihrer äußeren Gestalt verbunden wird, scheint ein Ausweg aus dem Dilemma unmöglich zu sein. So ist nicht nur unklar, an wen sich Tamino mit seinem Bildnis-Gesang überhaupt richtet. Vielmehr ist Tamino insgesamt ziellos, bis zum Ende der Arie. Die letzte Szenenanweisung des nur dreitaktigen Nachspiels, das vom Forte zurück zum Piano und zu einem Vorhaltschluss führt, lautet: «will ab».

2. Geräte

In der *Zauberflöte* begegnen neben dem handlungsauslösenden Bildnis weitere Gegenstände der unterschiedlichsten Art. Eine besondere Bedeutung kommt den zauberischen Instrumenten zu, bestimmen sie das Werk doch vom Titel bis zum Finale wesentlich. Die anderen Objekte wirken dagegen eher beiläufig und nebensächlich, doch bei näherer Betrachtung fallen auch hier Eigenwilligkeiten auf. Zu diesen Objekten zählen zunächst einmal Waffen. Tamino erscheint zu Beginn, wie schon erwähnt, «in einem prächtigen japonischen Jagdkleide» (I, 1) und befindet sich auf der Jagd. Auch der *Fagottist* beginnt mit einer topischen Jagdszene, mit Jägerchor und Hörnerschall. Prinz Armidoro und sein Begleiter treten hier, im Unterschied zur Ausrüstung der anderen, mit Pfeil und Bogen auf. Die Bogenjagd galt zu Mozarts Zeit entweder als archaisch oder als exotisch oder beides zusammen, mitunter, im Falle des Gottes Amor, auch als mythologisch. Tamino ist anders als Armidoro ganz allein auf der Jagd, was für einen Mann fürstlichen Geblüts eigentlich unvorstellbar war, erst recht, dass er ohne einen Diener unterwegs ist. Der Umstand, dass er nur «mit einem Bogen, aber ohne Pfeil» erscheint, zeichnet ihn zugleich als wehrlos aus. Das Allegro der *Introduction* ist denn auch von einer Jagdszenerie denkbar weit entfernt.

Der Bogen ohne Pfeil galt im Grunde als Zeichen des völligen Scheiterns, wie Maler Müller 1775 in seiner Idylle *Bacchidon und Milon*, einem Gesang auf die Geburt des Bacchus, ironisch bemerkte: «ähnlich einer Barcke deren volle Segel ein Sturm zerrissen, still als ein aufgesprungner Dudel-Sack, unbrauchbar als ein Bogen ohne Pfeil».[16] Die nutzlose Waffe des ohnmächtig gewordenen Helden wird in der *Zauberflöte* ersetzt durch Wurfspieße, die «drey verschleyerte Damen» tragen. Und diese treten durch «die Pforte des Tempels» auf die Szene. In dieser Situation, eine gute Minute nach Beginn der Oper, spitzen sich die Unwahrscheinlichkeiten bereits zu. Denn durch die Pforte eines Tempels, die sich öffnet, treten normalerweise allenfalls Priester oder mythische Figuren; in Maler Müllers Melodrama Niobe von 1778 ist es zum Beispiel der blinde Priester Kreon, der zu feierlicher Musik aus dem Tempel schreitet.[17] Die Tatsache, dass es hier Frauen sind (und zudem, wie an der Bewaffnung erkennbar ist, offensichtlich alles andere als Priesterinnen), ist ähnlich enigmatisch wie deren zeichenhafte Verschleierung, die eigentlich als Symbol der Trauer gilt, dann auch des Exotischen oder des Unbestimmten. Die Dreizahl begegnet einem in den 1780er Jahren in allen möglichen Kontexten, ist also ebenfalls unspezifisch.

Jede der drei Damen trägt jedoch sehr konkret einen «silbernen Wurfspieß». Der Wurfspieß war nicht eine beliebige, sondern eine schwere Waffe, die aus Mythologie bekannt war, etwa aus der Ilias, oder auch als exotisches Kampfmittel der Osmanen. In jedem Fall handelte es sich um eine furchtbare Kriegswaffe, weitaus bedrohlicher als Pfeil und Bogen – und sicher nicht angemessen in der Hand von Frauen. Oder, wie es in einer 1762 erschienenen Shaftesbury-Übersetzung heißt: Jemand, «der wenig von dem Alterthum überhaupt» verstehe, würde, «wann er eine bewaffnete Frau auf dem Gemälde sähe, sich die Minerva, Bellona, oder eine andere kriegerische Göttinn darunter vorstellen».[18] Die Situation in der Zauberflöte erweist sich daher trotz der Konkretion der Dinge selbst als gesteigerter Verstoß gegen alle Wahrscheinlichkeit: Innerhalb weniger Sekunden treten drei verschleierte Damen mit schweren Waffen aus einem Tempel und töten damit ausgerechnet eine Schlange. Mit der neapolitanischen Ausweichung nach As und dem plötzlichen Einsatz der Trompeten und Pauken, mit denen die Rückkehr zum erhabenen Es-Dur der Ouverture angekündigt wird, markiert Mozart dazu eine emphatische Wendung. Die gesteigerte Unwahrscheinlichkeit ist damit weit entfernt von Phantastik oder gar Ironie, sie ist von feierlichem Ernst.

Hinzugefügt ist an dieser Stelle der Partitur eine Ergänzung, die im gedruckten Text fehlt, die aber nicht kurzfristig erfolgt sein kann, da die sorgfältig geplante musikalische Situation spontane Änderungen ausschließt: «Stirb Ungeheur, durch unsre Macht!» Eine wutentbrannte Anrede wie hier («Stirb Ungeheur») begegnet einem durchaus in der Opern- und Schauspieltradition, sie richtet sich dabei aber stets gegen einen Menschen, so etwa bei dem Wiener Juristen Christoph von Kessler (geb. 1739), der sich 1771 mit seinem Stück *Hannchen* auch als Dramatiker versuchte. Der Sachverhalt, dass in der *Zauberflöte* ausgerechnet eine Schlange als «Ungeheuer» angeredet wird, dazu nicht von einem Einzelnen, sondern von einem Trio, ist mindestens ungewöhnlich, wenn nicht gar einzigartig.

Dabei ist es nicht das erste Mal, dass in einer Oper Mozarts ein Schreckenswesen auf der Bühne erscheint. Im zehn Jahre älteren *Idomeneo* ist es ein Ungeheuer, das dem Meer entsteigt. Ein wichtiges Motiv dieser Oper ist der Seesturm und damit die Koppelung von Meer und Schiffbruch. Diese spektakuläre Szenerie war wohl ein entscheidender Beweggrund für die Münchner Auftraggeber der Oper, die französische Textvorlage von Antoine Danchet auszuwählen. Damit war bei ihnen zweifellos der Glaube an den jungen Komponisten verbunden, dass er in der Lage sei, einer solchen Konfiguration musikalisch angemessen Ausdruck zu verleihen. Die Darstellung des Ungeheuers rekurriert hier auf das schon bei Lukrez ausgeprägte Motiv des Schiffbruchs mit Zuschauer. Dieses aber wurde im 18. Jahrhundert zu einer zentralen Chiffre des Erhabenen, also der Möglichkeit, im Angesicht von Schrecken und Entsetzen dennoch ästhetisches Vergnügen empfinden zu können, hervorgerufen durch den Umstand, bei diesem Schrecken eben nur Zuschauer zu sein.

Im *Idomeneo* ist das Motiv auch deswegen zentral, weil das Bild des Meeressturms, das am Beginn begegnet, am Ende des zweiten Aufzugs zurückkehrt. Die Kreter wollen hier fliehen, um einem furchtbaren Gelübde zu entkommen, doch dann hebt neuerlich ein Unwetter an: «Während daß sie sich den Schifen nähern, um einzusteigen, erhebet sich unvermuthet ein gewaltiger Sturm. Dann singet das Volk diesen Chor: O welch ein neuer Schrecken! / Der Zorn der Götter will aufs neu / Die Wuth des Meers erwecken. / Weh uns, Neptun! ach steh uns bey!

Der Sturm wird immer häftiger, das Meer schwillt auf, es donnert, es blitzet, wiederholte Donnerkeile zinden die Schife an. Ein fürchterliches Ungeheuer steigt aus dem Meere heraus.»[19] Mozart selbst hielt diese außergewöhnliche, ausladende Chorszene, in der die tobende See ein Monster gebiert, für die zentrale der gesamten Oper. Der Schrecken des Konflikts zwischen Idomeneo und Idamante geht daher nicht etwa aus Affekten hervor. Vielmehr ist der Konflikt Resultat des Übernatürlichen und des Schreckens, weswegen er am Ende auch durch die übernatürliche Orakelstimme gelöst wird.

Mozarts Auftraggeber Kurfürst Karl Theodor hat während der Proben immer wieder Teile des Stückes gehört. Die Sturmszene des zweiten Aktes aber ließ er sich eigens vorspielen, und Mozart berichtet davon: «weil er nicht wuste, ob er so lange da bleiben kann, so muste man ihm die Concertirende aria und das Donnerwetter [...] machen. – nach diesem gab er mir wieder auf das freundlichste seinen Beyfall, und sagte lachend: – *man sollte nicht meynen, daß in einem so kleinen kopf, so was grosses stecke.*»[20] Der mit den ästhetischen Diskussionen seiner Zeit vertraute Kurfürst dürfte den Begriff der ‹Größe› kaum zufällig ins Feld geführt haben, und Mozart wird dies bemerkt haben. Mit dieser ‹Größe› war aber eine Darstellungsform gefunden, die den Komponisten nicht mehr loslassen sollte, bis hin zur ‹großen Oper› der *Zauberflöte*.

Anders als im *Idomeneo* ist dort die Erscheinung eines Ungeheuers jedoch nicht mehr der Höhepunkt der Handlung, sondern diese beginnt gleich mit ihr. Und nach kürzester Dauer ist das Ungeheuer durch die drei Damen mit den Wurfspießen schon wieder verschwunden. Am Ende handelt es sich eben gar nicht um ein «fürchterliches Ungeheuer», sondern lediglich um eine Schlange. Die drei Damen reklamieren daher eine «Heldenthat» für sich, die eigentlich gar keine ist – und ohnehin Aufgabe eines männlichen Kriegers wäre. Dieser ist allerdings gerade in Ohnmacht gefallen und erlebt seine Rettung deswegen nicht. Zudem bleibt in der Szenenanweisung vollkommen unklar, ob die Schlange tatsächlich von den Spießen erstochen wurde. Die Waffen der silbernen Wurfspieße richten sich damit zugleich gegen ein ästhetisches und

2. Geräte

William Blake: Europe a Prophecy, Titelblatt (1794)

Der Dichter und Zeichner William Blake (1757–1827) publizierte eine Reihe von visionär gemeinten Büchern, die in ihrem Bibelbezug oftmals ebenso kritische wie hermetische Botschaften übermitteln wollten. Im Jahr 1793 veröffentlichte er als Reaktion auf die Amerikanische Revolution ‹America a Prophecy›. Im Folgejahr entstand ‹Europe a Prophecy›, das auf ältere Vorarbeiten zurückreicht (vgl. Andrew Lincoln: From ‹America› to ‹The Four Zoas›. In: Morris Eaves (Hrsg.): The Cambridge Companion to William Blake. Cambridge etc.: Cambridge University Press 2003, S. 210–230). Das Werk bestand aus einem Gedicht und 18 Kupfertafeln, es wurden nur neun Exemplare gedruckt. Im Rückblick auf die biblische Schöpfungsgeschichte wird auch die Schlange der Versuchung beschworen, die zugleich das Titelbild ziert. Blakes biblisch grundierte, aber nicht mehr linear aufzuschlüsselnde Bild- und Symbolwelt stellt eine bemerkenswerte Parallele zur disparaten Symbolwelt der ‹Zauberflöte› dar.
Handkolorierter Kupferstich, 37,5 × 26,7 cm (Blatt); Glasgow, Glasgow University Library

musikalisches Paradigma, nämlich die Frage nach der angemessenen Darstellung des Schreckens, zumal die Frage gestellt wird, ob es sich dabei überhaupt um einen Schrecken handelt.

Der Bogen ohne Pfeil und die Spieße sind aber nicht die einzigen Waffen, die in der *Zauberflöte* vorkommen. Die Königin der Nacht übergibt ihrer Tochter in rasender Wut einen Dolch, mit dem diese Sarastro ermorden soll und den sie dann gegen sich selbst wenden will. Der Dolch spielt in der Tradition eine große Rolle als Racheinstrument, und zwar schon in der Shakespeare-Begeisterung des 18. Jahrhunderts. Er ist aber auch, insbesondere in der Hand von Frauen, ein Werkzeug, das zum verzweifelten Freitod benutzt werden kann, wobei Dido aus der antiken Sage von Dido und Aeneas als Vorbild diente. Beide Male ist er ein Zeichen von Schrecken und Erhabenheit zugleich. In der *Zauberflöte* verschwindet er jedoch so überraschend, wie er in die Szene gekommen ist, nämlich durch die drei Genien, die – mit der Wendung nach Es-Dur und ins Allegro – den Arm der Pamina in dem Augenblick festhalten, in dem sie die Waffe gegen sich richten will. Wo der Dolch danach bleibt, wird in der Szenenanweisung ebenfalls nicht klar.

In der Oper gibt es nur wenige weitere Utensilien, so das Mundschloss, mit dem Papageno bestraft wird und das ihm die Sprache raubt. Auch dieses bedarf der näheren Betrachtung, denn es ist nicht wie beim Beichtgeheimnis eines Geistlichen ein «von seiner heiligen Amtspflicht angelegtes Mundschloß»,[21] sondern eben ein zur Strafe verhängtes Sprachverbot. Auch die Fesseln, mit denen Pamina von Monostatos gefangen wird, gehören zu den Utensilien der Oper, aber wie der Dolch und das Schloss wirken sie wie das spontane Aufleuchten eines exotischen Kolorits und verdichten sich nicht zu einer konsistenten Motivik. Eine Folge davon ist, dass fast nichts davon musikalische Spuren hinterlässt – mit der Ausnahme des Mundschlosses, und das vor allem deswegen, weil es eine Grundlage von Oper und Komposition überhaupt berührt, nämlich die Sprache.

Bedenkt man, mit welchem Aufwand die Entsetzensszene im *Idomeneo* komponiert worden ist, zweifellos die aufwendigste Chorszene in

Mozarts Schaffen, so muten die Rücknahmen und Beiläufigkeiten der Zauberflöte umso erstaunlicher an. Das betrifft auch die aufgerufenen Naturgeräusche, vor allem Donner und Rauschen, die im Text mit ausgiebigen, heterogenen Anweisungen für die Musik verbunden sind.[22] In den meisten dieser Fälle hat Mozart auf eine direkte Umsetzung in der Partitur verzichtet. Besonders deutlich wird das im Quintett von Königin, Monostatos und den drei Damen im Finale. Wenn Monostatos nämlich ankündigt, dass er «schrecklich Rauschen» vernehme, bleibt dies im zurückgenommenen Piano der Partitur ohne unmittelbare Konsequenz. Auch wenn man sich anschaut, wie etwa Cherubini nur wenige Jahre später das Grauen der Finalszene in seiner Médée zu einer äußerst ambitionierten musikalischen Darstellung nutzen sollte, erscheint der Verzicht auf Vergleichbares bei Mozart umso auffälliger. Die vielfältigen Geräusche und akustischen Effekte in der Zauberflöte treten, sofern sie nicht (wie die drei Akkorde) genuin musikalischer Natur sind, von außen zu einer Partitur hinzu, die sich im Inneren nicht darauf beziehen will.

Zu den Objekten der Oper gehören aber auch die Tempel mit ihren Pforten. Aus dem runden Tempel des Beginns, der eine Tür aufweist, treten die drei Damen, nicht aber die Königin selbst, denn bei ihrem Auftritt teilt sich die Kulisse auf phantastische Weise. Im Finale des ersten Akts mit seinem «Hayn», der im Tal des Sarastro liegt, stehen dann, wie bereits erwähnt, drei Tempel, die Widmungsaufschriften tragen, für Weisheit (Mitte), Vernunft (rechts) und Natur (links). Durch die Pforte der Weisheit tritt zunächst der Priester in den Hain, später dann Sarastro. Mit den drei Tempeln werden nicht nur wie dargelegt Zentralbegriffe der Diskussionen des späten 18. Jahrhunderts aufgerufen, Begriffe, die auch im Freimaurertum eine gewisse Rolle spielen, sie erscheinen zugleich, sowohl in der Kombination wie auch in der Hierarchie, seltsam beliebig. Der Tempel der Weisheit etwa war auch ein Bild, das mit Joseph II. in Verbindung gebracht wurde. Eberhard Friedrich Hübner (1763–1799), der in Stuttgart lebte, etwas jünger als Mozart und ein Freund Schubarts war, exponierte sich als begeisterter Parteigänger des Josephinismus. Nach dem Tod des Kaisers veröffentlichte er einen Klagegesang, in dem der Topos des Weisheitstempels aufgerufen wird: «Weisheitstempel lokte Josephs: Werde! / Wie ein Gott aus ihrem Nichts hervor, / Daß sich dort des Staates Nachwuchs bilde [...].»[23] In den Apologien Josephs und seiner Politik finden sich auch in den 1780er Jahren Hinweise auf den Weisheitstempel und auf die Schlagworte von Natur, Vernunft und Weisheit. Doch wirken sie im Kontext der *Zauberflöte* schon deswegen ungenau, weil ja auch die Damen der Königin aus einem vergleichbaren Tempel schreiten und den ohnmächtigen Helden von einem vermeintlichen Ungeheuer befreien.

Schon in diesem Kontext wird aber erkennbar, dass die Ungenauigkeit und Beliebigkeit der Versatzstücke keineswegs zur Bagatellisierung im Sinne einer vordergründigen Phantastik dienen. Besonders anschaulich zeigt sich das bei Taminos Versuch, in die drei Tempel einzudringen. Mozart nutzt die Szene zu einem großen, in der Oper singulären Accompagnato-Rezitativ, also einer Darstellung heftiger Affektwechsel und großer Feierlichkeit, demonstrativ erkennbar an den Fermaten über den Ausrufen «Paminen retten». Die Objekte und so auch die Tempel verlieren also in der *Zauberflöte* zwar ihre Gewissheiten und ihre Kontexte, aber eben nicht den großen Ernst, der mit ihnen verbunden ist. Signalhaft mündet Taminos Szene daher in den geheimnisvollen Sottovoce-Chor in a-Moll, einen Chor von unsichtbaren Männern. Diese Unsichtbarkeit verweist darauf, dass die Objekte zwar diffus zu werden drohen. Sie werden jedoch nicht bedeutungslos, auch wenn ihr Sinn jeder Konkretion entzogen wird.

3. Zauberdinge

Die *Zauberflöte* trägt einen zentralen Begriff unmittelbar im Titel, den des Zaubers. Dieser Titel löste eine Mode aus, die zuvor nicht existierte, er ist also, wie das Genre der ‹großen Oper›, gewissermaßen ein Prototyp. Im *Stein der Weisen* und im *Fagottisten* begegneten zuvor lediglich im Untertitel eine Zauberinsel bzw. eine Zauberzither. Konkret ist der Zauber bei Mozart an zwei musikalische Instrumente gebunden, welche die erste Dame übergibt (I, 8): die «Zauberflöte» an Tamino und die «Silber-Glöckchen» an Papageno. Zwischen beiden besteht eine Differenz auch in der Betätigung: Die Flöte bedarf des aktiven Spiels durch Finger und Atem, die Glöckchen sind mechanisch, eine «Maschine», wie es im Text heißt. Im gedruckten Libretto ist von einem «hölzernen Gelächter» die Rede, also einem Klapperholz, nach Schwans Wörterbuch einem «Claquebois».[24] Mozart hat dieses in der Partitur durch ein «stählernes Gelächter» ersetzt, das heißt durch ein Glockenspiel.[25]

Dabei ist es wenigstens denkbar, dass die Flöte bei den Aufführungen im Freihaustheater tatsächlich vom Sänger des Tamino, Benedikt Schack, auf der Bühne gespielt wurde. Im Gegensatz dazu wurde das Glockenspiel, so Mozarts eigenes Zeugnis, auf dem Theater, also neben oder hinter der Bühne betätigt. Der oft zitierte Brief vom Samstag, dem 8. Oktober 1791, lässt zudem erkennen, wie wichtig dabei eine möglichst perfekte Illusion war. Mozart schlich sich unerwartet auf die Bühne, um das Glockenspiel selbst zu spielen – und um damit Schikaneder zu ärgern, der als Papageno auftrat. Der schlug schließlich «auf das Glöckchenspiel und sagte *halts Maul* – alles lachte dann – ich glaube daß viele durch diesen Spass das erstemal erfuhren daß er das *Instrument* nicht selbst schlägt».[26]

In den großangelegten Debatten und Auseinandersetzungen, die das ganze 18. Jahrhundert hindurch um und über die Musik geführt wurden, stand ein zentraler ästhetischer Konflikt im Vordergrund. Einerseits war es nämlich nahezu unmöglich, die Musik schon in ihren Grundlagen, also in den Intervallen, auf wirklich rationale Verhältnisse zurückzuführen; die logarithmische Operation der gleichschwebenden Temperatur stand dem bereits äußerlich entgegen. Auf der anderen Seite war dies kein Hinderungsgrund für die überwältigende Wirkungsmacht, die selbst Skeptiker der Musik nicht absprachen. Der Erste, der diesen Konflikt in aller Deutlichkeit ausgesprochen und ins Positive gewendet hat, war Moses Mendelssohn, ein Mozart vertrauter Autor. Am Ende seiner Briefe *Über die Empfindungen* von 1755 findet sich eine bemerkenswerte Apologie der Musik unter diesen Vorzeichen:

«Wir sind endlich so weit, daß wir eine dreyfache Quelle des Vergnügens entdeckt, und ihre verwirrte Grentzen auseinander gesetzt haben. Das *Einerley im Mannigfaltigen* oder die sinnliche Schönheit, die *Einhelligkeit des Mannigfaltigen*, oder die Vollkommenheit, und endlich *der verbesserte Zustand unserer Leibesbeschaffenheit*, oder die sinnliche Lust. [...] Göttliche Tonkunst! Du bist die eintzige, die uns mit allen Arten von Vergnügen überraschest! Welche süsse Verwirrung von Vollkommenheit, sinnlicher Lust und Schönheit! Die Nachahmungen der menschlichen Leidenschaften; die künstliche Verbindung zwischen den widersinnigsten Uebellauten: Quellen der Vollkommenheit! Die leichten Verhältnisse in den Schwingungen: eine Quelle der Schönheit! Die mit allen Saiten harmonische Spannung der nervigten Gefässe: eine Quelle der sinnlichen Lust! Alle diese Ergötzlichkeiten bieten sich schwesterlich die Hand und bewerben sich wetteifernd um unsere Gunst. Wundert man sich nun noch über die Zauberkraft der Harmonie?»[27]

Und damit war zugleich das Schlüsselwort der Zauberkraft in die Diskussion eingeführt. Die Wirkung einer «künstlichen Verbindung» von «widersinnigsten Uebellauten» ließ sich rational offenbar nicht so schlüssig bewältigen, dass man auf etwas Irrationales verzichten konnte; sie grenzte gewissermaßen an Zauberei. Selbstverständlich bedeutete eine solche Zuordnung einen Frontalangriff auf die Kategorien der Vernunft. So findet sich in Zedlers *Universal-Lexicon* ein überaus umfangreicher Eintrag zur ‹Zauberey›, der wenige Jahre vor Mendelssohns Apologie der Tonkunst erschien. Zwar könne man, so Zedler, mit der Zauberei angeblich Dinge ausrichten, «die sonsten über die menschlichen Kräffte sind». Doch ist die Beurteilung dieses Sachverhalts eindeutig, denn die Zauberei sei «eines der allerschändlichsten Laster, die unter der Sonnen gefunden werden können».[28]

Die Verbindung des Begriffs der Zauberkraft mit den Wirkungsweisen der Musik war also alles andere als naheliegend. Bei Mendelssohn war der Begriff deswegen legitimiert, weil die Zauberkraft gewissermaßen in der Natur der Musik selbst anzutreffen war. Sie war also nicht widernatürlich, sondern gehörte zum Wesen der Musik. In dieser konnten sich Natur und Zauberkraft verbinden, und Ausdruck dieser Verbindung waren vor allem jene Affekte, die sich nicht mehr eindeutig zuordnen ließen, also das, was Mendelssohn ‹vermischte Empfindungen› nannte. In einem 1778 im *Deutschen Museum* erschienenen Aufsatz hat der anonyme Verfasser diese Verbindung von Natürlichkeit und ‹Zauberischem› hervorgehoben: «Darum ist ihm [dem Menschen] alles Neue, Seltene und Grosse entweder in der Wirklichkeit oder im Wahn, in der Wahrheit oder Nachahmung, was ihm irgend Aussicht, Uebung und Nahrung, Erweiterung und Entwicklung gibt, oder mit einiger Zauberkraft sie ihm vormalt, so willkommen. Je grösser das Neue ist, um so mehr spannen sich seine Kräfte, werden zum Anschauen, zum Genus und zur Regsamkeit gereizt. Dieses ist eben so notwendig, als es natürlich ist.»[29]

Bei Mendelssohn stand allerdings noch außer Frage, dass die wichtigste Möglichkeit zur Präzisierung solcher Empfindungen darin lag, die Musik mit dem Wort, mit den Begriffen der Sprache, zu verbinden. Dies gewährte dem ‹zauberischen› Vorgang eine Art von Rationalisierung. In der zweiten Hälfte des 18. Jahrhunderts wurde diese hierarchische Zuordnung von Musik zur Sprache allerdings immer fragwürdiger. Sowohl im Wunderbaren der Oper als auch in der wortlosen Instrumentalmusik wurden vermischte Empfindungen immer bedeutsamer, am spektakulärsten aber wohl in den Balletten, die Christoph Willibald Gluck – der in den Worten seines Verehrers Friedrich Justus Riedel (1742–1785) die Macht des «musikalischen Zauberers» besaß[30] – zusammen mit dem kaiserlichen Ballettmeister Gasparo Angiolini (1731–1803) entwarf; das gilt insbesondere für die *Sémiramis* von 1765. Begründet wurde dies immer auch dadurch, dass die damit verbundene ‹Zauberkraft› dem Menschen nichts Verwerfliches, sondern etwas Gutes tue. Der Mozart-Bewunderer Schubart zitiert in seiner *Deutschen Chronik* 1774 Verse, die man in Hamburg dem Geiger Antonio Lolli (ca. 1725–1802) gewidmet habe: «Sonst wußt' ich es nur aus der Fabellehre / Wie weit die Zauberkraft der Tonkunst sich erstreckt, / Jetzt fühl' ich es – und ruf, indem ich *Lolli* höre, / In ihm ist Orpheus auferweckt.»[31]

Friedrich Hugo von Dalberg (1760–1812), ein bedeutender Protagonist der Musikästhetik um 1800, hat die Zauberwirkung der Musik 1791 ausdrücklich mit deren sittlich-läuternder Kraft verbunden. In seinem Entwurf *Vom Erfinden und Bilden* legt er die besondere Rolle der Pythagoreer dar: Diese hätten die «auf alles Gute und Schöne wirkende Zauberkraft der Tonkunst» geradezu entdeckt.[32] In eine ähnliche Richtung weist auch ein berühmt gewordener Brief, den Johann Heinrich Voß (1751–1826), zu diesem Zeitpunkt noch Student, an seine Braut Ernestine Boie schrieb, nachdem er am Silvestertag 1775 in Hamburg erstmals Händels *Messiah* gehört hatte: «Aber nichts kam an die Chöre. Mir schlug das Herz fast, wie in Deiner Umarmung, und ich hätte durch die Wolken fliegen mögen. Besonders das Chor: Uns ist ein Kind zum Heil gebohren! hat einen Schwung, den ich der Musik nie zugetraut habe.» Weiter schreibt er über diesen Chor: «Ich hätte 24 Stunden ohne Eßen und Trinken da stehn, und mir bloß den Chor vorspielen laßen mögen.» Und er schließt seinen Brief mit dem Ausruf: «O Händel! Händel! wer ist dir gleich unter den Sängern der Erde, der gleich dir, kühnen Flugs, Zaubereyen tönt.»[33] Für Johann Gottfried Herder, der 1769 Sprache und Musik auf einen gemeinsamen Ursprung in elementaren Leidenschaften zurückführte, ergab sich aus dieser Rückführung zugleich

3. Zauberdinge

«eine Wundermusik aller Affekte, eine neue Zaubersprache der Empfindung».[34]

Für Mozart wurden derartige Zusammenhänge immer bedeutsamer, und in der Wiener Zeit rückte die Frage nach der Darstellbarkeit und Wirkungsmacht der Affekte durch Musik ins Zentrum seiner kompositorischen Aufmerksamkeit. Gleichwohl war für ihn von Beginn an klar, dass die ‹Zauberkraft› der Tonkunst keineswegs allein auf die sittlich läuternde Wirkung beschränkt sein konnte – ein Sachverhalt, der auch Glucks Ballett *Sémiramis* von 1765 kennzeichnet. Immer stärker interessierte sich Mozart in der Frage nach Wahrheit und Wahrscheinlichkeit für Grenzbereiche, die dann im *Don Giovanni* endgültig erreicht waren, in der Darstellung des Schreckens selbst. Die Verlebendigung der Statue des Commendatore zielt nicht mehr auf das beseelte Kunstschöne, sondern auf die Höllenfahrt des Titelhelden.

Der Hinweis auf die Zauberkraft der Musik im Titel der *Zauberflöte* war also keineswegs einer Mode geschuldet oder ein Zufall. Er berührte Grundfragen der Musik auch deswegen, weil Mozart diese im josephinischen Wien immer wieder neu und auf immer extremere Weise zum Gegenstand seines Komponierens gemacht hat. Dabei ließ sich die Verbindung von Musik und Zauber zunächst durchaus noch positiv bewerten. Die Zauberkraft der Tonkunst konnte zum Beispiel den Verlust anderer Sinnesorgane kompensieren, etwa bei der blinden Wiener Pianistin Maria Theresia Paradis (1759–1824). Der Flötist Friedrich Ludwig Dulon (1769–1826), etwas jünger als Mozart, war ebenfalls seit Kindertagen erblindet. Ein anonymer Autor, wahrscheinlich Karl Wilhelm Ramler, pries ihn 1784 mit den Worten: «Dülon[,] alle Töne deiner Zauberflöte / Weckten seliger Gefühle viel in mir!»[35] Die geheimnisvolle Wirkmächtigkeit der Musik stand auch in Wielands Märchen *Lulu oder Die Zauberflöte* außer Frage, in dem Fabelwesen agieren. Am Ende verbinden sich dort sogar Flöte und Glockenspiel auf eine ausdrücklich magische Weise: «Die Fee nahm die Flöte und sezte sie an den Mund. Ein liebliches Geläute von Silberglöckchen ertönte wie der Gesang einer Harmonika [...].»[36]

In Mozarts Oper allerdings sind die Dinge komplizierter, gerade auch angesichts der Auslotung musikalischer Möglichkeiten von Wahrheit und Wahrscheinlichkeit in den späten 1780er Jahren. Nach Auskunft der Damen verfügt auch Sarastro über Zauberkraft, und zwar über eine negative: «Er hat nebst seinem bösen Herzen auch noch die Macht, sich in jede erdenkliche Gestalt zu verwandeln», und nur auf diese Weise habe er Pamina überhaupt rauben können (I, 5); im weiteren Verlauf der Oper ist von dieser Zauberkraft jedoch nie wieder die Rede. Wenig später, im Quintett mit Tamino und Papageno, übergeben die Damen Tamino die goldene «Zauberflöte» mit einer konkreten, im homophonen Terzett gesungenen Gebrauchsanweisung: «Hiemit kannst du allmächtig handeln, / Der Menschen Leidenschaft verwandeln. / Der Traurige wird freudig seyn, / Den Hagestolz nimmt Liebe ein.» (I, 8) Alle fünf schließen sich mit den Worten an: «O so eine Flöte ist mehr als Gold und Kronen werth, / Denn durch sie wird Menschenglück und Zufriedenheit vermehrt.» Die Verwandlung der Leidenschaften durch den Zauberton der Flöte, der an dieser Stelle nicht einmal als Orchesterstimme erklingt, entspricht durchaus der Idee von der Zauberkraft der Tonkunst. Aber auch diese Szene verstößt gegen eine immanente Handlungslogik, da die Damen Tamino im Auftrag der Königin eine Flöte übergeben, die nicht nur, wie Pamina am Ende bekennt, von ihrem Vater «in einer Zauberstunde» gefertigt wurde (II, 28), sondern sogar zum Untergang der Königin führen wird.

Weitaus bedeutender ist jedoch der Umstand, dass diese Flöte ihre so feierlich gepriesene Eigenschaft gar nicht entfaltet, im Gegenteil. Das einzige Mal, wo sie die affektive Zauberkraft der Musik ausüben soll, versagt sie vollständig. Tamino bläst nämlich im zweiten Aufzug auf seiner Flöte, um das Schweigegebot nicht zu brechen und trotzdem mit Pamina zu kommunizieren. Pamina wird zwar sogleich durch den Klang des Instruments angezogen, doch es kommt gerade nicht zu einer positiven Verwandlung ihrer Leidenschaften. Sie verzweifelt schließlich im Angesicht des stummen, Flöte spielenden Tamino, und die letzte Antwort auf dieses Scheitern ist ihre g-Moll-Arie, in der sie ihren Entschluss zum Tod vorbereitet. «Menschenglück und Zufriedenheit» sind durch Taminos Flötenspiel also gewiss nicht vermehrt worden. Dreimal entfaltet die Flöte, die Sarastro zwischendurch an sich genommen hat, dann aber doch die Zauberkraft der Musik, allerdings auf eine ganz andere Weise jenseits der Verwandlung der Affekte. Zweimal domestiziert sie wilde Tiere in einer Anspielung auf die Sage von Orpheus. Mit diesem hatte ja auch Schubart Lolli verglichen, und ein solcher Vergleich konnte im 18. Jahrhundert mit Blick auf die Verwandlung menschlicher Leidenschaften noch als angemessen gelten. Orpheus' Bezähmung wilder Tiere wurde jedoch mehr als fabulierende Phantastik erachtet. Sie konnte man der Lächerlichkeit preisgeben, weil die Wirkung von Musik auf Tiere ohnehin als widernatürlich gelten musste. In Franz Seydelmanns 1786 in Dresden uraufgeführter Oper Il mostro, zu der wiederum Caterino Mazzolà das Libretto schrieb, singt der Kriegsmandarin Slippakring eine Arie, in der auch der Mythos des Orpheus bloßgestellt wird: «Man sagt, in alten Zeiten / Sey der berühmte Orpheus / Ins Schattenreich gewandert, / Durch seiner Töne Zauber / Sein Weibchen loszubitten. / Doch klingt mir das Geschichtgen / Nur allzufabelhaft.»[37]

Es ist gerade diese ‹fabelhafte› Phantastik, die in der Zauberflöte heraufbeschworen wird, aber ganz ohne jeden ironischen Unterton. Dazu passt auch der letzte Einsatz der Flöte, der wiederum nicht auf die Affekte der Menschen zielt, sondern auf die Gewalt der Elemente, die die Flöte in den Prüfungen von Tamino und Pamina zähmt. Der domestizierende Marsch, in dem dies geschieht, vermeidet nicht nur alle mimetischen Ähnlichkeiten zu der wilden Szene, sondern repräsentiert nicht einmal ein primäres Genre der Flötenmusik, erst recht nicht einer zauberischen Flötenmusik. Die ‹Zauberkraft› der Musik, die in der Flöte zum Gegenstand wird und die die drei Damen bei der Übergabe beschwören, wird also in der Zauberflöte auf seltsame Weise gegenstandslos. Dort, wo sie sich eigentlich entfalten sollte, bewirkt sie das Gegenteil; dort, wo sie wirkt, berührt sie das Phantastische und

Irreale, indem sie Tiere und Elemente verwandelt, nicht aber die Seele des Menschen.

Noch eigenartiger verhält es sich mit dem Glockenspiel, von dem man lediglich erfährt, dass es «zu unserm Schutz vonnöthen» sei (I, 8). Wozu es aber genau dienen soll, bleibt unklar, zumal Papageno bereits über ein eigenes Instrument, nämlich sein «Faunen-Flötchen», verfügt. Immerhin dient das Glockenspiel dann tatsächlich dazu, Menschen zu ‹verzaubern› – doch ebenfalls auf eine phantastische, nicht auf eine affektive Weise. Monostatos und seine Sklaven werden durch das Instrument regelrecht domestiziert und gehen, auf seltsam schiefe Weise ‹verzaubert›, marschierend von der Bühne. Später ‹zaubert› Papageno mit seinem Glockenspiel Papagena herbei, aber nach wie vor in ihrer uneigentlichen Gestalt als alte Frau. Und am Ende ist das Glockenspiel in einer seltsamen Übersteuerung jenes Instrument, das Papagenos Selbsttötung verhindert – während Taminos Flöte den Suizid Paminas nicht verhindert, sondern überhaupt erst heraufbeschworen hat. Die drei Genien weisen den verzweifelten Papageno auf die rettende Zauberkraft seines Instruments hin, das diesmal die ‹enthüllte› Papagena herbeirufen wird.

Papageno kommentiert diese Wendung – sogar zweimal – mit dem Ausruf: «Ich Narr vergaß der Zauberdinge» (II, 29). Damit spitzt sich die Metaphorik des Zauberischen auf eine eigenwillige Weise zu. Denn ein Narr ist jemand, so Zedlers *Universal-Lexikon*, der «nicht unterscheiden kan, was gut oder böse, klug oder thöricht sey».[38] Das Vergessen der «Zauberdinge» würde aus dem Narren ein vernunftbegabtes Wesen des Aufklärungszeitalters machen, doch bei Mozart verhält es sich umgekehrt: Ein Narr ist in der *Zauberflöte* derjenige, der verlernt hat, an die Macht der Zauberdinge zu glauben. Die Zauberkraft seines Glockenspiels führt Papageno am Ende der Oper also dazu, ein zentrales Paradigma seines Jahrhunderts regelrecht auf den Kopf zu stellen. Das Resultat ist ambivalent, da sich überdies nicht mehr sagen lässt, was der Zauber eigentlich auszulösen vermag.

V.
Chiffren

1. Prüfung und Strafe

Die *Zauberflöte* kreist um ein Prüfungsritual, das schon früh, in der Folge von Otto Jahns Mozart-Biographie sogar mit kanonischer Wirkung, mit dem Freimaurertum in Verbindung gebracht und seitdem immer wieder unter diesem Blickwinkel erörtert wurde.[1] Vieles an diesem geheimnisvollen Ritual bleibt jedoch unklar, beginnend mit der keineswegs beiläufigen Frage, warum es überhaupt durchlaufen werden muss. Das äußerliche Motiv – die Liebe des 20-jährigen Tamino zu einer Frau, die er nur durch ein Miniaturgemälde kennt – erscheint jedenfalls ziemlich unwahrscheinlich. In der Szene vor den Tempeln (I, 15), die Tamino zunächst für den «Sitz der Götter» hält, wird aus dem Versuch, die Gefangene des Sarastro zu befreien, der in einem großen Accompagnato-Rezitativ formulierte Vorsatz, Aufnahme in den Weisheitstempel zu finden. In Sarastros Accompagnato-Rezitativ vor dem Schlusschor des ersten Aufzugs ist dann sogar ausdrücklich von einem «Prüfungstempel» die Rede – kurz nachdem Sarastro für Monostatos die besonders grausame Strafe der Bastonade, also der Hiebe auf die nackten Fußsohlen, befohlen hat. Einen Prüfungstempel gibt es im Freimaurertum jedoch nicht. Der eigenartige Begriff scheint überhaupt eine Erfindung Schikaneders zu sein; nur Friedrich Maximilian von Klinger hat in den 1770er Jahren in einem lasziv-frivolen Kontext vom «Tempel der Prüfung» gesprochen.[2] Außerdem bleibt unklar, in welchem Verhältnis dieser ‹Prüfungstempel› zu den drei anderen Tempeln stehen soll.

Marcia zu Beginn des zweiten Aufzugs der Zauberflöte, Takt 1–12, und Entwurf, Takt 1–4

1. Entwurf

Die ‹Marcia› zu Beginn des zweiten Aufzugs ist ein Eröffnungsstück, steht also in Analogie zur Ouvertüre. Die Vorstellung, dass Priester zu einem Marsch einziehen, ist dabei ebenso ungewöhnlich wie der Umstand, dass das Instrumentalstück bei deren Auszug nicht wiederholt wird. Zu dem Marsch sind zwölf Takte eines Entwurfs überliefert (Skb 1791$^\beta$; vgl. Kritischer Bericht, S. 28, sowie NMA II, 19, S. 376). Das Blatt wurde stark beschnitten, erhalten sind die Stimmen der ‹con sordino› spielenden Violinen, der Violen und der Flöte. In diesem Entwurf ist erkennbar, dass Mozart zunächst an einen regulären und regulär periodisierten Marsch gedacht hat. Das Moment der Distanzierung durch gedämpfte Streicher begegnet schon im zweiten Akt des ‹Idomeneo›. Zudem wirkt das Flötensolo an den Periodenenden wie ein Signal und ein Verweis auf den Werktitel. In der endgültigen Version des ‹sotto voce› wird die Distanzierung auf ganz andere Weise erreicht, und die klare Binnenstruktur wird subtil aufgeweicht – wobei die Wiederholung beider Teile des Marsches diese Unregelmäßigkeit noch unterstreicht.

1. Prüfung und Strafe

Die konkrete Form der Prüfung offenbart sich Schritt für Schritt im Verlauf der Oper, jedoch keineswegs in einer systematischen Ordnung. Ein erster Hinweis findet sich zu Beginn des zweiten Aufzugs, der mit dem Marsch der Priester eingeleitet wird. In diesem F-Dur-Marsch, an dessen finaler Version Mozart so lange gefeilt hat, wird nicht nur nach der *Ouverture* die Verwendung von Posaunen in der Instrumentalmusik wieder aufgegriffen. Er repräsentiert zugleich ein neues Modell der selbständigen instrumentalen Einleitung zu einem neuen Aufzug. Auch im *Stein der Weisen* gibt es eine solche Einleitung, im Tonfall zweifellos dem Vorbild Glucks verpflichtet. In der erhaltenen Handschrift ist das Stück nicht autorisiert, sein Urheber könnte aber Schikaneders Kapellmeister Johann Baptist Henneberg, der auch die Folgeaufführungen der *Zauberflöte* leiten sollte, gewesen sein.[3] Dieses dramatische Vorspiel steht jedoch im unmittelbaren Zusammenhang mit dem nachfolgenden Chor, mit dem es eine Einheit bildet. Die *Marcia* in der *Zauberflöte* ist dagegen ein in sich abgeschlossenes Stück, dem eine gesprochene Szene ohne Musik folgt. Es gibt keine Tempo-, lediglich eine Vortragsbezeichnung: «sotto voce». Damit erinnert der Satz an pathetische Eröffnungssätze von Tragödien, zum Beispiel die Ouvertüre aus Antonio Sacchinis *tragédie lyrique* mit dem Titel *Dardanus* von 1784, die ebenfalls und demonstrativ mit einer langsamen Einleitung ‹sotto voce› beginnt.[4]

Am feierlichen, pathetischen Ernst des Marsches und seiner Neuheit bestehen daher keine Zweifel. Außergewöhnlich ist seine Beschaffenheit vor allem dann, wenn man ihn mit dem kurz zuvor entstandenen Marsch aus dem ersten Akt der *Clemenza di Tito* vergleicht. Dieser ist formal ausgesprochen ungewöhnlich und eigenwillig, er reagiert damit auf die Konflikte der Handlung, steht aber in einer klar definierten bühnendramatischen Tradition: als Aufzugsmusik. Der Priestermarsch hingegen ist keine Zwischen-, sondern eine Eröffnungsmusik, er reagiert nicht, sondern agiert gleichsam. Oberflächlich betrachtet ist er dreiteilig, also klar geordnet, doch die Rückkehr des ersten Teils erweist sich als variativ. Zudem gibt es dort nach acht Takten einen Trugschluss, der sich erst in der zweifachen, nochmals variierten Wiederholung der letzten zwei Takte zur Tonika F-Dur auflöst. Durch den Umstand, dass auch dieser zweite Teil des Marsches wiederholt werden soll, wird das Verschwimmen der Konturen sogar demonstrativ verstärkt. Der Priestermarsch ist damit zwar feierlich, doch in sich nicht stabil. Er ist in einer vergleichbaren Weise hybrid wie sein Gegenstück, die *Ouverture* – und zugleich weit entfernt von den dramaturgisch bedingten formalen Freiheiten des Marsches im *Tito*. Im Gefolge dieses eigenartigen Stückes kommt es nun zur Erklärung des Aufnahmerituals, und zwar in den Fragen der Priester und den Antworten Sarastros.

Darin spielt die Koppelung von Tugend und Verschwiegenheit eine zentrale Rolle. Diese gehört tatsächlich zu den Kernstücken des Freimaurertums. Der Sinn einer Loge liege, wie es in einer an Frauen gerichteten Schrift von 1783 heißt, darin, «unser Herz zur Tugend und Verschwiegenheit zu gewöhnen».[5] Die in der *Zauberflöte* hinzugefügte Wohltätigkeit ist möglicherweise eine Anspielung auf die 1783 gegründete Freimaurerloge *Zur Wohltätigkeit*, der Mozart seit 1784 angehörte. Als Gegenseite der Aufnahmeprüfung in dem fiktiven Tempel wird allerdings auch die Strafe genannt und als Preis für das Scheitern sogar der Tod. Dies jedoch ist ein fundamentaler Widerspruch zur Freimaurerei. Denn wie immer die Aufnahmerituale beschaffen waren, der Tod eines Bewerbers stand selbstverständlich nicht zur Debatte. Oder, wie es in einer späteren Schrift von 1819 heißt: Die Aufnahme «ist keine gefahrdrohende Prüfung».[6] Genau das ist sie im Falle Taminos, was in Sarastros Gesang (der an dieser Stelle eine ebenso bedeutungsvolle wie surreale Undezim nach unten durchschreitet) mit den Worten beschworen wird: «Doch sollten sie zu Grabe gehen» (II, 1). Der irritierende Anspruch dieser Szene zeigt sich auch an ihrem Schluss. Selbstverständlich wäre es dramaturgisch (durch den Szenenwechsel) und bühnentechnisch (durch den Abgang der Priester) mehr als naheliegend gewesen, die *Marcia* zu wiederholen, wie es im *Tito* am Ende der Szene geschieht. Mozart verzichtet jedoch darauf. Damit wird nicht bloß die Außergewöhnlichkeit des Instrumentalstücks hervorgehoben, sondern zugleich die verblüffende Offenheit der Szene.

1. Prüfung und Strafe

Von hier an werden die Prüfungen durchexerziert, zunächst das Schweigen im Angesicht der Geliebten mit der eigenartigen Warnung: «Bewahret euch vor Weibertücken» (II, 3), die schon deswegen in die Irre geht, weil Pamina gar keine Tücken in Anschlag bringt; vielmehr entschließt sie sich nach der fatalen Begegnung mit dem schweigenden Tamino, also, wenn man so will, mit den ‹Prüfungstücken›, sogar zum Tod. Die eigentliche Prüfungsszenerie am Ende der Oper – zweifellos der bühnentechnische, weniger aber der musikalische Höhepunkt – besteht dann aus dem lebensgefährlichen Gang durch die vier Elemente, wie ihn die beiden Geharnischten in ihrem Gesang andeuten: «Der, welcher wandert diese Strasse voll Beschwerden, / Wird rein durch Feuer, Wasser, Luft und Erden» (II, 28); die außergewöhnliche Beschaffenheit dieses Gesangs bedarf später noch der näheren Betrachtung. Anders als die vorausgehende Handlung nahelegt, müssen Pamina und Tamino diesen Weg gemeinsam zurücklegen. Auch das wäre in der Männergesellschaft des freimaurerischen Rituals undenkbar. Die beiden Berge, die zu dieser Prüfung durchschritten werden, weisen dann jedoch nur zwei Elemente auf, nämlich Feuer und Wasser. Die ausdrückliche Begegnung mit Luft und Erde entfällt kommentarlos.

Der lebensgefährliche Gang durch die Elemente ist ebenfalls weit entfernt von freimaurerischer oder aufklärerischer Symbolik. Zwar galten im hermetisch-theosophischen Schrifttum des 18. Jahrhunderts Feuer und Wasser, wie ein anonymer Autor zu Protokoll gibt, als «die zwey Principal-Anfänge des Steins der Weisen» und damit aller Elemente überhaupt.[7] Auch bezeichnete man Feuer und Wasser in der Hermetik als Urkräfte, «erstere[s] männlich, letztere[s] weiblich».[8] Hingegen galt es als überlebtes, archaisches Relikt unaufgeklärter, finsterer Zeiten, wenn man diese Elemente zur Prüfung im Sinne eines Gottesurteils einsetzen wollte. 1788 erschien in Nürnberg das *Compendium deutscher Alterthümer* des Pädagogen Bernhard Friedrich Hummel (1725–1791), der zum Zeitpunkt der Veröffentlichung Rektor der Stadtschule in Altdorf war. Im zwölften Kapitel schildert er vergangene mittelalterliche Rituale der Wahrheitsfindung, wozu er nach dem Duell zunächst die «Feuerprobe», dann die «Wasserprobe» zählt.[9] Der protestantische Theologe Heinrich Ludwig Fischer (1761–1831) stellte beide Praktiken in seinem *Buch vom Aberglauben*, das ab 1790 in drei Bänden erschien, als besonders verwerfliche Früchte eines gefährlichen okkultischen Glaubens vor. Nichts lag also ferner als die Durchführung solcher Feuer- und Wasserproben, die nicht nur kräftige Verstöße gegen alle Wahrscheinlichkeitsgebote waren, sondern als Zeugnisse eines irrlichternden Aberglaubens galten. Es gehört in der Oper durchaus zur Logik dieser Konstellation, dass Tamino beide Elemente nur mit seiner «Zauberflöte» zu bezwingen vermag. Ganz und gar nicht logisch will es dagegen erscheinen, dass beide Proben zum Erfolg führen könnten.

Bei diesen Proben erklingt nicht etwa aufgeregte Instrumentalmusik, zum Beispiel in der Art eines Melodramas von Benda, sondern abermals ein Marsch, nun in C-Dur – und mit der solistischen Flöte. Wiederum treten die Posaunen hinzu. Zwar begleiten Geräusche die Szene: «man hört Feuergeprassel, und Windgeheul, manchmal auch den Ton eines dumpfen Donners, und Wassergeräusch» (II, 28). Doch sind sie nicht Bestandteil der Komposition, im Gegenteil, die Musik ist davon vollkommen unberührt und steht dem sogar entgegen. Der domestizierende Marsch erklingt bei beiden Prüfungen nicht vollständig, und er weist überdies eine irreguläre Periodik auf. Schon im ersten Teil verschieben sich die Abschnitte um einen Halbtakt gegeneinander, da das Ende der ersten Phrase den Beginn der zweiten (eine Transposition der ersten in die Untersekunde) gleichsam verschluckt, im Sinne einer Verschränkung, die Heinrich Christoph Koch in seinem *Lexikon* von 1802 als «Takterstickung» bezeichnet.[10] Das zweifache Duett von Tamino und Pamina, der zweifache Marsch und der offenbar unsichtbare finale Jubelchor bilden zusammen eine eigenwillige Szenerie, die vom beschworenen Grauen der Prüfungen weit entfernt ist. Im Quartett kurz vor der Prüfung wird die Flöte als Schutz gegen «des Todes düstre Nacht» besungen (II, 28), und genau dies wird zum Gegenstand der musikalischen Konstellation. Sie bildet demnach nicht

1. Prüfung und Strafe 163

mehr ab oder schildert oder reagiert, sie konteragiert gleichsam, optische und musikalische Darstellung stehen in einem wohl erwogenen Spannungsverhältnis.

Die Prüfungsszenerie mit ihren äußerst heterogenen Bestandteilen weist folglich zwar Bezüge zum Ritual der Freimaurer auf, doch erscheinen diese nur als Versatzstücke. Das verbindet sie mit jenen Bestandteilen, die dem Freimaurertum deutlich entgegenstehen: der archaischen Feuer- und Wasserprobe, dem Einsatz der Flöte, der Vereinigung von Mann und Frau, der Bindung des Geschehens an einen äußerst eigenwilligen Instrumentalmarsch. Auch hier, in einer hybriden Mischung ganz unterschiedlicher, widerstreitender Figurationen, von denen einige weit hinter das 18. Jahrhundert zurückweisen, wird eine eindimensionale Lesart unmöglich und soll wohl auch unmöglich werden. Und doch, an keiner Stelle geht es darum, die multiple Bedeutungshaltigkeit der hergestellten und zugleich wieder aufgehobenen Bezüge zur Freimaurerei einfach zu diskreditieren oder bloßzustellen, im Gegenteil. Die Ernsthaftigkeit steht niemals außer Frage – was am Ende besagt, dass auch Papageno nicht gegen diese Welt des Künstlichen und ihre Ästhetik existiert, sondern mit ihr und durch sie, ihr also vollständig zugehört.

Aufgrund dieser Ernsthaftigkeit ist die Möglichkeit des Scheiterns in der Prüfungsszenerie unentwegt präsent, und zwar als totales Scheitern im Tod. Schon im Priesterduett, in dem vor «Weibertücken» gewarnt und als Beispiel ein «weiser Mann» genannt wird, heißt es ‹sotto voce›, staccato und piano: «Tod und Verzweiflung war sein Lohn». Mozart ist in einem rätselhaften Brief an seine Frau vom 7. Juni 1791 darauf zurückgekommen: «Adjeu – Liebe! – heute speise ich bei Puchberg – ich küsse Dich 1000mal und sage in Gedanken mit Dir: Tod und Verzweiflung war sein Lohn! –»[11] Möglicherweise zielt diese Anspielung aber ausdrücklich auf die widersprüchliche Binnenlogik gerade dieser Passage. Denn es ist ja Pamina, also die Frau, die vor der Prüfungsszenerie die alles entscheidende, die rettende Handlungsanweisung gibt: «Spiel du die Zauberflöte an: / Sie schütze uns auf unsrer Bahn» (II, 28).

Ungeachtet der glücklich bestandenen Prüfungen am Ende der Oper ist in der *Zauberflöte* immer wieder von Strafe und Gewalt die Rede. Pamina wurde der Mutter von Sarastro entrissen, der die Macht besitze, «sich in jede erdenkliche Gestalt zu verwandeln» (I, 5). Papageno wird mit einem Maulschloss bestraft, also einer Maschine, die Sprache und Gesang vereitelt. Zu Beginn des Quintetts der drei Damen, Taminos und Papagenos im ersten Aufzug wird in einem deklaratorischen, homophonen und sogar wiederholten (plötzlich nach g-Moll gewendeten) Satz mitgeteilt: «Bekämen doch die Lügner alle, / Ein solches Schloß vor ihren Mund; / Statt Haß, Verleumdung, schwarzer Galle, / Bestünde Lieb und Bruderbund». Die Logik einer solchen Strafe ist bemerkenswert, denn «Lieb und Bruderbund» basieren demnach auf der grausamen Eliminierung aller «Lügner». Allerdings ist nicht einmal die Verurteilung des Lügners konsistent, denn im Kontrast zum deklaratorischen Charakter des musikalischen Satzes steht die mangelnde Glaubwürdigkeit der Protagonisten. Mindestens drei der Singenden, die drei Damen nämlich, werden sich schon bald als jene Lügnerinnen erweisen, die sie hier anprangern. Die kategorische Erklärung wird auf eine opake, schimmernde Weise gegenstandslos.

Noch widersprüchlicher zeigt sich diese Ambivalenz im Falle von Sarastro, der seine Sklaven und insbesondere Monostatos grausam bestraft. Im *Salzburger Intelligenzblatt* vom 21. Juni 1788 heißt es zu den Schlägen auf die Fußsohlen: «Wir finden die Bastonade unter den Füssen, die eine türkische Strafe ist, barbarisch. Der Türke denkt anders. Er läßt seine Füße schlagen.»[12] Die unmenschliche Strafe steht im offenen Widerspruch zu Sarastros Menschenkult, der, wie er selbst singt, darauf gründet, dass «man dem Feind vergiebt» (II, 12). Die Strafe an Monostatos wird zwar nicht vollstreckt (II, 7), aber gewiss nicht aus Feindesliebe, wie Sarastro ihm später selbst sagen wird: «Verdank es der bösen Handlung des Weibes, daß du ungestraft davon ziehst» (II, 11).

Und all dies führt auch nicht zur Läuterung. Im Quintett von Monostatos, den drei Damen und der Königin kurz vor ihrem Untergang erklingen jene Geräusche der Elemente aus der Prüfungsszenerie erneut.

Die Elemente werden hier allerdings nicht bezwungen, sondern entfalten ihre Macht als Strafe doppelt, von außen: «Doch still, ich höre schrecklich rauschen, / Wie Donnerton und Wasserfall» (Monostatos) und von innen: «Die Frömmler tilgen von der Erd / Mit Feuersgluth und mächt'gem Schwerd» (alle; II, 30). Wer immer dann die grausame finale Strafe vollzieht – alle fünf versinken in der Erde –, es geschieht kompromiss-, erbarmungs- und rettungslos. Ob die furchtbar Bestraften überhaupt je die Möglichkeit hatten, eine Prüfung abzulegen, also die Elemente zu bezwingen, bleibt ebenso im Vagen wie das Geflecht von Prüfung und Strafe insgesamt. Das Finaltableau der starren Akteure in der gleißenden Sonne erweist sich auch in dieser Hinsicht als ambivalent.

2. Selbstmord

Herrschaft und Rache, Schrecken und Überwindung, Prüfung und Strafe gehören zweifellos zu den zentralen Themen des 18. Jahrhunderts. *Die Zauberflöte* ist durchdrungen von ihnen. Eine Sonderstellung nehmen allerdings die Suizidszenen ein, von denen es in der Oper gleich zwei gibt. Der Selbstmord, und hier gilt die historische Terminologie des 18. Jahrhunderts, zählte insbesondere seit Goethes *Werther*-Roman zu den ‹großen› Motiven der zweiten Jahrhunderthälfte.[13] Die damit verbundenen Probleme und Fragen galten nicht nur dem Tragischen und seiner Darstellung, sondern auf ganz massive Weise der grundsätzlichen Legitimität. Dabei stand im Mittelpunkt nicht allein die ethische Frage, ob sich der eigentlich verdammenswerte Selbstmord überhaupt rechtfertigen lasse.[14] Vielmehr ging es auch im ästhetischen Sinn um das Problem der Zulässigkeit. Durfte man – so eine seit Moses Mendelssohn zentrale Frage – den Freitod in Werken der Kunst, also zum ästhetischen Vergnügen, darstellen, und das nicht nur in einem Briefroman, sondern sogar auf der Bühne?[15]

Dieses Problem war unweigerlich verknüpft mit der Frage nach dem Status der Wirklichkeit auf der Bühne. Bereits vor Wielands ‹bedingtem Vertrag› – dem Tausch bestimmter Elemente der Vernunft gegen eine Eintrittskarte an der Kasse – löste der musikkundige braunschweigische Literat Justus Friedrich Wilhelm Zachariä (1726–1777), der auch selbst als Komponist hervortrat, die mit dem Bühnentod verbundenen Schwierigkeiten in der Konstruktion eines ‹süßen Betrugs›. In seinem Versepos *Die Tageszeiten*, in dem die Musik eine bedeutende Rolle spielt, wird die Denkfigur näher ausgeführt; die Verse fehlen in der Erstausgabe von 1756 noch, wurden dem Text also erst in den 1760er Jahren hinzugefügt. Darin geht es ausdrücklich um den Tod auf der Opernbühne: «[...] sagt, muß denn die [singende] Stimme / Des erregten Affekts in krausen Verzierungen klagen? / Muß der Gefangne, der Sterbende, noch in Stunden des Abschieds / Durch die verrathene Kunst den süssen Betrug uns entreissen, / Welcher schon anfieng, das Herz zum zärtlichen Mitleid zu schmelzen? / Und muß stets nach einerley Schwung, in einerley Umlauf / Ewig sich gleich die Arie seyn? = = Ihr künftigen Hassen [Nachfolger von Johann Adolph Hasse, L. L.], / Folgt dem Vorurtheil nicht! Folgt nicht dem Einfall des Sängers, / Folgt der wahren Natur! Sucht unsre Herzen zu rühren! / Und ihr rührt sie gewiß, wofern ihr selber gerührt seyd.»[16]

Der ‹süße Betrug› der Rührung, das Herzensmitleid, rechtfertigt demnach die ästhetische Teilhabe am Bühnentod. Und dieser kann nicht, so Zachariä, durch Künstlichkeit, sondern einzig durch Natürlichkeit glaubwürdig werden. Wie eng sich Dargestelltes und Darstellung dabei verbinden, zeigt sich auch daran, dass der Verfasser über das Verhältnis von Wahrheit und Wahrscheinlichkeit auf der Opernbühne nicht etwa in einem theoretischen, sondern in einem literarischen Text räsoniert. Die Denkfigur, dass zentrale Fragen der Kunst nur in der Kunst selbst auszutragen seien, wird damit für ein besonders heikles Problem in Anschlag gebracht, ein Problem zudem, in dem sich Ethik und Ästhetik auf komplizierte Weise vermischen. Wohl deswegen wählte Zachariä im ‹süßen Betrug› eine absichtsvoll widersprüchliche

Metapher. Denn einerseits ist Betrug moralisch verwerflich, er kann und darf folglich keinesfalls ‹süß› sein. Wenn er es aber dennoch ist, dann einzig in ästhetischer Hinsicht, wo er vorsätzlich Vergnügen auszulösen vermag.

Zachariä verweist dabei auf das Postulat des Horaz: «si vis me flere, dolendum est / primum ipsi tibi», also: willst du mich weinen machen, so musst du vorerst selbst betrübt sein.[17] Diese Forderung war, nachdem sie durch Nicolas Boileau im 17. Jahrhundert in die ästhetische Diskussion eingeführt worden war, im 18. Jahrhundert zu einem zentralen Argument auch im Musikschrifttum geworden.[18] Die Reihe der Belege ist lang, am berühmtesten wurde wohl ein Satz in der 1753 veröffentlichten Klavierschule von Carl Philipp Emanuel Bach: «Indem ein Musickus nicht anders rühren kan, er sey dann selbst gerührt; so muß er nothwendig sich selbst in alle Affeckten setzen können, welche er bey seinen Zuhörern erregen will; er giebt ihnen seine Empfindungen zu verstehen und bewegt sie solchergestallt am besten zur Mit-Empfindung».[19] Es bestand jedoch kein Zweifel an der Komplexität des Arguments, denn der hoch reflexive Vorgang des Komponierens ließ sich gewiss nicht linear rückschließen mit der eigenen Herzensrührung. Vielmehr ging es dabei stets auf einer anderen Ebene um die Glaubwürdigkeit der Darstellung im Sinne des Sich-Hineinversetzens, also eines komplizierten ‹als ob›. Dieses ‹als ob› berührte jedoch dann Grenzbereiche, wenn der dargestellte Affekt nicht nur fragwürdig, sondern eigentlich verwerflich war wie im Falle des Bühnenfreitodes.

Bach hat seinem Buch von 1753 eine Reihe von «Probestücken» mitgegeben, in denen der Gedanke der Herzensrührung konkrete kompositorische Gestalt annehmen sollte. Eine besondere Rolle spielt die letzte dieser Beigaben, seine exzentrische c-Moll-Fantasie, die Extrembereiche berührt.[20] Der musikkundige Literat Heinrich Wilhelm von Gerstenberg (1737–1823) hat diese Fantasie 1767 zum Anlass für ein singuläres Experiment genommen: Er unterlegte dem Stück nämlich nicht einen, sondern gleich zwei Texte, offenbar in der Absicht, die vermeintlich dunklen Affekte der Komposition genauer, wenn auch nicht ein-

Johann Rudolf Schellenberg: «Der Verzweiflungsvolle» (1785)

II.

Der Verzweiflungsvolle.

1785 veröffentlichte der Winterthurer Verleger Heinrich Steiner (1747–1827) ein Werk mit 24 Kupferstichen und einem Titelkupfer unter dem Titel ‹Freund Heins Erscheinungen in Holbeins Manier›. ‹Freund Hein› war eine seit dem 17. Jahrhundert geläufige Bezeichnung für den Tod, der Verweis auf Holbein eine Anspielung auf das ‹Altdeutsche›. Die Graphiken schuf der aus Basel stammende Kupferstecher Johann Rudolf Schellenberg (1740–1806), die dazu gehörigen Texte der Weimarische Gymnasialprofessor Karl August Musäus (1735–1787). Bereits an zweiter Stelle dieser Phantasien über den Tod steht «Der Verzweiflungsvolle», der sich mit einer Schusswaffe das Leben nimmt. Zwar bleibt die Schuldfrage des für sinnlos erklärten Freitods unangetastet: «Mit trauriger Behäglichkeit leert er den Becher selbstschaffner Leiden, den Schwermuth ihm kredenzt, und dürstet nach dem Wermuthkelch geheimer Quaalen» (S. 15). Doch soll die schreckensvolle Darstellung, die als solche bereits ein Tabubruch war, offenkundig Mitleid erregen (vgl. Brigitte Thanner: Schweizerische Buchillustration im Zeitalter der Aufklärung am Beispiel von Johann Rudolf Schellenberg. 3 Bde. Winterthur: Stadtbibliothek 1987, Bd. 1, S. 505–518; Bd. 2, Tafeln 627–653).

Kupferstich, 13,4 × 8,5 cm (Blatt); Zürich, Zentralbibliothek dimensional zu bestimmen.²¹ Die gewählten Texte, die 1787 erstmals veröffentlicht wurden, sind Monologe, also Selbstgespräche, und repräsentieren folglich ein ebenfalls umstrittenes Genre. Und sie sind geeint durch eine Extremsituation, die zugleich ein Grenzbereich der Herzensrührung und des ‹süßen Betrugs› war: den Selbstmord. Gerstenberg hat in den Texten zwei berühmte Szenen aufgerufen, Hamlets Überlegung, seinem Leben ein Ende zu setzen, und die Entscheidung des Sokrates, den Schierlingsbecher zu trinken. Das eine Beispiel entstammte den im späten 18. Jahrhundert besonders intensiv diskutierten Werken Shakespeares, das andere der klassischen Antike. Der eine Selbstmord kam tatsächlich zur Ausführung, der fiktive des Hamlet blieb dagegen ein Plan.²²

Die ästhetische Darstellung der Extremsituation des Selbstmords in und durch Musik war damit gewissermaßen sanktioniert. Der tragische Freitod am Ende von Georg Bendas Melodrama *Ariadne auf Naxos*, der Sprung der einsamen Protagonistin ins tobende Meer bei leerer Bühne, veranschaulicht das Problem, wiederum am Beispiel einer antiken, mythischen Erzählung, auf besonders schockierende Weise ganz unmittelbar. In der *Zauberflöte* wollen Pamina und Papageno, die heroische und die komische Figur, sich umbringen, es ist also wie in den unterlegten Texten Gerstenbergs ein ‹doppelter› Selbstmord. Doch in beiden Fällen, die dicht gedrängt nacheinander am Ende des zweiten Aufzugs stehen, kommt es nicht zur Tat.²³ Die Vorsätze lösen sich beide Male geradezu schlagartig auf, nämlich durch die Intervention der drei Genien. In einem kontrolliert-homophonen Triosatz, der auf einer Sequenz basiert, also im scharfen Kontrast zur erregten Situation steht, stellen sie im Falle Paminas ausdrücklich fest: «Wahnsinn tobt ihr im Gehirne: / Selbstmord steht auf ihrer Stirne» (II, 27). Und sie hindern sie handgreiflich an der Tat: In dem Augenblick, in dem sie sich erstechen will, halten sie ihren Arm mit dem Dolch fest. Dieser Augenblick der wunderbaren Wendung wird durch einen Wechsel des Tonfalls markiert: mit einem Sprung ins Allegro, in den Dreivierteltakt, ins Es-Dur.

Nur zwei Auftritte später entschließt sich auch die komische Figur Papageno zum Suizid. Papageno sei, so meinte Schikaneder selbst, eigentlich kein Hanswurst, sondern ein ‹launichter Mensch›. In einem anonymen Text, der 1782 wohl im Umfeld von Justus Möser erschien, heißt es dazu: «In der Seele eines launichten Menschen ist Unruhe. Er fühlt, daß er weiser und vollkommener ist, als andere. Dieses äußert er. Seine Aeußerung ist Satyre und Scherz».[24] Im Entschluss zum Selbstmord wird jedoch unvermutet eine Grenze zu Satire und Scherz gezogen, denn auf einmal wird es dem Protagonisten ernst. Wiederum greifen, markiert durch Tempo- und Taktwechsel, die drei Genien ein. Sie tun dies jedoch nicht aktiv wie im Falle Paminas, sondern fordern den Selbstmörder auf, doch einfach sein Zaubergerät, das Glockenspiel, zu bedienen – worauf der ‹launichte› Papageno sich des Narrentums bezichtigt, weil er genau dies vergessen habe. Er kehrt also zu Satire und Scherz zurück.

Das Thema des Selbstmords auf der Bühne war Mozart seit seiner Oper *Mitridate, re di Ponto* aktiv vertraut. Die Doppelung des Motivs in der *Zauberflöte*, gebunden an gegensätzliche Charaktere, zudem an Frau und Mann, ist jedoch ebenso ungewöhnlich wie die zauberische Bereinigung der Situation. Die Doppelung gemahnt zunächst an das Finale des ersten Aktes von *Così fan tutte*. Dort kommt es zu einem Selbstmord der beiden Liebhaber, die jedoch ihre Tat nur vortäuschen, um die beiden umgarnten Frauen zu manipulieren. Das entspricht den mechanistischen Bedingungen des Seelenexperiments, denn auch für den Philosophen Julien Offray de La Mettrie, dessen Vorstellung eines ‹maschinenhaften› Menschen hinter dem Experiment von *Così fan tutte* steht, wäre nichts sinnloser als ein Selbstmord. So erweckt dann die als Arzt verkleidete Despina mit den absurden Magnetstrahlen des Arztes Franz Anton Mesmer nur vermeintlich die toten Männer wieder zum Leben. Das Thema wird auf diese Weise zu einer Groteske. In der *Zauberflöte* besteht jedoch an der ernsthaften Tötungsabsicht in beiden Fällen keinerlei Zweifel, weder im Falle der melancholischen Pamina, die wie Dido einen Dolch verwenden will, noch im Falle des launigen Papa-

2. Selbstmord

geno, der sich wie ein Verurteilter erhängen will. Die drei Knaben verhindern daher tatsächlich im letzten Moment den Vollzug der Tat.

Die Diskussionslage im späteren 18. Jahrhundert zum Suizid war durchaus ambivalent. Der Augsburger Jesuit Franz Xaver Jann (1750–1828) veröffentlichte 1782 ein beißendes Spottgedicht Vom Selbstmord, wo er über Selbstmörder schreibt: «Man heißt sie starke Geister diese Feigen, / Die ihre Stärke durch Verzweiflung zeigen, / Wie Werther that. Ha, merkt es nicht ein jedes Kind, / Daß sie verlaßne Memmen, schwache Geister sind?»[25] Weitaus differenzierter argumentierte der um eine Generation ältere evangelische Theologe Johann Ulrich Sponsel (1721–1788), der 1776 eine weit beachtete Abhandlung von dem Selbstmorde herausbrachte. Obwohl er den Suizid verurteilt, erwägt er die Aussetzung der Vernunft als Rechtfertigung: weil der Selbstmörder «nicht als ein vernünftiger, sondern als ein rasender und wahnwitziger Mensch handele».[26] Noch weiter geht der Leipziger Philosoph Karl Heinrich Heydenreich, dessen Philosophische Gedanken über den Selbstmord postum 1804 erschienen und von dem später nochmals die Rede sein wird. Er unterschied zwischen der Tat und den Tätern und eröffnete so ungewollt auch eine ästhetische Perspektive, mit deren Hilfe eine Darstellung möglich werden konnte: «Den Selbstmörder entschuldige, achte, liebe und verehre ich, unter manchen Umständen wohl; aber den Selbstmord vertheidige und rechtfertige ich nie».[27] Die charakterliche Disposition, die zum Freitod führen könne, verdiene also Hinwendung und Aufmerksamkeit, mithin genau jene Anteilnahme, die auch Zachariä in seinem Modell des ‹süßen Betrugs› gefordert hatte.

Die Selbstmordszenen der Zauberflöte knüpfen an diese Gemengelage an, durch die geforderte Anteilnahme an der Disposition der beiden Betroffenen und den Ernst ihrer Absichten. Pamina versteht nicht (und kann nicht verstehen), warum Tamino sie zurückweist, und offenbart wie Dido ein klassisches, heroisches Motiv für den Freitod. Der launige Papageno hingegen erkennt schlagartig eine verzweiflungswürdige Wirklichkeit, die auch Scherz und Satire nicht mehr zu verdecken vermögen. Damit stehen sich zwei widersprüchliche Motive gegenüber:

Pamina glaubt sich von Tamino verlassen, obwohl dies nicht stimmt, während Papageno angesichts seiner Einsamkeit am Sinn der auferlegten Prüfungen verzweifelt.

Die beiden Szenen vollziehen sich als Monologe, also in einer geradezu kanonisierten Situation, aber nicht etwa in der Einsamkeit der entfesselten Natur, sondern in einer genau gegenteiligen Umgebung: im Garten. In einer 1788 erschienenen Schrift, *Der schöne Garten*, wird der Sinn der arrangierten Natur in wenige, eingängige Verse gefasst: «So sey der ganze Gartenhayn / Den Gartenfreunden Fest und Bühne! / Ein Freudentempel soll er seyn. / O lieber Garten, blühe! grüne!»[28] In den beiden Gartenszenen der *Zauberflöte* ereignet sich mit den Entscheidungen zum Selbstmord das glatte Gegenteil. Und beide monologische Szenen münden nicht etwa in einen Dialog, sondern in das ‹wunderbare›, also irreale Ensemble mit den drei Genien. Der Ausweg wird zu einer vollkommen unwirklichen Situation eines ‹süßen Betrugs› jenseits der Regularien eines ‹bedingten Vertrags›.

Damit geschieht jedoch etwas Eigenartiges. Neben vielen anderen Themen des 18. Jahrhunderts wird auch das des Selbstmords in der *Zauberflöte* aufgegriffen, in diesem Falle sogar besonders prominent. Anders aber als noch im mechanistischen Experiment von *Così fan tutte* wird das Motiv nicht einfach der Lächerlichkeit preisgegeben, es gewinnt seinen vollen Ernst zurück. Dabei ist es nicht mehr an die heroische Situation der mythologischen Erzählung gebunden wie noch in Bendas *Ariadne*, sondern Teil der überdeterminierten Zauberwelt der ‹großen Oper›. Die Ansiedelung im Garten deutet dies ebenso an wie der Habitus, in dem die beiden Protagonisten zu ihrem Entschluss kommen. Es handelt sich nicht mehr um eine aufgeregte Diktion oder eine geradezu bizarre Konstellation, wie sie Gerstenberg mit seinen Texten zu Bachs Fantasie erzeugen wollte. Vielmehr reifen beide Entscheidungen zum Suizid im Gesang. Bei Pamina ist es eine Art Accompagnato-Rezitativ, das von den Knaben erst beobachtend kommentiert wird, bevor sie in die Handlung eingreifen. Bei Papageno ist es ein Arioso, das immer deutlicher seinen Charakter verändert, bevor es im

Andante zu einem Abschiedsgesang wird mit einer erstaunlichen Anspielung an den Tanz und eine Frühform des Walzers.[29] Erst dann erscheinen die Knaben von oben mit ihrem Flugwerk auf der Bühne. In beiden Fällen handelt es sich um melancholische Vergewisserungen der Ausweglosigkeit, die zum Entschluss führen – lange vorbereitet bei Pamina, schlagartig herbeigeführt bei Papageno. Und ebenso schlagartig wandelt sich der Entschluss durch das Wunderbare schlechthin. Das Thema des Selbstmords, das in der zweiten Hälfte des 18. Jahrhunderts so zentral geworden war, gewinnt in dieser doppelten Inszenierung seinen vollen Ernst zurück. Es verliert aber seinen Schrecken, auch in der ästhetischen, in der kompositorischen Darstellung. Es löst sich einfach auf.

3. Licht und Dunkel

Am Ende des Gesprächs mit dem Priester vor den drei Tempeln bleibt Tamino allein zurück und fragt sich in einem kurzen, bereits zitierten Monolog: «O ewige Nacht! Wann wirst du schwinden? / Wann wird das Licht mein Auge finden?» Das Selbstgespräch erhält unerwartet Antwort durch numinose, unsichtbare Männerstimmen, die «von innen» antworten: «Bald, bald, Jüngling, oder nie!» (I, 15) An dieser Stelle wird erstmals in der Oper ausdrücklich der Kontrast von Licht und Dunkel beschworen. Eigenartigerweise beginnt der Einsatz des Accompagnato-Rezitativs mit derselben, sogar identisch rhythmisierten Dreiklangsfigur mit anschließender kleiner Sekunde, mit der auch die Königin der Nacht ihr Accompagnato eröffnet hat, dort in B-Dur, hier in a-Moll. Ebenso erstaunlich ist die passivische Formulierung, die nicht dem Reim geschuldet ist, denn es ginge ja auch aktivisch, etwa so: ‹Wann wird mein Aug› das Licht nur finden?› Es soll aber umgekehrt das Licht das Auge finden. Sarastro kommt in seiner kurzen Ansprache nach dem

Priestermarsch auf das Thema zurück, wendet den Sachverhalt jedoch ins Aktivische, indem er feststellt, dass Tamino seinen «nächtlichen Schleyer von sich reißen, und ins Heiligthum des größten Lichtes blicken» wolle (II, 1). Auch wenn es in der *Zauberflöte* oft um den Kontrast von Nacht und Sonne geht, der in aufwendige Bühneneffekte übertragen wird, sind dies die einzigen Stellen der Oper, an denen die Lichtmetaphorik ausdrücklich zur Sprache kommt.

Die Metapher des Lichts im Sinne einer erkenntnisstiftenden Kraft war das gesamte 18. Jahrhundert hindurch präsent. Bereits Isaac Newton hatte 1669 versucht, die geradlinige Ausbreitung des Lichts in seiner Emissionstheorie zu beschreiben; durch die Definition der Spektralfarben kam es dabei zu einem Bruch mit der aristotelischen Tradition. Der ungenaue, blendende Charakter des Lichts, den auch Descartes hervorgehoben hatte, konnte damit auf rationale Verhältnisse zurückgeführt werden, mit folgenreichen Ergebnissen bereits bei John Locke und seiner Theorie der visuellen Wahrnehmung.[30] Diese Rationalisierung von oberflächlich ungeordnet wirkenden Zusammenhängen der äußeren Welt und insbesondere des gleißenden, konturlosen Phänomens des Lichts führte dazu, den damit verbundenen Erkenntnisvorgang selbst im Sinne der platonischen Tradition mit der Metapher des Lichts zu überwölben. In Frankreich verwendete man dafür den Begriff «éclairer», den Leibniz übernahm, John Milton führte im Englischen «to enlighten» ein. Im Deutschen wurde ab 1695 der meteorologische Begriff der «Aufklärung» in diesem Sinne benutzt, mit dem eigentlich das Durchbrechen der Sonne bei bedecktem Himmel beschrieben wurde.[31]

Auch wenn die Charakterisierung der Epoche als «Aufklärung» viel später und vor allem nicht widerspruchsfrei erfolgte, so war die Metapher des Lichts, der Erleuchtung dennoch zentral – mit unmittelbaren Folgen auch für die Einschätzung der Musik, die vergleichbare Schwierigkeiten im Hinblick auf eine Rationalisierung bot. Schon Newton hatte in seiner optischen Theorie die Spektralfarben des Lichts mit den Intervallen der Musik verglichen.[32] Anders als beim Licht war die Wirkung der Musik jedoch nicht gleißend, opak oder ungenau, sondern – in den meisten Fällen wenigstens – durch die Zuordnung zu bestimmten Affekten annähernd konkret. Das Rationale verband sich somit auf eine eigenartige Weise mit dem Numinosen, was die Auseinandersetzung mit der Musik folgenreich geprägt hat. Das deutlichste Indiz dafür ist die Übernahme des Gegensatzes von Licht und Schatten, der zwar aus der Malerei stammte, aber weit darüber hinaus nutzbar gemacht wurde. So beschrieb der fürstbischöflich-passauische Hofkapellmeister Georg Muffat (1653–1704) in einem Passauer Musikdruck von 1701 die kontrastreiche Wirkung bei der Ausführung eines Concerto mit dieser Metaphorik, denn «gleich wie die Augen durch Gegensatz deß Liechts / und deß Schattens / also wird das Gehör in ein absonderliche Verwunderung verzuckt».[33] Der Musikreisende Charles Burney charakterisierte in einem Bericht, dessen deutsche Fassung 1773 erschien, die von ihm bewunderte Sinfonik von Carl Stamitz als «so voller grossen Wirkungen, so voller Licht und Schatten».[34] Es standen also, wie es Johann Georg Sulzer in dem Eintrag ‹Licht und Schatten› seines Nachschlagewerkes festhielt, «Licht und Schatten in einer unzertrennlichen Verbindung».[35] Der bereits zitierte Kasseler Hofmusiker Ernst Christoph Dreßler gab dementsprechend 1777 den Komponisten den Rat, dass das Orchester «dem einfachen Gedanken des Gesangs hier und da Licht und Schatten geben, ihn aber nicht verdunkeln» dürfe.[36] Und der Arzt Amand William Smith, dessen *Philosophische Fragmente über die praktische Musik* sich nachweislich in Mozarts Besitz befanden (und Mozart auch erwähnen), charakterisierte ein herausragendes Orchester durch die Befähigung, «ein ganzes affektvolles durch Licht und Schatten erhöhtes Stück» aufführen zu können.[37]

Die Unzertrennlichkeit von Licht und Dunkel prägte selbstverständlich auch den erkenntnistheoretischen Zusammenhang, dem sie entstammte. Das Erscheinen des Lichts in der ‹Aufklärung› war nur denkbar im Kontrast zu jenem Dunkel, von dem es sich abzusetzen vermochte. Selbst ein Durchbruch war nur als abrupter Wechsel denkbar, mithin als Vorgang, als temporales Nacheinander. ‹Aufklärung› blieb also im 18. Jahrhundert stets weniger ein Ereignis denn ein Prozess, ein

Daniel Chodowiecki: «Aufklärung» (1791)

Im ‹Göttinger Taschenkalender auf das Jahr 1792› erschien Daniel Chodowieckis überarbeitete Folge von sechs Radierungen mit dem Titel ‹Sechs grosse Begebenheiten des vorletzten Decenniums› (gemeint: des 18. Jahrhunderts). Es geht also um einen Blick auf die 1780er Jahre. Chodowiecki wurde in der zweiten Hälfte des 18. Jahrhunderts zum wichtigsten Zeichner und Illustrator in Berlin. In der Landschaft mit einer Kirche ist eine Sonne zu sehen, wobei aus der Lage der Kirche nicht klar ersichtlich ist, ob es sich um eine aufgehende Sonne im Osten oder eine untergehende Sonne im Westen handelt. Auch ist nicht eindeutig, ob die Landarbeit mit der Kutsche gerade beginnt oder endet. Besonders vage ist die Zuordnung der ‹Aufklärung› zu den großen «Begebenheiten» der unmit-

telbaren Vergangenheit, denn es bleibt die Frage offen, ob es sich dabei noch um Gegenwart oder schon um Historie handelt.
Radierung, 8,9 × 5,1 cm; Wolfenbüttel, Herzog August Bibliothek

unentwegtes Fortschreiten zum Besseren im Kontrast zum Dunkeln, das es umgab. In der rabiaten Polemik, die das josephinische Jahrzehnt ab 1780 in Wien prägte, wurden zwar auch radikale Maßnahmen beschworen. So wurde in einer bedingungslosen Parteinahme für Joseph II., die Samuel Penker 1782 herausbrachte, die Erhellung der Welt als sogar gewalttätige Handlungsanleitung formuliert: «Also heraus mit der Wahrheit – Wo liegts dann, daß das Licht nicht ganz unter dem Topfe hervorkömmt? Starke Löcher hat der Topf zwar schon bekommen, das ist wahr, Gott segne den, der ihn ganz zerschlägt! Dann wird's helle!»[38] Doch selbst dort erscheint ‹Aufklärung› als ein dynamischer Prozess, unter der steten Voraussetzung, dass die ersehnte Helligkeit nur dadurch wirksam wird, dass sie sich vom Dunkel absetzt. Der in Berlin wirkende Kupferstecher Daniel Chodowiecki (1726–1801) veröffentlichte 1791 eine bearbeitete Fassung seiner im Jahr zuvor erschienenen Folge von sechs Kupferstichen mit dem erstaunlichen Titel *Sechs grosse Begebenheiten des vorletzten Decenniums*. Im Gegensatz zur kommentarlosen ersten Fassung tragen die für die Neuveröffentlichung bearbeiteten Stiche Unterschriften. Derjenige mit einer Landschaft, einer Kirche und einer im Dunkel des Horizonts auf- oder untergehenden Sonne erhielt die Beigabe «Aufklärung».[39]

Auf derartige Zusammenhänge bezieht sich zweifellos die *Zauberflöte*. Sarastro bedient sich der damals oft verwendeten Metapher des Schleiers, der nun abgezogen werden müsse, um ins Licht blicken zu können. Auch hier also bedingen sich Licht und Schatten gegenseitig. Der Prozess, den Tamino durchläuft, ist zwar eigenartig: Er besteht aus Prüfungen, er ist lebensgefährlich, aber er ist ein Weg, der am Ende zum Licht führen soll. All dies deckt sich vordergründig mit der Metaphorik einer Aufklärung als Vorgang, als Voranschreiten, als fortwährende Veränderung zum Guten. Die Bildlichkeit, die ganz konkret mit dem Personal der Oper verbunden ist, lässt sich ebenfalls dieser Konstellation zuordnen. Die Königin der Nacht repräsentiert die Gegenseite eines Dunkels, das überwunden werden muss. Als ‹sternflammende› Königin – der biblische Ausdruck der Sternenflammen ist ungewöhnlich und in den 1780er Jahren kaum anzutreffen – ist sie jedoch in der Lage, ebenfalls Licht zu erzeugen. In Herders *Aeltester Urkunde des Menschengeschlechts*, erschienen 1774, stehen sich unter Berufung auf die Bibel die Sonne als König des Tages und der Mond als Königin der Nacht gegenüber, und Letztere ist keineswegs von vornherein negativ konnotiert. Das gilt auch für die *Zauberflöte*, denn der Königin, die zugleich Mutter ist, sind die beiden wirklich großen Arien des gesamten Werkes vorbehalten. Die erste ist eine Folge von Accompagnato-Rezitativ, drei Vierzeilern im Andante- und einem weiteren Vierzeiler im Allegro-Teil in B-Dur, die zweite ist ein erregtes Allegro assai mit zwei Vierzeilern in d-Moll. Beide verweisen auf eine starke affektive Erregung, auf Hoffnung und Rache. Unwirklich werden sie erst in der Durchführung, im exaltierten Habitus, der am extremen Ambitus hörbar ist.

Dagegen stehen die beiden domestizierten Arien des Sarastro, ein Strophenlied, in dem die beiden Strophen unterschiedlich gestaltet sind, und ein reines Strophenlied mit zwei identischen Teilen. In beiden Fällen handelt es sich um bedächtige Affekte, doch auch hier ist der Ambitus extrem, unwirklich. Auch solche Ambivalenzen lassen sich jedoch durchaus der Metaphorik von Licht und Dunkel, von Sonne und Schatten zuordnen.

Am Ende, nach den Prüfungen, nach zwei Selbstmordszenen, nach der Vereinigung der Paare, geschieht allerdings etwas Unerwartetes, das aus dieser Topik ausbricht. Die letzte Szenenanweisung lautet: «Man hört den stärksten Accord, Donner, Blitz, Sturm. Sogleich verwandelt sich das ganze Theater in eine Sonne. Sarastro sitzt erhöht; Tamino, Pamina, beyde in priesterlicher Kleidung. Neben ihnen die ägyptischen Priester auf beyden Seiten. Die drey Knaben halten Blumen» (II, 30). Das

3. Licht und Dunkel

ist nicht allein hinsichtlich der Bühnentechnik mit ihren Lichteffekten bemerkenswert. Mozart veranschaulicht den «stärksten Accord» mit einem Crescendo und dem Einsatz des vollen Orchesters (einschließlich der Posaunen) mit einem verminderten Akkord ganz unmittelbar. Das Quintett aus Monostatos, Königin und Damen kommentiert daraufhin den eigenen Untergang: «Zerschmettert, zernichtet ist unsere Macht, / Wir alle gestürzet in ewige Nacht». Sarastro, der mit seinem Accompagnato zum Es-Dur des Schlusschors überleitet, wiederholt diese Diagnose, fügt ihr aber die Ursache hinzu: «Die Strahlen der Sonne vertreiben die Nacht, / Zernichten der Heuchler erschlichene Macht». Für das damit verbundene finale Bild wären sehr verschiedene, durchweg plausible Lösungen denkbar gewesen, etwa eine idyllische, von der Sonne beleuchtete Landschaft in der Art Chodowieckis. Da Sarastro am Anfang des Aufzugs vom «Heiligthum des größten Lichtes» sprach, wäre auch ein Hain mit einem Tempel denkbar gewesen. In der Szenenanweisung findet sich jedoch nichts davon. Das *tableaux vivant* der regungslos arrangierten Akteure ereignet sich gewissermaßen in der totalen Sonne, im absoluten Licht.

Die Vorstellung einer ‹ewigen Sonne› begegnet zwar regelmäßig in der christlichen Metaphorik, um das Reich Gottes zu charakterisieren. In der Bildlichkeit der Aufklärung ist dieses absolute Licht jedoch nicht vorgesehen, weil es in seiner Unbedingtheit jegliche Geltungsmacht einbüßen müsste. Auch wenn Sulzer sich bei der Zusammengehörigkeit von Licht und Schatten zunächst auf die Malerei bezog, ist doch offenkundig, dass die von ihm beschworene Dialektik weit über diese hinausweisen sollte. War der Durchbruch des Lichts, die Aufklärung, ein Prozess, so konnte er nicht einfach zu einem finalen Punkt gelangen. Der Schriftsteller Alois Blumauer (1755–1798), der zu Mozarts engerer Umgebung in Wien zählte, hat in einem 1787 veröffentlichten Gedicht *An die Sonne* auf durchaus ironische Weise darüber nachgedacht, was die endgültige Preisgabe des Dunkels und des Schattens bedeuten könnte. Er bezieht sich zwar vordergründig auf die Natur selbst, aber es ist offensichtlich, dass die Lichtmetaphorik seines Zeitalters gemeint ist: «Auch ist sie [die Sonne, L. L.] gar zu sehr erpicht, / Mit ihrem Reitz zu prahlen, / Stets soll er uns in's Angesicht / Ganz ohne Schleyer strahlen.»⁴⁰ Blumauer ist bei einer solchen Vorstellung keineswegs wohl, und in seinem Gedicht erwägt er die alles andere als angenehmen Folgen. In einer ironischen Pointe wendet er sein Unbehagen am Ende zu seiner Beruhigung in die darauf reagierenden Bedingungen der Kunstproduktion: «Denn um für ihren Sonnenschein / Ihr gar nicht obligirt zu seyn, / Schrieb ich an dem Gedichte / Nur Nachts – beym Kerzenlichte». Damit verliert die Lichtmetapher, wie gleichzeitig bei Georg Christoph Lichtenberg, endgültig ihre transzendentale Kraft, sie wird doppeldeutig und changierend. In der *Zauberflöte* ist das sichtbar an der elektrischen Figuration des Blitzes, die ebenfalls ambivalent ist: als Bedrohung (im Quintett II, 5), als Teil der Prüfungen (II, 28) und als Vernichtungsschlag, der zugleich das totale, perspektivlose Licht des Finales herzustellen vermag.⁴¹

Zum *tableau vivant* am Schluss der *Zauberflöte* erklingt zunächst ein Dankchor im Andante. Mozart kehrt damit zur Ausgangstonart Es-Dur zurück, was zwar tonale Geschlossenheit erzeugt. Der Durchbruch des Lichts hätte gleichwohl eher in C-Dur erfolgen müssen – so wie Haydn es wenige Jahre später in seiner *Schöpfung* inszenierte. Dort sind Lichtwerdung und C-Dur jedoch nicht ein Ende, sondern der Ausgangspunkt des Geschehens. Dies bemerkte kurze Zeit danach Wieland, als Haydns Oratorium «am Geburtstage des neuen Jahrhunderts» in Weimar aufgeführt wurde: «Wie strömt Dein wogender Gesang / in unsre Herzen ein! – Wir sehen / der Schöpfung mächt'gen Gang, den Hauch des Herrn auf dem Gewässer wehen, / jetzt durch ein blitzend Wort das erste Licht entstehen, / und die Gestirne sich durch ihre Bahnen drehen [...].»⁴² In der *Zauberflöte* geht es dagegen gleichsam um das letzte Wort, also um das endgültige Licht. Doch dem deklaratorischen Dankgesang, der dies beschwört, folgt irritierenderweise noch ein bewegter Schlusschor, der wie der schnelle Teil der *Ouverture* im Allegro steht: «Es siegte die Stärke, und krönet zum Lohn / Die Schönheit und Weisheit mit ewiger Kron» (II, 30).

3. Licht und Dunkel

Die beiden Textzeilen erklingen gleich dreimal, beim zweiten Mal mit etlichen Wiederholungen und einer aufwendig inszenierten Binnenzäsur mit Fermate und Dominantseptakkord. Der dritte Teil erweist sich dann nicht etwa als eine variierte Wiederholung des ersten, sondern als dessen erneute Formulierung. Allein die angehängte Wiederholung der Orchestereinleitung mit einer hinzugefügten viertaktigen Coda erzeugt so etwas wie eine formale ‹Rundung›. Die durchaus erregte, turbulente, aber heitere Diktion dieses Chores zeigt sich bereits in der Orchestereinleitung mit ihren Auftakten, mit den Vorschlagsfiguren und der nervösen Sechzehntelbegleitung der zweiten Violinen. Es handelt sich also weder formal noch in der Diktion um einen feierlichen Schlusschor, sondern um ein freudiges, bewegtes Finale, wobei rätselhaft bleibt, wer hier eigentlich singt.

Stets definierte sich im 18. Jahrhundert das Licht als Kontrast zum Dunkel, die Aufklärung als Durchbruch von Helligkeit. Nie stand außer Frage, dass dieses Licht seine Bedeutung nur in der Abgrenzung vom Dunkel finden könne. Blumauers ironische Vorbehalte gegen eine ‹absolute Sonne› lassen das Unbehagen an der Vorstellung erkennen, eine solche Abgrenzung könne irgendwann gegenstandslos werden. Wieland befand dagegen, dass man mit der Lichtwerdung in Haydns *Schöpfung* nicht nur ein Werk, sondern gleich ein ganzes Jahrhundert eröffnen könne. Das bedingungslose Licht, ein im Sinne Michael Baxandalls Licht ‹ohne Löcher›, am Ende der *Zauberflöte*, wo das Theater selbst zu einer Sonne wird, verweist jedoch auf etwas Gegenteiliges, etwas eigenartig Perspektivloses. In dieser Verwandlung findet die passivische Wendung Taminos vom Licht, das sein Auge finden möge, eine seltsame späte Legitimation. Denn es ist am Ende nicht er selbst, der den Prozess steuert, sondern das Licht. Und diese Passivität überträgt sich auf die Zuschauer, da das gleißende Licht der totalen Sonne nun auch ihr Auge findet. Der seltsame Stillstand, der sich in diesem Zustand abbildet, steht jedoch in einem bemerkenswerten Kontrast zum pulsierenden Es-Dur-Jubel, in dem er besungen wird. Die Regungslosigkeit der zu einem lebenden Bild erstarrten Geweihten spiegelt sich musikalisch in einem heiter-bewegten Chor. Das Werk endet damit so ernst, wie es angefangen hat, und in einem Kontrast, der sich offenkundig nicht mehr auflösen lassen soll.

VI.
Affekt und Ausdruck

1. Kontraste und Schnitte

Bedenkt man die bisherigen Beobachtungen, so scheint es nun an der Zeit, die Perspektive zu weiten und zu fragen, was all dies für die Dramaturgie des Werkes bedeuten kann. Es empfiehlt sich dabei, nochmals zurück an den Beginn zu gehen. Die Eingangsszene, die *Introduction* der *Zauberflöte* mit dem fliehenden Tamino, ist eine erregte, typische ‹aria agitata›, Allegro und c-Moll. Mozart verwendete mehrfach dieses Modell, in der Parallele Es-Dur etwa kurz zuvor in *Così fan tutte* bei Dorabellas «Smanie implacabili». Am Beginn des ersten Satzes der g-Moll-Sinfonie KV 550 hat er es sogar in einen instrumentalen Zusammenhang übertragen. Im Falle Taminos jedoch werden die durch den Tonfall geweckten Erwartungen, kaum dass sie erzeugt sind, nicht einmal ansatzweise eingelöst. Diese ‹Arie›, die immerhin ein 17-taktiges Orchestervorspiel aufweist, dauert gerade eine einzige Minute, der vokale Teil ist nur geringfügig länger als der instrumentale. Ein irgendwie gearteter musikalisch-formaler Zusammenhang soll sich also gar nicht erst entfalten können. Die ersten vier Verse erscheinen zwar wie ein erster Teil, diesem folgt dann aber ein Bruch durch die Ohnmacht und das Verstummen des Helden. Mit dem Auftritt der drei bewaffneten Damen und der Wendung nach Es-Dur kommt es zu einem gravierenden Schnitt, der alles verändert: den Habitus, die Formation, die Frage nach einer denkbaren Form. Zudem geht die nicht unrealistische Konstellation einer Arie für Tenor nicht etwa in einen Chor über, das wäre noch plausibel gewesen, sondern in das Ensemble der drei Frauenstimmen, also in eine phantastische, vergleichslose Szenerie.

Der musikalisch direkt inszenierte Schnitt ist eine Ausnahme in der *Zauberflöte*, es ist ein Privileg der Operneröffnung und der Finali der beiden Aufzüge. Doch steht er offenbar signal- und zeichenhaft gleich am Beginn der Oper. Deren Struktur besteht nämlich in der Aneinanderreihung verschiedener ‹Nummern›, neun im ersten Aufzug, dreizehn im zweiten. Diese Nummern sind strikt getrennt, oftmals geht ihre Abfolge mit einem szenischen Wandel einher, der ebenfalls abrupt erfolgt. Denn diese Szenenwechsel geschehen grundsätzlich bei offenem Vorhang. Sie sollten also regelrecht vorgeführt werden und erforderten eine komplexe Maschinerie für Kulissenwagen sowie eine aufwendige Seiltechnik, um alle Elemente des Bühnenraums simultan und punktgenau, in kürzester Frist und möglichst geräuscharm in Bewegung setzen zu können.[1] Gekoppelt war dies an eine ausgefeilte Beleuchtungstechnik, die auf eine ausgeklügelte Hierarchie von Kerzen und Hohlspiegeln angewiesen war und mit der die optischen Effekte überhaupt erst wirkungsvoll erzeugt werden konnten.

Die in diesem Verfahren erkennbare Poetik der scharfen Schnitte bildet sich ab in der ungewöhnlichen musikalischen Struktur. Im *Stein der Weisen*, auch in der *Zauberzither* dominieren Arien, dazu kommen Chöre und einige Ensembles. In der *Zauberflöte* gibt es insgesamt zwar neun auch so überschriebene Arien, davon sind vier jedoch Strophenlieder, eine ist zudem mit einem Chor kombiniert. Eigentlich bleiben also nur vier übrig, von denen lediglich eine einzige eine rezitativische Einleitung aufweist. Hinzu kommen drei Terzette, je zwei Quintette und Duette, ein einziger selbständiger Chor sowie die weit ausgreifenden Finalszenen. Es handelt sich also um eine denkbar große Fülle heterogener Formationen, wobei angesichts des Umstands von zwei Paaren das Fehlen eines Quartetts (wie es in der *Entführung* einen Höhepunkt bildete) besonders auffällig ist.

Vor allem in der Opera buffa hat Mozart komplexe dramaturgische Techniken entwickelt, Verfahren der Abstufung und Verbindung, der

Beschleunigung und Verlangsamung. Sie sind stets gerichtet auf die großen Finali der einzelnen Akte, die besonders deutlich im zweiten und vierten Akt des *Figaro* ausgebaut sind. Die tempo- und kontrastreiche Kettendramaturgie dieser Finali erweist sich daher als kalkuliert angesteuerter Höhepunkt der Handlung eines Aktes und damit der gesamten Architektur. Schon im Zusammenhang der *Entführung* hat Mozart ausdrücklich auf die wirkungsästhetische Bedeutung dieser Finallastigkeit hingewiesen: «und der schluß wird recht viel lärmen machen – und das ist Ja alles was zu einem schluß von einem Ackt gehört – Je mehr lärmen, Je besser; – Je kürzer, Je besser – damit die leute zum klatschen nicht kalt werden.»[2] Zwar finden sich bereits im letzten Finale von *Così fan tutte* eigenartige, skeptische Rücknahmen dieses Prinzips, in einem eher blockhaften Sextett; dennoch wird es grundsätzlich gewahrt. Die in dieser Oper sich abzeichnende Kehrseite der Aufklärung führt in der deklaratorischen Erklärung der Vernunft zum Schluss eben nicht zur tatsächlichen Aufhebung des formalen Verfahrens eines Kettenfinales; der Komödienschluss kann daher noch ein letztes Mal, wenn auch eingeschränkt, verwirklicht werden.

Darin liegt durchaus eine gewisse Verbindung zur ‹vera opera› *La clemenza di Tito*. Dort zeigt sich die staatspolitische Wirklichkeit zwar als in so hohem Maße affektdurchdrungen, dass Orientierungslosigkeit und Chaos einzutreten drohen. Der Gnadenakt, den Tito gewährt, ist deswegen nicht weit entfernt von Don Alfonsos Proklamation der Vernunft im letzten Augenblick – und von jenem Gnadenakt, den der Graf Almaviva im *Figaro* zur Lösung des dortigen Durcheinanders erfleht. Die Konsequenzen einer solchen Lesart sind gravierend, weil auf diese Weise auch die Staatsaktion denselben Prämissen gehorcht wie die Komödie. Und doch, den letzten Schritt zur Aufhebung der Gattungsnormen vollzieht Mozart auch hier nicht. Das Prinzip des *dramma per musica* wird durch den Schlusschor sogar demonstrativ heraufbeschworen.

In der *Zauberflöte* verschwinden solche Hierarchisierungen und ihre Verbindungen zu normpoetischen Vorgaben jedoch vollständig. Die einzelnen Teile werden durch scharfe Kontraste getrennt, und sie unterscheiden sich, von wenigen Abweichungen abgesehen, nicht einmal in der Dimension gravierend voneinander. Anders noch als in der Opera buffa erweist sich das Kettenfinale daher nicht als Kulminationspunkt eines Aktes, sondern die kontrastive Reihungstechnik ist bereits dessen Ausgangspunkt. Eine gewisse Verdichtung entsteht in den Finali lediglich durch den Verzicht auf gesprochene Dialoge. Das seltsame parataktische Verfahren kündigt sich im Doppelsinn des Begriffs *Introduction* geradezu an. Der Begriff fand im Übrigen äußerst selten Verwendung, so etwa in Schikaneders ‹komischer Oper› *Der Hauspummer* (*Das Hausbummerl*) von 1787, wo mit ihm jedoch lediglich ein komisches Ensemble bezeichnet wird.[3]

Das parataktische Verfahren Mozarts spiegelt sich auch in der schriftlichen Aufzeichnung der *Zauberflöte*. Das Autograph der Oper ist erhalten, alle weiteren Materialien sind es nicht; vermutlich gab es eine Abschrift der Partitur, vielleicht von Franz Xaver Süßmayr, dazu die Orchesterstimmen, die Chorstimmen und die Rollenauszüge für die Sänger, wahrscheinlich ebenfalls von Süßmayr angefertigt.[4] Die sehr rasche Verbreitung des Werkes – erste Auszüge waren schon kurz nach der Uraufführung verfügbar, erste Aufführungen außerhalb Wiens gab es ab 1792 (so im Oktober dieses Jahres in Augsburg) – basierte zunächst auf Abschriften, von denen man allerdings sicher sagen kann, dass Mozart sie nicht mehr wirklich steuern oder beeinflussen konnte. So kommt dem Autograph eine besondere Bedeutung zu. Mozart muss es bei den ersten beiden, von ihm selbst geleiteten Aufführungen als Dirigierpartitur verwendet haben. Parallel dazu wird er das gedruckte, eingerichtete Exemplar des Textbuchs oder eine Handschrift des Librettos benutzt haben. Ob Johann Baptist Henneberg, der ab der dritten Aufführung die Leitung übernahm, eine Abschrift benutzte, lässt sich kaum sagen, erscheint aber nicht unwahrscheinlich. Hier soll es jedoch nicht um philologische Fragen gehen, sondern darum, ob die Handschrift weitergehende konzeptionelle Auskünfte erlaubt.

1. Kontraste und Schnitte 187

Die Reinschrift der Zauberflöten-Partitur, erste Seite der Introduction (1791)

Mozarts Reinschrift der Partitur ist die einzige verlässliche Quelle der Oper, die zur Uraufführung zurückreicht. Mozart hat sie als Dirigierpartitur für die ersten Aufführungen benutzt. Er hat verschiedene Tinten für verschiedene Arbeitsschichten verwendet, aber die Beweggründe für diese Arbeitsschichten lassen sich nicht kohärent erschließen. Auf der ersten Seite der ‹Introduction› ist erkennbar, dass die Randstimmen (Violinen und Bässe) als Gerüst zuerst notiert wurden, die anderen Stimmen (mit Ausnahme des ersten Taktes der anderen Streicher) später mit anderer Tinte. Die Tempoangabe entstand wohl auch im ersten Schritt, die Überschrift (‹Introduction›) später. Rechts findet sich die römische Nummerierung der Lage, links (später) die Nummernzählung mit arabischer Ziffer. In einem abermals späteren Schritt wurden dann die Trompeten- und Paukenstimmen wieder gestrichen. Alle anderen Quellen, die es gegeben haben muss, sind verloren. Nur eine einzige der späteren Handschriften (Budapest, Országos Széchényi Könyvtár, Ms. Mus. 180 868, nur der erste Aufzug) lässt sich zweifelsfrei mit dem Freihaustheater in Verbindung bringen und scheint vor 1796 von der (verlorenen) Aufführungspartitur kopiert worden zu sein.
Berlin, Staatsbibliothek zu Berlin Preußischer Kulturbesitz

Im Unterschied zu seinen anderen Wiener Opern, auch zur *Entführung*, die mit ihren gesprochenen Dialogen wenigstens eine ähnliche Struktur wie die *Zauberflöte* aufweist, entschied Mozart sich dazu, jede Nummer vollständig und einzeln zu fixieren. Diese Nummern wurden gezählt, beginnend mit der *Ouverture*, und sie wurden in aller Regel betitelt. Mozart verwendete dabei verschiedenen Papiersorten, ob nach einer bestimmten Systematik, lässt sich nicht erkennen, aber es erscheint wenig wahrscheinlich. Wichtiger ist der Umstand, dass er für jede Nummer ein einheitliches Papier verwendete, wobei alle benutzten Sorten das für ihn typische Muster der zwölf Notensysteme pro Seite aufweisen. Er beschrieb jeden Bogen (zu jeweils vier Seiten) einzeln und zählte daraufhin alle Blätter einer Nummer gesondert durch. Zudem wurden die Blätter jedes Aufzugs nochmals durchnummeriert, in etlichen Fällen wurden von Mozart selbst oder von fremder Hand Taktzahlen hinzugefügt. In zwei Fällen finden sich noch weitere, klein geschriebene Zahlen, deren Bedeutung aber bislang unklar geblieben ist.

Die strikte Trennung nach Nummern, die jeweils geschlossen komponiert wurden, ist in dieser Konsequenz ein Novum bei Mozart. Für ihn, der seit dem *Idomeneo* Techniken ausgefeilter Übergänge überragende kompositorische Aufmerksamkeit schenkte, ist der Verzicht darauf, der sich strukturell in der Anlage des Manuskripts abbildet, umso bemerkenswerter. Das bedeutet jedoch auch, dass sich durch die Aneinanderreihung der einzelnen Lagen nicht notwendig eine Chronologie der Komposition ergeben muss. In einem Brief wohl vom 2. Juli 1791 bat Mozart seine Frau in Baden, Franz Xaver Süßmayr aufzufordern, ihm «vom ersten Ackt, von der *Introdution* bis zum *Finale*, meine Spart» zu schicken, «damit ich *instrumentiren kann*».[5] Damit ist nichts darüber gesagt, ob der zweite Aufzug zu diesem Zeitpunkt fertig war oder nicht. Es erscheint aber mehr als wahrscheinlich, da Mozart sich erst nach Abschluss beider Aufzüge an die Instrumentation gemacht haben dürfte. Süßmayr besaß die «Spart» mit einiger Sicherheit, um die Gesangsstimmen auszuschreiben, und es ist wenigstens wahrschein-

1. Kontraste und Schnitte 189

lich, dass er schon über beide Aufzüge verfügte. Insgesamt ist es also gut vorstellbar, dass die kompositorische Arbeit mit Ausnahme von Ouvertüre und Marsch im Juni 1791 vollständig abgeschlossen war und die Instrumentation wenig später. Über die Dauer der kompositorischen Arbeit ist damit jedoch nichts gesagt, diese kann sich durchaus so, wie dargelegt, über einen längeren Zeitraum erstreckt haben.

Verwirrend ist aber noch ein anderer Aspekt. Mozart notierte einige Nummern tatsächlich in einer reduzierten Form, also als «Spart», aber andere nicht: Hier ist eine vollständige Partitur bereits im ersten Durchgang entstanden (wenn man nicht annehmen will, dass Mozart einzelne Nummern bei der Instrumentierung ganz neu aufzeichnete, was wenig wahrscheinlich, aber wenigstens denkbar ist). Mit diesem Befund ist nichts über mögliche Skizzen und Entwürfe im Vorfeld gesagt. Diese wird es sicher gegeben haben, in welchem Ausmaß und in welcher Form, muss, von den wenigen erhaltenen Ausnahmen abgesehen, unklar bleiben.

Die strikte Trennung der Oper in einzelne Lagen lässt hingegen erkennen, dass die Dramaturgie der scharfen Kontraste offenbar absichtsvoll in der Werkentstehung reflektiert wurde. Gerade deswegen ist es vorstellbar, dass Mozart bei der Komposition nicht dem Verlauf des Textes folgte. Im Juni 1791 schrieb er an seine Frau: «Aus lauter langer Weile habe ich heute von der Oper eine Arie componirt.»[6] Diese Aussage ist oft zitiert worden, aber wenig beachtet wurde, dass sie konzeptionell in zweierlei Hinsicht aufschlussreich und belastbar ist. Wie immer man den oftmals ironischen Tonfall von Mozarts Briefen bewerten mag, zumindest diese Formulierung lässt gerade nicht auf Atemlosigkeit bei der Ausarbeitung der Zauberflöte schließen. Eigenartig ist überdies der unbestimmte Hinweis «von der Oper eine Arie». Er stützt die Annahme, dass Mozart nicht in der Chronologie des Librettos komponiert hat, sondern in einer anderen Ordnung. Diese kann darin bestanden haben, einzelne Nummern ‹zusammenzubinden›. Denkbar wäre es zum Beispiel, dass die beiden Papageno-Lieder nahe beieinander entstanden sind, absichtsvoll verbunden mit unterschiedlichen

Techniken: das erste Lied mit einem ‹Spart›-Satz, also noch ohne Instrumentierung, das zweite Lied (obwohl ebenfalls ein Strophenlied) offenbar von vornherein als ausgeschriebene Partitur. Denkbar wären aber auch andere Prinzipien, die von der Chronologie des Textes abwichen.

Im Fall der *Zauberflöte* war also anscheinend von vornherein beabsichtigt, die Hierarchie einer gesetzten dramaturgischen Struktur aufzuheben in einer paratakischen Reihung von einzelnen Stücken. Und verwirklicht wurde dies möglicherweise in einem Arbeitsvorgang, der nicht auf die Handlungschronologie gerichtet war. Mozart verwies wie erwähnt in seinem Werkverzeichnis in den Eintragungen zu den Opern stolz auf die einzelnen Nummern, so auch beim *Tito*. Für die *Zauberflöte* findet sich jedoch der eigenartige Hinweis: «eine teutsche Oper in 2 Aufzügen. Von Eman. Schickaneder. bestehend in 22 Stücken».[7] Der quantitative Ausdruck ‹Stück›, der im 18. Jahrhundert für Handelsware gebräuchlich war, lässt sich auf das Fehlen einer dramaturgischen Hierarchie beziehen. Und darauf verweist auch Mozarts bereits zitierter Brief an seine Frau über seinen Besuch der *Zauberflöte* mit Caterina Cavalieri und Antonio Salieri: «du kannst nicht glauben wie artig beide waren, – wie sehr ihnen nicht nur meine Musik, sondern das Buch und alles zusammen gefiel. – Sie sagten beyde daß sey ein Operone [ein großes Werk, L. L.] – würdig bey der größten *festiviteet* vor dem größten Monarchen aufzuführen. – und Sie würden sie gewis sehr oft sehen, den sie haben noch kein schöneres und angenehmeres *spectacel* gesehen. – Er hörte und sah mit aller Aufmerksamkeit und von der *Sinfonie* bis zum letzten Chor, war kein Stück, welches ihm nicht ein *bravo* oder *bello* entlockte, und sie konnten fast nicht fertig werden, sich über diese Gefälligkeit bei mir zu bedanken Sie waren allzeit gesinnt gestern in die Oper zu gehen.»[8] Der Umstand, dass Salieri jedes «Stück» gleichermaßen würdigte und bewunderte, lässt erkennen, dass ihm die Technik einer Art von dramaturgischer Parataxe vollumfänglich bewusst wurde, denn auch er nahm in seinem Werturteil keinerlei Hierarchisierung vor.

1. Kontraste und Schnitte

Auffällig ist dabei zugleich die Verwendung des Begriffs «spectacel». Dieser Terminus konnte zwar im späten 18. Jahrhundert pejorativ gemeint sein, er konnte sich aber auch auf eine einzigartige, besonders festliche Aufführung beziehen. Als Erzherzog Franz, der Neffe Josephs II. und vorbestimmte Thronfolger, im Januar 1788 Elisabeth Wilhelmina von Württemberg heiratete, befand sich Wien in einem mehrtägigen feierlichen Ausnahmezustand. Für den Tag nach der Hochzeit, für den 7. Januar 1788, hatte der Monarch in allen Theatern der Residenzstadt festliche Aufführungen angeordnet: «An eben diesem Tage wird in allen Theatern vor und in der Stadt Frey-Spectacel gegeben, wofür die Entrepreneurs bezahlt werden.»[9] Das «Spectacel» bezeichnet hier jenen Ausnahmezustand. Darauf bezog sich offenbar auch Salieris und Cavalieris Wort von der «größten *festiviteet* vor dem großten Monarchen». Es zielt nicht allein auf Mozarts Selbstbewusstsein, sondern auf den Anspruch der *Zauberflöte* eben nicht als ‹vorstädtisches› Unterhaltungstheater, sondern als Staats- und Repräsentationsstück – mithin auf einen Habitus, der das Werk auch deutlich von einer Opera buffa unterscheiden sollte.

Die Aufhebung einer klaren dramaturgischen Hierarchie ist nicht nur deswegen auffällig, weil Mozart selbst seit der *Entführung* die Ästhetik des gut durchdachten ‹Plans› bemüht, also die Wichtigkeit einer klaren und geordneten Handlung anerkannt hatte. Die Berufung auf einen ‹Plan› wurde, wie schon dargelegt, in der *Zauberflöte* dazu benutzt, die Fülle der Erscheinungen gleichsam zusammenzubinden. Doch der ‹Plan›, der dabei verfolgt wurde, rührt in der mit ihm verbundenen Aufhebung der dramaturgischen Hierarchien zugleich an elementare Grundsätze der Bühnenästhetik des späteren 18. Jahrhunderts. Der hohe Staatsbeamte Joseph von Sonnenfels (1732/33–1817), dessen Schriften Mozart wenigstens anteilig besaß, hat in seinen *Briefen über die Wienerische Schaubühne* von 1768 das Ideal eines regulierten Dramas charakterisiert: Es liege «in der Anlage der Handlung, in der Herbeiführung der Zwischenfälle, in der Haushaltung mit der Wirkung des Kontrasts, und besonders im Dialog».[10] In der Oper erachtete er deswegen Glucks

Alceste als vorbildlich, die wie erwähnt für den Begriff der ‹großen Oper› einen wichtigen Bezugspunkt bildete. Genau diese Organisation wird jedoch in der Zauberflöte nicht nur angezweifelt, sondern aufgehoben. Von logischer «Herbeiführung der Zwischenfälle» kann ebenso wenig die Rede sein wie von einer «Haushaltung mit der Wirkung des Kontrasts».

Im Drama der 1770er Jahre, also jener Zeit, die man als ‹Sturm und Drang› bezeichnet, begegnen derartige Züge ebenfalls. In einer 1785 erschienenen Besprechung von Schillers Kabale und Liebe vermerkte der anonyme Rezensent: «Die ganze Anlage des Stückes ist so unnatürlich, als es nur eine seyn kann.»[11] Der Vorwurf des Unnatürlichen zielte zweifellos auf das Disruptive, auf die Brüche des Dramas. Das Unnatürliche, das mit Bendas Worten in Mozarts ‹großer Oper› zur Natur werden sollte, besteht hier aber offenkundig nicht in verletzenden, wilden Wechseln – Verfahrensweisen, die Mozart in seinen eigenen Werken, vor allem der Sinfonik der 1770er Jahre, nicht fremd waren.[12] Die Aufhebung einer schlüssigen, konsekutiven Dramaturgie, der Verzicht auf «Haushaltung», scheint vielmehr in der Einsicht zu gründen, dass die normpoetischen Vorgaben der Musik und dem Theater nach 1790 nicht mehr angemessen seien. Der früh erhobene Vorwurf, dass sich in der Zauberflöte herausragende Musik mit einem insuffizienten Text verbinde, lässt sich daher auch umkehren: Offenbar gehört dieser vorgebliche Widerspruch zu den zentralen Voraussetzungen dafür, dass Theater, dass Oper überhaupt noch Wirklichkeit werden konnte.

2. Wahrheit und Wahrscheinlichkeit

Zu den zentralen Problemen der opernästhetischen Diskussion des 18. Jahrhunderts zählt die Frage nach Wahrheit und Wahrscheinlichkeit. Nicht nur, dass die begriffslose Musik dem Gebot der Wahrscheinlich-

2. Wahrheit und Wahrscheinlichkeit

keit nahezu unüberwindliche Hindernisse in den Weg setzte; das Problem begann in der Oper bereits bei der Unwahrscheinlichkeit singender Akteure. Der Leipziger Gelehrte Johann Christoph Gottsched (1700–1766) befand schon 1728, dass es ebenso unvernünftig wie widernatürlich sei, singende Akteure auf die Bühne zu stellen, wobei er einen zwei Jahrzehnte älteren französischen Streit aufgriff.[13] Tatsächlich litt die Oper unter dem Vorurteil, die Gesetze von Wahrheit und Wahrscheinlichkeit derart gravierend zu verletzen, dass ästhetisches Vergnügen nur bei demjenigen entstehen konnte, der bereit war, auf seine Gabe zur Vernunft wenigstens anteilig zu verzichten. Karl Wilhelm Ramler (1725–1798), Philosophielehrer am Corps des Cadets in Berlin, ordnete 1756 daher in verteidigender Absicht die Oper «einer andern Welt» zu,[14] und Wieland fasste das Problem später in seine Figur des ‹bedingten› Vertrags.

Die Vorbehalte konnten jedoch einen besonderen Sachverhalt nicht negieren, dass nämlich ausgerechnet die begriffslose, die nicht über die Nachahmungsästhetik zu erschließende Musik imstande war, so ungeheure Wirkungen auf das menschliche Gemüt auszuüben. Johann Gottfried Herder zog daraus 1769 die Konsequenz, auf eine erneuerte, eine ganz andere Oper zu setzen: «O eine neu zu schaffende Deutsche Oper! Auf Menschlichem Grund und Boden; mit Menschlicher Musik und Deklamation und Verzierung, aber mit Empfindung, Empfindung; o grosser Zweck! großes Werk! Sprechen, wo man spricht; singen, wo man singt! Oder nein! statt sprechen, ganze Auftritte nur Pantomine, und dann singen, wo man empfindet – – das ist eine Oper! Der Plan muß einfach seyn [...]. Der Taube muß die Oper verstehen können!»[15]

Die Opernästhetik Mozarts, die sich im Wien der 1780er Jahre immer weiter ausdifferenzierte, galt jedoch einem abweichenden Ansatz. Sie konzentrierte sich nicht einfach auf die affektive Macht der Musik, sondern insbesondere darauf, dass vor allem nicht-lineare Affekte berührt wurden, also das, was seit Moses Mendelssohn als ‹vermischte› Empfindungen bezeichnet wurde.[16] Die Musik war nicht bloß in der Lage, solche vermischten Empfindungen auszudrücken, sie vermochte es sogar besser, genauer und differenzierter als die stets auf Rationalität zielenden Begriffe der Sprache. In Wien hatten derlei Überlegungen bereits Gluck geleitet, aber sie führten bei ihm zu ernsten Werken und zu Gattungssolitären, etwa zu *Orfeo ed Euridice* (1762), *Alceste* (1767) oder auch den Balletten *Don Juan* (1761) und *Sémiramis* (1765).[17] Mozart setzte dagegen nicht auf tendenziell tragische Stücke, sondern auf das Komische, also auf die Opera buffa. Sie gewährte dem per se Unwahrscheinlichen der singenden Akteure eine Beglaubigung, die aus den Mechanismen der Komödie und ihrer Unwahrscheinlichkeiten hervorgehen sollte.

Mozart stieß dabei in immer heiklere Grenzbereiche vor, die in immer stärkerem Maße die Frage von Wahrheit und Wahrscheinlichkeit auf ganz neue Weise berührten. In der 1790 uraufgeführten *Così fan tutte* hat sich dieser Habitus in einer komplizierten Weise zugespitzt. Denn das Drama kreist hier um die Relativität menschlicher Affekte, um erlebte, vorgetäuschte und nur noch vermeintliche Gefühle. Dabei wurde es offenbar zur Aufgabe der Musik, die Affekte im Sinne solcher Ambivalenzen zu thematisieren und sie wenigstens im Moment der Darstellung noch glaubhaft zu machen. Doch gerade deswegen betreffen die Grenzbereiche, die dabei berührt werden, nicht einfach nur ein ästhetisches Detailproblem, sondern die Geltungsmacht der Musik insgesamt. Im *Don Giovanni* wird dieses Problem auf besonders drastische Weise sichtbar, mit einigen Konsequenzen für die Gattungsgrenzen. Denn die letzte Szene, die im Kettenfinale wenigstens pro forma noch die Komödienlösung herbeiführen sollte, erklang zwar in Prag, wurde aber bei der Wiener Aufführung gestrichen. Damit waren die Gattungsgrenzen vollends aufgehoben. Das beispiellose Finale mit der Höllenfahrt des Protagonisten und der Flucht der anderen Darsteller von der Szene erinnerte zwar an Radikallösungen jenseits der Oper, etwa bei Gluck oder Benda, steigerte diese jedoch wirkungsästhetisch bis zur Bedingungslosigkeit, zudem mit singenden Akteuren, unter denen der tote, steinerne Commendatore die größte denkbare Unwahrscheinlichkeit darstellt.

2. Wahrheit und Wahrscheinlichkeit

In der *Zauberflöte* haben sich dann die Grundsatzfragen um Wahrheit und Wahrhaftigkeit auf der Bühne nicht bloß weiter zugespitzt, sondern sie sind auf eigentümliche, verwirrende Weise zum Gegenstand der Bühnenhandlung geworden. In der Oper werden von Beginn an alle Aspekte von Wahrscheinlichkeit auf eine so gravierende Weise infrage gestellt, dass die damit verbundenen ästhetischen Prämissen ins Wanken geraten müssen und wohl auch sollen. Dies zeigt sich bereits in der *Introduction*, wo Tamino nach dem ersten Abschnitt seiner Arie einfach in Ohnmacht fällt. Die Ohnmacht galt im 18. Jahrhundert nicht bloß als Zeichen der Schwäche, die vor allem Frauen an den Tag legten, sondern auch als Ausweis von Untätigkeit, von Melancholie: «Man hat in Ansehung der Temperamente das melancholische, oder das phlegmatisch-melancholische Temperament besonders hierher als eine Ursache der Ohnmachten zu zühen, wiewohl auch sonst eine empfindliche Leibesbeschaffenheit allerdings alleine, als eine Ursache dieser Kranckheit anzusehen ist. Denn wer sehr empfindlich ist, der kan auch wegen dieser seiner grossen Empfindlichkeit, die er vielleicht von Natur und also von Mutterleibe her besitzet, gar leichtlich beweget, und durch vorfallende Umstände in einen dergleichen Ohnmachtsstand gesetzet werden.»[18] Bei der Eingangsszene handelt es sich also nicht einfach um den Offenbarungseid des Helden – kaum zufällig waren männliche Ohnmachten ein beliebter Effekt im Lustspiel, Papageno kommt darauf im zweiten Aufzug (II, 6) zurück –, sondern um den Ausweis seiner Befindlichkeit: Er ist nicht voller Tatendrang, sondern voller Melancholie, erkennbar auch an der funktionslosen Waffe, die er mit sich führt. Der Widerspruch zwischen dem erregten Habitus und der Disposition dessen, der ihn darstellt, ist intentional, und er wird als solcher geradezu inszeniert.

Dieser Widerspruch zeigt sich noch auf einer anderen Ebene. Mozart komponierte den erregten Beginn der Szene zunächst mit voller Orchesterbegleitung, also mit Trompeten und Pauken. Das ist nicht nur ein starker Effekt, es ist auch angemessen. Tamino, dem Prinzen aus königlichem Geblüt, gebühren die Trompeten schon als Standessymbol – eine Opernpraxis, die Mozart zuvor immer wieder berücksichtigt hat und auch danach, am spektakulärsten im Übergang zum Schlussbild des *Tito*, nach Vitellias Rondo «Non più di fiori», nach dessen Kadenz die Trompeten einsetzen. Doch Mozart strich die Trompeten und Pauken wieder aus der ausgeschriebenen Partitur, also in einem sehr späten Stadium der Arbeit – und fügte sie an anderer Stelle, beim Auftritt der drei Damen, hinzu. Er musste sie sogar auf einem gesonderten Blatt nachtragen. Trompeten haben aber habituell in einem Frauenterzett nichts zu suchen. Mozart ging sogar noch weiter und erwog im Terzett noch eine besonders künstliche Kadenz, die er aber noch vor der Ausarbeitung des gesamten Satzes wieder strich; möglicherweise hat er dabei ein Notenblatt entfernt. Dieser Strich hatte wohl weniger mit technischen Schwierigkeiten zu tun als mit denkbaren Vorbehalten gegen ein äußerstes Maß an Übersteuerung, denn etwas Vergleichbares würde sich im gesamten Werk nicht finden. Doch so oder so, Wahrheit und Wahrscheinlichkeit geraten bereits zu Beginn der *Zauberflöte* ins Wanken.

Die oft kritisierte Willkür und Unwahrscheinlichkeit der Handlung erweist sich vor diesem Hintergrund als auf allen Ebenen absichtsvoll herbeigeführt. Offenbar soll nichts mehr so sein, wie es scheinen könnte. Man kann, um ein Beispiel zu nehmen, einen ‹Bruch› zwischen erstem und zweitem Aufzug diagnostizieren, wenn man von vornherein Handlungslogik erwartet. Dass es am Anfang wenigstens so scheint, als sei die Königin der Nacht ‹die Gute› und Sarastro ‹der Böse›, während sich dies dann (vermeintlich) umkehrt, ist aber nur so lange ein eklatanter normpoetischer Verstoß, wie man die Wahrscheinlichkeit als Grundlage einer Opernhandlung ansehen will. Träumte Herder von einer Beglaubigung der Oper «auf Menschlichem Grund und Boden», so ist es hier das Phantastische, das die Handlung trägt – weswegen, um Herders Metapher zu bemühen, gerade Grund und Boden instabil werden und wie bei einem Beben ins Wanken geraten.

Die erste Arie der Königin der Nacht kann wahrhaftig nur dann sein, wenn das Dargestellte es auch ist oder doch wenigstens wahrschein-

2. Wahrheit und Wahrscheinlichkeit

lich. Im Fortgang wird sich aber genau diese Annahme als falsch erweisen – was der Arie alle Wahrscheinlichkeit, nicht aber ihre Bühnenwirksamkeit entzieht. Die zweite Arie der Königin im zweiten Aufzug, die tonal und im geradtaktigen Allegro assai gewissermaßen passgenau für den Anlass, für furchtbaren Zorn und mordlüsterne Rachlust, konfiguriert ist, verliert ihre Wahrscheinlichkeit bereits im Augenblick des Erklingens, in den surrealen Tonlagen der Koloraturen. Deren triolischer Höhepunkt, die zertrümmerten «Bande der Natur», unterstreichen diese Ambiguität sogar wörtlich (II, 8). Nach kurzen Dialogszenen antwortet Sarastro, in einem denkbar scharfen Kontrast, ausgerechnet mit einem Strophenlied in E-Dur (II, 12). Dieses ‹spielt› zwar in «heil'gen Hallen», erklingt aber noch im Garten. Und auch dieses Lied berührt eine stimmliche Extremlage, die zugleich den Grad seiner Wahrscheinlichkeit betrifft. Denn die Rache, die man angeblich nicht kennt, wird im Dialog davor noch von Sarastro selbst beschworen («du sollst sehen, wie ich mich an deiner Mutter räche»).

Johann Christoph Adelung (1732–1806), zum Zeitpunkt der Veröffentlichung Privatgelehrter in Leipzig, definierte ab 1778 in einem Werk nützliches Wissen für alle denkbaren Bereiche in den Schulen. Im dritten Teil, der 1786 bereits in zweiter Auflage herauskam, behandelt er die Grundsätze der Künste: «Wahrheit und Wahrscheinlichkeit sind zu allen schönen Kunstwerken unentbehrlich, weil das Vergnügen wegfällt, wo ein Widerspruch aufstößt.»[19] In einer anonymen Rezension von August von Kotzebues Singspiel *Der Eremit auf Formentera* wurde 1788 festgehalten, dass eine Oper dann geglückt sei, wenn man «übrigens nicht offenbar [offensichtlich, L. L.] gegen Wahrheit und Wahrscheinlichkeit sündiget».[20] Genau das aber scheint als Prinzip die *Zauberflöte* zu durchziehen – die Ästhetik der permanenten Widersprüche, das unausgesetzte ‹Sündigen› «gegen Wahrheit und Wahrscheinlichkeit» –, um gerade daraus das Vergnügen der Teilhabe zu ziehen. Wenig später und bereits unter dem Eindruck der *Zauberflöte* hat Goethe in seinem Gespräch *Ueber Wahrheit und Wahrscheinlichkeit der Kunstwerke*, veröffentlicht in den *Propyläen*, das ‹Kunstwahre› vom ‹Naturwahren› getrennt, denn Ersteres verfüge über eigene Gesetze, die von denen der Natur verschieden seien.[21]

Ob es Mozart wirklich um ein ‹Kunstwahres› in diesem Sinne ging, lässt sich nicht sicher sagen, erscheint aber wenigstens möglich. Denn die Aufkündigung der Geltungsmacht von Wahrheit und Wahrscheinlichkeit, verknüpft mit einer additiven Dramaturgie, ist wohl eine Reaktion darauf, dass ihm jene Mechanismen der Darstellung, die in der zweiten Hälfte des 18. Jahrhunderts entwickelt und beglaubigt worden waren, als nicht mehr funktionstüchtig galten. Die zahllosen Verstöße des Textes der *Zauberflöte* berühren daher auch die Prinzipien der musikalischen Darstellung auf grundlegende Weise. Besonders offensichtlich werden derlei Konflikte bereits bei Papagenos erstem Auftritt. Bei seiner Vogelfänger-Arie handelt es sich um ein geregeltes Strophenlied, zu dem er mit seinem bereits diskutierten «Faunen-Flötchen» spielt (I, 2). Diese Flöte ist gewissermaßen der Mittler zwischen der Bühnenfigur und dem begleitenden Orchester, sie durchbricht dabei die Viertaktordnung und negiert zugleich mühelos die Grenze zwischen Bühne und Zuschauerraum. Mozart sollte auf diesen Grenzübertritt zurückkommen in der von ihm berichteten Anekdote, wie er Schikaneder mit seinem Glockenspiel durcheinandergebracht habe. Warum aber Papageno bei seinem Auftritt überhaupt singt und an wen er sich damit eigentlich richtet, das bleibt so unklar wie wenig später bei Taminos Bildnis-Arie. Das ‹traditionelle› Motiv einer Opernarie, die ausgiebige Reflexion über einen Affekt, die affektive Selbstvergewisserung, entfällt jedenfalls.

Die Aufkündigung von Wahrheit und Wahrscheinlichkeit berührt daher die Frage nach der musikalischen Eindeutigkeit noch viel weitergehend als *Così fan tutte*. Was überhaupt noch musikalische Glaubwürdigkeit oder ein musikalisch Kunstwahres zu erzeugen vermag, das bleibt hier anhaltend ungenau, es wird uneindeutig. Christian Friedrich Daniel Schubart, der hochsensibel wie wenige Zeitgenossen für Mozarts Ausnahmerang seit den 1770er Jahren war, hat sich schon 1786 bei seinem Versuch, typische Charakteristika zeitgenössischer «groser Meister» in

2. Wahrheit und Wahrscheinlichkeit

Michael Wutky: Wolkenstudie (vor 1800)

Michael Wutky (1739–1822 oder 1823) wurde berühmt für seine Naturdarstellungen. Er studierte ab 1755 in Wien und wurde 1770 Mitglied der k. k. Zeichenakademie. 1771 reiste er nach Italien und lebte bis 1785 weitgehend in Rom, von wo aus er nach Wien zurückkehrte. Von 1795 bis 1801 lebte er nochmals in Rom, wurde dann aber Professor für Landschaftsmalerei an der Wiener Akademie. Ob seine Bilder tatsächlich direkt ‹nach der Natur› entstanden sind, ist unsicher. In jedem Fall überblenden sich in ihnen Natürlichkeit und Künstlichkeit in einer eigenartig ‹unscharfen› neuen Form optischer Illusionskunst. Das zeigt sich auch an seiner Wolkenstudie mit aufgehender Sonne, die vor 1800 und wohl noch vor seinem erneuten Italienaufenthalt entstand. Ob Mozart und Wutky sich persönlich kannten, lässt sich nicht nachweisen.
Öl auf Papier, 18,5 × 26,9 cm; Wien, Bibliothek und Kupferstichkabinett der Akademie der Bildenden Künste

---

Schlagworten zu bestimmen, zu einer erstaunlichen Lösung entschlossen. Er nannte «Mozard, den Schimmernden» und unterstrich damit eine bestimmte Eigenart, die sich für ihn bereits im Falle von *Idomeneo* und *Entführung* abzuzeichnen begann.[22] Das Schimmernde stand im Gegensatz zum Genauen, zum Klaren. In einer literarischen Rezension, die fast gleichzeitig wie Schubarts Text erschien, wurde beklagt, dass man in Zeiten lebe, in denen man «das Schimmernde dem Gründlichen vorzieht».[23] Dieser negativen Wertung stand bei Schubart die positive gegenüber, dass das Vage, das Opake, das Mozarts Musik verkörpere, der Zeit angemessener sei als das Eindeutige.

Dieses Vage, das sich in Mozarts Auseinandersetzung mit den vermischten Empfindungen bereits abzuzeichnen begann, wird in der *Zauberflöte* zur werkbestimmenden Kategorie der Darstellung. Das ‹Schimmernde› galt im Übrigen in Wien als ein Kennzeichen des josephinischen Jahrzehnts. In einer bedingungslosen Apologie Josephs II. hat es der aus Prag stammende Priester Gottesgab Herzog (1735–1830) zum übergreifenden Epochenmerkmal erhoben: «Das schimmernde Alter ist itzt heran, wo ein Jeder sein banges Herz vor Ihm [dem Kaiser, L. L.] auszuschütten, wo der Gekränkte Salbung in allen seinen Schmerzen empfinden, und der Unglükliche die Völle der Glükseligkeit genüssen wird.»[24] In der zweiten Hälfte der 1780er Jahre und dann allemal nach dem Tod des Monarchen wurde das Schimmernde aber vom hoffnungsvollen Leuchten des Kommenden, des Bevorstehenden zum Zeichen des Vagen, des Unbestimmten, des Unsicheren. Die Fülle der divergierenden Wirklichkeitsbezüge in der *Zauberflöte*, die eine unentwegte «Erweiterung der Kräfte» erfordert, wird zwar ‹auf einmal›, also im Augenblick der Wahrnehmung, erfahrbar. Doch steht dahinter nicht mehr der optimistische Wille zur Auflösbarkeit. Es geht nicht mehr um das Bemühen, die unermessliche Vielgestaltigkeit der Welt zu erfassen und zu ordnen, sondern darum, sie heterogen und ‹schimmernd› wahrzunehmen.

Taminos Ohnmacht zu Beginn kann als ein doppeldeutiges Symbol dafür gelten, nicht allein weil sie ein Zeichen von Melancholie ist. Sie ist eben zugleich die Erfahrung von Machtlosigkeit. Das Operngeschehen, das sich danach in Bewegung setzt, erscheint Tamino daher als unwirklich. «Ist's Fantasie, daß ich noch lebe?», fragt er nach seinem Erwachen (I, 2) und rückt damit das Kommende in den Bereich der ungesteuerten Einbildungskraft. Schubart empfahl den jungen Pianisten nicht allein «Mozard, den Schimmernden», sondern gab ihnen weitere

Ratschläge: «Um aber deine Ichheit auch in der Musik herauszutreiben; so denke, erfinde, fantasire selber».[25] Er glaubte also noch an die musikalische Einbildungskraft als etwas, das die Persönlichkeit gleichsam in der Wirklichkeit zu konstituieren vermöge. Tamino hingegen bemüht die Phantasie, um damit den völligen Verlust jedes Wirklichkeitsbezugs anzudeuten. Seine «Ichheit» wird nicht herausgetrieben, sondern droht zu verschwinden. Das namen- und konturlose Tableau, mit dem die Oper endet, lässt daher nicht nur die Widersprüche verstummen, es hebt den Verlust in der Bewegungslosigkeit der im Sonnenlicht erstarrten Akteure gleichsam auf.

3. Vielfalt und Extreme

Die Erscheinungsformen des Künstlichen, die additive, durch Kontraste bewerkstelligte Dramaturgie sowie die Aufkündigung der Vorherrschaft von Wahrheit und Wahrscheinlichkeit führen in der Partitur zu einer denkbar großen Vielfalt der Darstellungsformen, die sogar Extreme berühren. Die hybride Gestalt der *Ouverture* mit ihrer Mischung verschiedenster Anspielungen liefert dafür gleichsam den Auftakt. Auf den dort angeschlagenen, mit der kontrapunktischen Tradition verbundenen Tonfall der Feierlichkeit kommt Mozart in der Oper nochmals zurück, nämlich in der Prüfungsszenerie. Die beiden Männer im schwarzen Harnisch singen nicht einfach, sondern sie lesen Tamino eine Schrift vor, die transparent auf einer Pyramide erscheint. Der aufwendige Bühneneffekt der transparenten, also von hinten erleuchteten Schrift begegnet einem auch vorher in der Operngeschichte, so am Ende des zweiten Aufzugs von Peter von Winters (1754–1825) *Bellerophon*, der 1785 in Mannheim aufgeführt wurde.[26] Doch in der *Zauberflöte* erscheint die Schrift nicht nur, sie wird zugleich vorgesungen. Ein harter Schnitt leitet auch diese Szene ein, vom Es-Dur des verhinderten

Selbstmords Paminas zum c-Moll des Adagio, das zuvor nur in der *Ouverture*, bei der Rettung Taminos und im Chor der Priester begegnet. Demonstrativ treten die Posaunen hinzu. Nach einem asymmetrischen Vorspiel aus zweimal drei Takten beginnt eine fugierte Einleitung der Streicher, der dann der Einsatz der beiden Singstimmen folgt, Tenor und Bass im Unisono.

Auf die Besonderheit der Stelle, auch ihre Nähe zum Choral ist immer wieder hingewiesen worden, vor allem seit Alexander Ulibischeffs früher Mozart-Biographie von 1843.[27] Der Choral *Ach Gott vom Himmel, sieh darein*, den Mozart relativ deutlich aufruft, bildet jedoch gleichsam nur die äußere Hülle des archaischen Tonfalls. Wichtiger ist die satztechnische Nähe zu dem Berliner Musikgelehrten Johann Philipp Kirnberger (1721–1783), der in seiner *Kunst des reinen Satzes in der Musik* von 1779 nicht nur diese Melodie zitiert, sondern auch das Satzmodell der im Einklang geführten Männerstimmen über einer kontrapunktischen Begleitung geprägt hat. Mozart hat sich, wie ein erhaltenes Skizzenblatt belegt, bereits 1782 mit dem Choral und mit Kirnbergers Buch, dessen erste Gesamtausgabe kurz nach seinem Tod in Wien herauskam, beschäftigt.[28] Bei Kirnberger aber spielt das Satzmodell der beiden Männerstimmen eine bedeutende Rolle nicht im Zusammenhang des Chorals, sondern in dem ‹Probestück›, das sein Buch beschließt. Es handelt sich um eine Vokalkomposition ohne Gattungsnamen «nach dem 50. und 51. Psalm», *Erbarm dich unser Gott*.[29] Die erste Aufführung dieses Werkes hat allem Anschein nach bereits 1775 in Berlin stattgefunden.[30] Der Autor des Textes, der den 51. Psalm paraphrasiert, ist Moses Mendelssohn, dessen *Phädon* Mozart besessen hat. Ausgangspunkt des umfangreichen Vokalstückes ist eine elftaktige solistische Bassfigur, aus der sich alle weiteren Teile ableiten. Der Abschnitt «Das Opfer, das allein dir wohlgefällt», vorzutragen «im ersten Tempo», also «sehr langsam», liefert das Modell, auf das Mozart sich dann bezieht: die im Unisono geführte Tenor- und Bassstimme mit choralartigem Satz, dazu eine kontrapunktische Begleitung nur durch die Violone, also ohne Tasteninstrument.[31]

3. Vielfalt und Extreme

Johann Philipp Kirnberger: Probestück aus *Die Kunst des reinen Satzes in der Musik*
W. A. Mozart: *Die Zauberflöte*, Gesang der Geharnischten (II, 28)

Kirnberger

Mozart

Für die ungewöhnliche Kopplung der beiden im Unisono geführten Männerstimmen und einer kontrapunktischen Bassstimme in der Prüfungsszene lässt sich ein Vorbild im Probestück von Johann Philipp Kirnbergers ‹Die Kunst des reinen Satzes in der Musik› ausmachen. Mozart hat sich in den 1780er Jahren nachweislich mit Kirnberger beschäftigt, und Maximilian Stadler hat schon 1827 auf die Rolle Kirnbergers für den Gesang der Geharnischten hingewiesen. Es handelt sich dabei nicht um ein Zitat, sondern um die Übernahme eines Satzmodells, das Alter und Würde ebenso ausstrahlen sollte wie Unnahbarkeit und Ferne.

Kirnberger spielte in Wien eine herausgehobene Rolle, wohl auch vermittelt durch Gottfried van Swieten, der den Musiker in Berlin persönlich kennengelernt haben dürfte. Er war dennoch nicht unumstritten. Mozarts Bewunderer Schubart befand, der «eiskalte Theoretiker» mit seinen «vielen Zahlen und contrapunctischen Grübeleyen» sei «unerträglich», er habe «mit todtkaltem Herzen gesetzt, und daher ohne alle Wirkung».[32] Bei Mozart ist die Anspielung kein Verweis auf ein vorbildliches Muster, sondern auf einen kleinen, genau abgezirkelten Zusammenhang: den zweifellos feierlichen Ernst der Prüfungsszenerie.[33] Damit ist das Modell, das aufmerksame Zuhörer wie Salieri oder van Swieten bemerkt haben dürften, in seiner Geltungsmacht auf einen winzigen Ausschnitt beschränkt. Indem die Allusion nicht einem überzeitlichen Modell dient, sondern einem begrenzten Kontext, erscheint sie ebenso als Kolorit wie Papagenos Flöte.

Das Satzmodell der Prüfungsszene markiert zweifellos ein Extrem. Dieses ist aber nicht isoliert, es stehen ihm andere Extreme gegenüber, im unvermittelten Kontrast, aber bestimmt durch den Zusammenhang, den Kontext. Dieser Kontext meint jedoch nicht etwa eine soziale Zuordnung zu bestimmten Personen oder Charakteren, sondern wie in der Prüfungsszene eine Zuordnung zu exakt eingrenzbaren szenischen Situationen. Dabei ist auch hier eine gewisse Rücksichtslosigkeit gegenüber dramaturgischen Hierarchien bemerkbar. Tamino, zweifellos der Held der Handlung, muss sich mit einem Arienfragment und einer Arie begnügen, Sarastro mit einem zweiteiligen Gesang und einem Strophenlied, Pamina mit einer einzigen Arie.

Das in der *Zauberflöte* so wichtige Strophenlied gehörte zu den großen Streitpunkten in der Liedästhetik der zweiten Hälfte des 18. Jahrhunderts, und Kirnberger etwa hat das strophische Prinzip schon früh verachtet. Dennoch blieb es eine Realität, vor allem dort, wo der Gesang einfach sein sollte. Mozart selbst griff erst nach langer Zurückhaltung im Jahr 1789 in die intensive wienerische Lieddiskussion ein. Er tat dies mit zwei Liedsammlungen und auf eine geradezu demütigende Weise, denn beide ‹Sammlungen› enthalten nur je zwei Lieder. Jeweils eines davon ist allerdings ein Strophenlied, ein Beleg dafür, dass Mozart das Prinzip in gewissen Fällen verteidigte (wobei er es entsprechend komplex ausgestaltete). Papagenos Auftrittslied vertritt den Typus des einfachen Liedes zweifellos, Sarastros Hallen-Lied hingegen verkörpert einen ganz anderen Habitus. Hier ist Einfachheit kein Zeichen von Heiterkeit, sondern von Ernsthaftigkeit. In beiden Liedern aber werden mit dem vermeintlich natürlichen Genre zugleich Grenzbereiche berührt: Papagenos «Faunen-Flötchen» markiert den Übergang zwischen Bühne und Zuschauern, die extreme Lage bei Sarastro eine unwirkliche Ferne.

Noch deutlicher prallen die Extreme in den Ensembles zusammen. Die Aufforderung «Bewahret euch vor Weibertücken», die zwei Priester als Mahnung an Papageno und Tamino ausrufen (II, 3) – und gemeint ist eine Warnung vor Verführung –, erscheint nicht als feierlicher Gesang, sondern in Gestalt und Tonfall eines Strophenliedes, ohne dabei dessen Gestalt wirklich anzunehmen. Noch deutlicher wird eine Extremlage im ersten großen Ensemble sicht- und hörbar, im Quintett des ersten Aufzugs (I, 7). Nach der Arie der Königin der Nacht zweifelt Tamino an der Wirklichkeit seiner Wahrnehmung, also an der Zuverlässigkeit seiner Sinne. Diese Unsicherheit wäre zweifellos ein hervorragend geeigneter Ausgangspunkt für ein komplexes Ensemble gewesen, mithin für die musikalische Zusammenfassung unterschiedlicher, vielleicht sogar widerstreitender Affekte. Doch es kommt ganz anders.

In den Vorüberlegungen zur *Entführung aus dem Serail* ging Mozart so weit, das Paradigma aufklärerischer Musikästhetik, dass erst das Wort dem musikalischen Affekt Präzision zu verleihen vermöge, umzukehren. Die Stelle wurde bereits zitiert: «und ich weis nicht – bey einer opera muß schlechterdings die Poesie der Musick gehorsame Tochter seyn. – warum gefallen den die Welschen komischen opern überall? [...] weil da ganz die Musick herscht – und man darüber alles vergisst.»[34] Gemeint ist hier die Vorstellung, dass erst die Musik den wahren Sinn der Worte aufzuschließen vermöge – eine Konstellation, die durchaus eine Ausgangslage für das Quintett von Tamino, Papageno und den drei Damen hätte sein können. Mozart hat es in den 1780er Jahren zu seinem Anliegen gemacht, auf diese Weise den ungenauen, unpräzisen, ‹schimmernden› Affekt musikalisch zu erschließen, und dies bestenfalls nicht ein-, sondern mehrdimensional, in vielschichtigen Ensembles, in denen die verschiedensten, mitunter gegensätzlichen, zuweilen in Wahrhaftigkeit und Wahrscheinlichkeit unterschiedlich gestaffelten Leidenschaften aufeinanderstoßen. Der große, dramaturgisch zentrale Ausbau der Ensembles ist vor diesem Hintergrund zu verstehen. Im ersten Quintett der *Zauberflöte* wird all dies jedoch plötzlich grundsätzlich infrage gestellt, denn Taminos Stichwort der sinnlichen Verwirrung bleibt folgenlos – oder wirkt in eine ganz unerwartete Richtung.

Papageno, der das Quintett eröffnet, ist nämlich – stumm. Das Mundschloss, das ihn am Sprechen hindert, galt im 18. Jahrhundert als orientalisches Werkzeug, um Verleumdern die Zunge zu lähmen. In einem ironischen «Heldengedicht», das 1760 anonym erschien, wird es im komischen Sinne eingeführt: Die Protagonistin Chicane «warf mit unsichtbarer Hand dem tollen Redner ein Maulschloß / Taschenspielerisch schnell an die mühlenförmigen Lippen».[35] Gekoppelt ist die Strafe bei Papageno an die eher harmlose Verpflichtung zum Trinken von Wasser und die eher brutale zum Verzehr von Steinen, der im gesamten 18. Jahrhundert als besondere Absurdität galt. In einem satirischen Text von 1786 hieß es: «In diesem zivilisirten Zeitalter würde gewiß ein Mensch, der Steine essen müßte, die weissesten dazu aussuchen.»[36]

Der Beginn des Quintetts erweist sich als zeichenhaft, denn hier ist die Poesie gewiss nicht mehr «der Musick gehorsame Tochter», sie ist vielmehr einfach verschwunden, wie auch Tamino kommentiert: «Der Arme kann von Strafe sagen, – / Denn seine Sprache ist dahin.» Übrig bleibt allein das rhythmische ‹Hm› im genauen, bedeutungsentleerten Maß des achtsilbigen Verses. Papageno hat seine Sprache jedoch nicht durch affektive Überwältigung verloren – Staunen, Schrecken oder Entsetzen –, sondern durch eine bloße mechanische Blockade, die seine Verse auf den mechanistischen, sinnfreien Rhythmus reduziert. Die Anmutung eines stummen Sängers, die im 18. Jahrhundert vorbildlos ist, beraubt die Musik überhaupt jeglicher Zuordnung – befördert durch einen Helden, der abermals bekennen muss, dass er zu schwach sei, um etwas dagegen zu tun.

Wenn aber schon Taminos sinnliche Verwirrung nicht zu einem komplexen Ensemble führt, so könnte man sich dies wenigstens noch nach Papagenos ‹Sprachfindung› vorstellen, etwa im Sinne des ersten Quintetts von Così fan tutte. Doch auch hier wird ein solches Ensemble vermieden, schon deswegen, weil Papageno nicht die Sprache wiedererlangt, sondern lediglich zu plaudern beginnt. «Sonst ist das Plaudern nur den Stutzern eigen», vermerkte Lessing in seinem Eremiten.[37] So bleibt das Quintett auch in seinem weiteren Verlauf bemerkenswert: Abgesehen von einigen Fragen und Antworten, die eher in ein Rezitativ, nicht in ein Ensemble gehören, ist die gesamte Faktur erstaunlich homophon und homogen und stets auf die Gegenüberstellung des Frauenterzetts und der beiden Männer konzentriert. Das eigentliche ‹Resultat›, die Verabschiedung von Tamino und Papageno, erfolgt dann, erst recht angesichts der gestrichenen Kadenz, geradezu lakonisch und unspektakulär – wiederum weit entfernt etwa vom Abschiedsquintett in Così fan tutte, obwohl die Gefühle der Beteiligten auch in der Zauberflöte durchaus gemischt sind.

Das wirkliche Ereignis des Quintetts liegt also darin, dass es aus der Sprachlosigkeit erwächst, um überhaupt noch zu irgendeiner Musik zu finden. Die Ohnmacht zu Beginn der Introduction und die Sprachlosigkeit am Anfang des Quintetts markieren gleichsam Situationen des Unvermögens, von denen sich die Musik abzugrenzen vermag. Deren Gegenstand sind daher nicht (mehr) komplexe, schwer vermittelbare Gemengelagen, die sich allein durch die Musik noch darstellen lassen, sondern Konstellationen, bei denen es erstaunlich ist, dass sie überhaupt noch zu musikalischer Gestalt finden können. Die damit verbundene Reduktion prägt sogar das zweite Quintett mit Tamino, Papageno und den drei Damen (II, 5). Auch dieses erweist sich als ungewöhnlich flächig – und an seinem Ende steht eine Art von Ohnmacht, jedenfalls ein neuerlicher Sprachverlust Papagenos: Er «fällt vor Schrecken zu Boden» und «singt, da schon alle Musik stille ist», nur noch: «O weh! O weh! O weh!»

In der Zauberflöte durchkreuzen sich bemerkenswert viele Muster und Paradigmen des Musikalischen, vom fugierten Satz bis zum Strophenlied. Wie immer die Kohärenz, die dabei entsteht, beschaffen sein mag, sie ist jedenfalls keine der Schattierungen und der dramaturgischen Logik. Deswegen gehört es zu dieser extremen Vielfalt, dass sich die angestrebten Idiome entweder gar nicht oder nicht mehr vollständig verwirklichen. Das zeichnet signalhaft Taminos abgebrochene Arie in der *Introduction* aus, aber auch zahlreiche weitere Teile. Das Fehlen einer Binnenlogik betrifft nicht allein die Quintette, sondern in gleicher Weise die Duette und Terzette: Mit der Preisgabe einer dramaturgischen Hierarchie ist auch die Preisgabe der Binnenlogik der einzelnen ‹Stücke›, insbesondere der Ensembles, verbunden. Das, was zuvor noch als Beglaubigung der Opera buffa galt, etwa die vielschichtigen Ensembles, wird hier weitgehend zurückgedrängt. Das Märchenhafte der Handlung führt zu einer seltsamen Entrückung ins Ungefähre, Unscharfe, ‹Schimmernde›.

Die Erscheinungsformen des Künstlichen sollen musikalisch etwas Dissoziatives erzeugen, eine kalkulierte Heterogenität. Die Bezugspunkte sind dabei gleichfalls heterogen. Für die kontrapunktische Szene der Gerharnischten gibt es ein Vorbild bei Kirnberger, der Kontrapunkt der Ouvertüre hingegen basiert auf einem genrefremden Klavierstück von Clementi. Allerdings handelt es sich dabei nicht um beliebige Referenzen oder Anregungen, sondern anscheinend um kalkulierte Verweise, jedoch in diametral entgegengesetzte Richtungen. Der damit verbundene Verlust von Eindeutigkeit prägt deswegen die Ensembles nicht im Sinne von affektiver Unschärfe, sondern im Sinne ihres Wirklichkeitsbezugs überhaupt. Die Vielfalt des Musikalischen, die Mozart hier aufruft, korrespondiert mit der Ästhetik des Künstlichen des Textes. Anders als in seinen Opere buffe geht es bei dieser Vielfalt aber nicht mehr um erfahrungsseelenkundliche Beglaubigungen des Dramatischen durch die Musik, sondern um Überwältigung durch die Vielfalt disparater, heterogener und zum Teil auch überspitzter Darstellungsmöglichkeiten. Damit steht die *Zauberflöte* jedoch nicht im Kontrast zu den vorausgehenden Opern, sondern sie zieht deren Konsequenz.

3. Vielfalt und Extreme

Immer wieder hat man, wovon schon die Rede war, über denkbare literarische Vorlagen und Anregungen der *Zauberflöte* nachgedacht. Am deutlichsten kommt hier Wielands *Dschinnistan* infrage, eine Märchensammlung aus der zweiten Hälfte der 1780er Jahre, die mit *Nadir und Nadine* auch für den *Stein der Weisen* eine Rolle spielte.[38] Doch beschränken sich, worauf besonders Hans Joachim Kreutzer verwies, die Verbindungen im Grunde auf wenige punktuelle Momente, für die Handlungsmuster spielen sie schlechterdings keine Rolle.[39] Damit nähern sich diese Bezüge einem ähnlichen Muster an, wie sie etwa die Kirnberger-Verweise in der Komposition bilden. Sie sind vage, und sie sind nur ein Bruchteil einer sehr großen Fülle von Allusionen, Anregungen und Anspielungen in die unterschiedlichsten Richtungen. Schon 1778, als er «mehr als jemals» fühlte: «ich bin ein *Componist*», bekannte Mozart gegenüber dem Vater die Voraussetzungen dieser Tätigkeit: «ich kann so ziemlich, wie sie wissen, alle art und stÿl vom *Compositions* anehmen und nachahmen.»[40] In dieser Vielschichtigkeit aller «art und stÿl» entsteht eine Ambivalenz, ja eine Ambiguität, welche die Zuordnungen absichtsvoll unklar erscheinen lässt. Dabei geht es dezidiert nicht um ‹historische› Vergegenwärtigung, eine Haltung, die Mozart trotz seiner Nähe zu van Swieten fremd blieb.[41] Im Mittelpunkt steht vielmehr eine Fülle von konkreten oder ungefähren, von genaueren oder richtungslosen Verweisen, also eine Technik, die man voreilig eklektisch nennen könnte. Sie begründet einen anderen, einen abweichenden Zusammenhang von Musik und Sprache und eine andere Art von musikalischem Theater. Der ‹Plan›, den Mozart und Schikaneder dabei ‹fleißig durchdachten› und verwirklichten, ist nicht minder anspruchsvoll, organisiert und komplex. Seine Koordinaten allerdings haben sich vollständig verändert.

VII.
Melancholie

1. Das Ende des josephinischen Jahrzehnts

Die *Zauberflöte* steht gewissermaßen am Ende des josephinischen Jahrzehnts. Es ist dennoch wichtig, sich abschließend nochmals die Konturen dieses Jahrzehnts in Erinnerung zu rufen, um jene Erosionen verstehen zu können, die sich daraus 1790 mit dem Tod des Monarchen ergaben. Nach Maria Theresias Tod im November 1780 gelangte ihr Sohn Joseph II. zur alleinigen Herrschaft.[1] Mit den von ihm umgehend eingeleiteten hektischen Reformen wurde Wien zu einem regelrechten Laboratorium einer gesteuerten Aufklärung ‹von oben›. Die signifikanten Ereignisse von Josephs allererster Regierungszeit zeichneten sich schon um die Jahreswende 1780/81 ab: die weitestgehende Aufhebung der Zensur (11. Juni 1781), das Toleranzpatent (13. Oktober 1781), das den Angehörigen aller Konfessionen die vollen Bürgerrechte gewährte, die Aufhebung der Leibeigenschaft (1. November 1781), das ‹Judenpatent› (2. Januar 1782), das den Juden weitestgehende Rechte verlieh, oder die Aufhebung großer Teile des klösterlichen Besitzes in der Säkularisation (12. Januar 1782).[2] Die habsburgischen Kernlande und insbesondere die Residenzstadt Wien sollten radikal umgestaltet werden zu einem Zentrum einer gelenkten Erneuerung. Zwar war der vor allem unter dem Eindruck Friedrich Nicolais im 19. Jahrhundert geprägte Aufklärungsbegriff lange Zeit stark auf eine norddeutsch-friderizianisch-lutherische Perspektive beschränkt. Nur langsam setzte sich dagegen die Wahrnehmung einer ‹katholischen› Aufklärung durch. Doch inzwischen ist immer deutlicher geworden, dass die josephinische Neuordnung in den 1780er Jahren eines der radikalsten gesellschaftspolitischen Experimente des gesamten 18. Jahrhunderts war, ein Phänomen eigenen Rechts mit eigenen Bedingungen.

Ab Ende 1780 übte dieses neue Zentrum der Aufklärung eine regelrecht magnetische Anziehungskraft auf eine junge, in den 1750er Jahren geborene Generation von Intellektuellen aller Art aus. Mozart zählte nicht nur dazu, er scheint sich in der ihm eigenen Mischung aus Selbstbewusstsein und Überlegenheitsgefühl sehr schnell als Mittelpunkt dieses neuen Wien begriffen zu haben. Es gibt außerdem aussagekräftige Indizien, dass diese Einschätzung von den Zeitgenossen der 1780er Jahre weitgehend akzeptiert wurde – insbesondere von einem seiner von Anfang an wichtigsten Förderer, Gottfried van Swieten (1733–1803). Dieser kannte zudem die Berliner Verhältnisse bestens und aus eigener Anschauung, da er von 1770 bis 1777 dort als Gesandter gewirkt hatte.

Die Aufbruchsstimmung im Wien der frühen 1780er Jahre äußerte sich in einer bemerkenswerten publizistischen Flut, die mittelbar oder unmittelbar politisch sein sollte oder wollte. Nahezu alle denkbaren Themen konnten darin zum öffentlichen Gegenstand werden, und sei es das Problem, ob und in welcher Form man in Wien öffentliche Bordelle errichten solle.[3] Aber diese entfesselten Debatten galten auch der Beschaffenheit von Literatur, Musik und Theater. Mozarts Wiener Existenz, sein Schaffen und sein Verhältnis zum Publikum waren von diesen Bedingungen geprägt, und es scheint, als habe er unter Zuspruch zahlreicher Förderer die Musik allgemein und seine Musik insbesondere als eine Art Kulminationspunkt dieses Prozesses definieren wollen. *Le Nozze di Figaro* kann als Paradigma dafür gelten, setzte der Komponist doch bei der Werkentstehung auf spektakuläre Weise alle Mechanismen einer Hoftheaterproduktion außer Kraft: durch den Verzicht auf einen Auftrag, durch die Wahl einer umstrittenen literarischen Vorlage von einem Autor, der in Wien früher sogar einmal inhaftiert worden war, durch die Transformation der Opera buffa zu einer ebenso hybriden wie singulären Sonderform, durch die kompositorische Stel-

1. Das Ende des josephinischen Jahrzehnts 213

lungnahme zu einem der äußerst raren Zensurfälle, die es in Wien überhaupt noch gab. Es scheint im Umfeld der Enstehung des *Figaro* tatsächlich Intrigen gegenüber Mozart gegeben zu haben, jedenfalls gibt es belastbare Hinweise darauf. Aber angesichts der ebenso selbstbewussten wie demütigenden Weise, in der der noch nicht einmal 30-jährige Komponist im Zusammenhang dieses Opernprojekts agierte, ist das am Ende weder unwahrscheinlich noch verwunderlich.

Die sich radikalisierende josephinische Aufklärung entfaltete jedoch rasch doktrinäre Züge, da die sich steigernde Flut an ‹Critic› positiv zwar deren Selbstreflexion, negativ aber deren Außer-Kraft-Setzung zur Folge haben musste. Die Wochenschriften der 1780er Jahre sind voll von Handlungsanweisungen, Beobachtungen, Vorschlägen für das ‹gemeine› Volk (eine gern verwendete Formulierung), die alles in allem die Suprematie eines allmächtigen Staates festschrieben, geläutert durch den Anspruch, stets zum Wohle des Einzelnen zu handeln, ob dieser es nun begreife oder nicht. In den *Beyträgen zur Schilderung Wiens* des Juristen und Historikers Joseph Maria Weißegger von Weißeneck (1755–1817) heißt es mit religionskritischem Ziel: «Oder soll das gemeine Volk in einigen Stücken unwissend bleiben? Weg mit diesem barbarischen, in den Zeiten der tiefsten Finsterniß [...] zur Schande der Menschheit, aus dem Rachen eines bösen Dämons hervorgespienen, Vorurtheil!»[4] Eine derart bedingungslos einsinnige Kritik machte sich gegen sich selbst immun. In diesem Sinne aufschlussreich ist ein doppelbödiger anonymer Vierzeiler, der 1789, also bereits in einer späten Phase, im *Spion von Wien* erschien, und zwar unter der Überschrift «Kennzeichen fortschreitender Aufklärung»: «Was meinst du? wird nicht schon die Nazion / Zusehend glücklicher und weiser? / Unstreitig! Denn erweitert man nicht schon / Spitäler, Zucht= und Narrenhäuser.»[5]

Die ‹Critic›, eine der zentralen Denkformen des gesamten 18. Jahrhunderts, konnte sich damit durch sich selbst erübrigen. Der Librettist von Mozarts *Entführung*, Johann Gottlieb Stephanie (1741–1800), nahm 1783 mit *Das vermeinte Kammermädchen* eine Bearbeitung nach Marivaux' *La fausse suivante* vor. Darin unterhalten sich die heruntergekommenen Diener Rund und Knall über ihren Lebensunterhalt. Rund gesteht, dass er auch Theaterkritiken geschrieben habe, worauf Knall entgegnet: «Das hast du nicht klug gemacht Bruderherz. Du weist ja, wie wir noch in die Schule giengen, waren die Theaterkriticken schon so veracht't daß sie auser uns Studenten kein Mensch laß, und wir selbst lasen sie auch nur um uns bey unserm Professor zu rekommandiren der sie schrieb.»[6] Tatsächlich hat das josephinische Wien in solchen überstürzt herbeigeführten Ambivalenzen der, wie Rund sie nennt, «Broschürenschreiber» ein Klima hervorgebracht, in dem die Aufklärung sich bis an die Grenzen ihrer eigenen Negation zuspitzte. So war 1789 in dem neuen, aber streng reformeuphorischen *Patriotischen Blatt* in einem Beitrag über die Zensur zu lesen: «Wenn aber die Preßfreiheit wahren Nutzen stiften, wenn sie ganz den *Absichten unseres Monarchen* entsprechen soll, so muß der Schriftsteller nicht gezwungen sein, seine Bemerkungen nur auf einzelne Personen einzuschränken: die Kritik muß in dem ganzen Gebiethe menschlicher Handlungen gleiches Recht ausüben können [...].»[7] Mit einem solchen Postulat – «Aufklärung und Glückseligkeit des Volkes» als «Endzweck der Preßfreiheit» – war die letzte Radikalisierung von Kritik entgegen der eigentlichen Intention vorprogrammiert, nämlich eine allumfassende und damit sinnlos gewordene Kritik.

Lorenzo Da Ponte (1749–1838), auch er ein Angehöriger der ‹josephinischen Generation›, war ein überaus sensibler Beobachter und zugleich Profiteur dieser Verhältnisse. In seinen *Saggi Poetici*, seiner einzigen theaterunabhängigen poetischen Publikation der 1780er Jahre, hat er die Grenzen der Aufklärung subtil angedeutet: «Move ogni alma ragion, e ragion move / Sol del bene il desio, dov'ella spera / Far se stessa felice, e se la densa / Notte talor de' sensi a lei nasconde / Il più bello, il miglior, al proprio danno / Ingannata sen corre, e sotto forme / Vede di bene il mal»; also: «Die Vernunft bewegt jede Seele / und die Vernunft selbst wird vom Streben nach dem Guten bewegt, / da sie hofft, sich selbst glücklich zu machen, / und wenn ihr die dichte Nacht der Gefühle das Schöne und das Bessere versteckt, / läuft sie betrogen ihrem

Schaden entgegen und sieht das Böse in Gestalt des Guten».[8] Der Mensch als Zuschauer bildet sich in dieser Lesart nicht mehr ein Urteil über das Geschehen, sondern ist ihm durch die ‹Nacht der Gefühle› bloß noch ausgesetzt. In solchem Skeptizismus muss ihm der Weg zur Glückseligkeit auf eine seltsam endgültige Weise verweigert bleiben, denn Welt und Mensch bilden nun eine undurchdringliche Einheit: «Pur tu ben sai, che da una mano stessa / Uscir tutte quest'opre, e in quel gran tutto, / Che forma l'Universo il proprio loco / Han queste parti ancor, tanto remote / Da l'uso de' mortali; al'Uom il Mondo / Serve, e l'Uom serve al Mondo, in quella forma, / Che dal mar vien la fonte, e poi nel Mare / Tributaria ritorna»; also: «Sehr wohl weißt du, dass all diese Werke / aus einer einzigen Hand herausspringen / und in welcher großen Gesamtheit, die das Universum als seinen Ort bildet, / diese Teile von den Gewohnheiten der Sterblichen so entfernt sind; / die Welt dient dem Menschen und der Mensch dient der Welt, / so wie vom Meer die Quelle kommt / und die Quelle dann ins Meer zurückfließt».[9]

Eine solche zunehmend skeptische, ja resigniert-hilflose Sicht auf das große Reformprojekt wurde durch äußere Umstände befördert: den Krieg gegen das Osmanische Reich, die damit verbundene Wirtschaftskrise, die fortwährende Abwesenheit des Monarchen aus Wien, die straffe Militarisierung und schließlich auch die ersten dekretierten Rücknahmen einstmals gefeierter Reformen. Der Tod Josephs am 20. Februar 1790, mitten in der ersten Aufführungsserie von *Così fan tutte*, erschütterte daher die Parteigänger des Wiener Experiments nicht einfach, sondern traf sie bereits in einer Phase wachsender Verunsicherung. Schon in den allerersten Regierungswochen Leopolds II. zeichnete sich dann ein Kurswechsel ab, der auch unter seinem Nachfolger fortgesetzt wurde. Die hochfahrenden Reformprojekte waren damit beendet, aber auch die publizistische Auseinandersetzung mit ihnen. Die genauen Motive sind schwer einzuschätzen, doch in Teilen waren durch die Reformen Josephs zahlreiche administrative Strukturen bemerkenswert instabil geworden, auf einer pragmatischen Ebene, für die sich die debattierenden Eliten (Angehörige einer älteren Generation wie Sonnenfels oder van Swieten ausgenommen) nicht oder nur am Rande interessierten.

Es ist natürlich nahezu unmöglich, die genauen Auswirkungen dieser Veränderungen auf Mozart zu ermessen. Aber zumindest war sein Existenzentwurf davon ganz unmittelbar betroffen, am deutlichsten sichtbar in der Krise seiner selbst veranstalteten Konzertreihen, der Akademien, die unter dem Druck der wirtschaftlichen Verhältnisse in der zweiten Hälfte der 1780er Jahre ins Wanken geraten waren. Mozarts Werke der späten 1780er Jahre und insbesondere *Così fan tutte* scheinen zudem seismographisch auf das drohende Scheitern des Experiments der Aufklärung zu reagieren, denn dieses Scheitern betraf auch die Stellung des Individuums und die Rolle, welche die Musik, seine Musik dabei spielen konnte. Der oftmals konstatierte veränderte ‹Ton› in den Werken um 1790 scheint eine solche Reaktion jedenfalls anzudeuten. Und in *Così fan tutte*, wo es um ein mechanistisches Seelenexperiment geht, werden ja nicht einfach nur zentrale Themen des 18. Jahrhunderts berührt und infrage gestellt; vielmehr war dies mit gravierenden Auswirkungen auf die Wahrhaftigkeit, die Wirklichkeit und die Geltungsmacht von Musik überhaupt verbunden.

Mozart war selbstverständlich nicht der einzige Akteur, der die heraufziehende Krise der späten 1780er Jahre wahrnahm und darauf reagierte. Ein erstaunlicher Beleg findet sich an wahrhaft unvermuteter Stelle. Am 16. Februar 1790, nur wenige Tage vor dem Tod des bereits an Tuberkulose erkrankten Monarchen, übermittelte der Salzburger Fürsterzbischof Hieronymus von Colloredo (1732–1812), der Joseph II. gedanklich sehr nahestand, seinem ein Jahr älteren Bruder Gundaker, mit dem ihn eine 30-jährige Korrespondenz verband, eine bittere Diagnose der eigenen Gegenwart: «Nous vivons à la vérité dans un siècle bien bizard. Je ne pius[c] pas me faire une iddée de ce qui en arriverat encor, mais nous sommes bien près d'un boulvercement total. Dieu veulle que je me trompe»; also: «Wir leben wahrlich in einem sehr absonderlichen (bizarren) Jahrhundert. Ich vermag es nicht, mir eine Vorstellung von dem zu machen, was noch kommt, aber wir sind sehr nah an einer voll-

1. Das Ende des josephinischen Jahrzehnts 217

ständigen Erschütterung; Gott gebe, dass ich mich irre».[10] Jahre später, am 13. November 1798, kam er, abermals in einem Brief an den Bruder, auf diese Diagnose zurück und verschärfte sie: «pour moi, je suspends mon jugement et attends tranquilement le dénouement de tout ce qui se passe actuellement dans ce monde bizard»; «ich meinerseits setze meine Urteilskraft aus und erwarte ruhig den Ausgang alles dessen, was gegenwärtig in dieser bizarren Welt geschieht».[11] Damit zog Colloredo eine in ihrer Radikalität geradezu erschütternde Konsequenz. Der überzeugte, in vielerlei Hinsicht kompromisslose Anwalt einer gesteuerten Aufklärung bemühte zwar noch eine entscheidende Denkfigur des 18. Jahrhunderts, nämlich die des Zuschauers, also die Rolle von Joseph Addisons *spectator*. Doch anders als am Anfang des Jahrhunderts und ganz ähnlich wie bei Da Ponte 1788 ging es Colloredo nicht mehr darum, die Dinge auf sich wirken zu lassen, um sie dann der Urteilskraft zu unterwerfen. Vielmehr bekannte er ausdrücklich, die für das vernünftige Zeitalter zentrale Instanz, eben die menschliche Urteilskraft, angesichts einer unverständlich gewordenen Welt nicht mehr nutzen zu wollen. Er selbst verbannte sich wie Da Ponte in die Rolle eines passiven, teilnahms- und urteilslosen Zuschauers. In seinem Gedicht *Sopra il Teatro* fasste Da Ponte diesen Verlust des Urteilsvermögens beim Zuschauer in die Verse: «Tutto ha due facce, e quasi tutto è tale / Che un discreto vi trova il bene, e il male»; «alles hat zwei Gesichter, und es ist im Grunde so, / dass ein besonnener Mensch darin das Gute finden kann und das Böse».[12] Der Glaube an ein kontrollierbares Verhältnis der Dinge in einem ponderierten ‹Spiel der Kräfte› war zerborsten.[13]

Die Zauberflöte mit allen ihren Unwägbarkeiten, ihren Brüchen, ihren dramaturgischen und handlungslogischen Verstößen erscheint angesichts derartiger Diagnosen wie ein Reflex dieser skeptizistischen Konstellation. Der Zuschauer wird zu einem Beobachter einer unermesslich gewordenen Fülle von Erscheinungen, die ernst und bedeutungshaltig sein wollen, die sich aber einer linearen Auflösung, Zuordnung oder Bewertung durch die Urteilskraft verweigern. Die ‹große

Oper› erweist sich damit als Reaktion, ja als Antwort auf Zeitumstände, in denen der Mensch als Beobachter dem Geschehen nur noch ausgesetzt ist. Eine solche Tendenz zeichnet sich in dem an La Mettrie anknüpfenden Seelenexperiment von *Così fan tutte* bereits ab, in der *Zauberflöte* wird sie jedoch nochmals gesteigert.

Damit allerdings werden Grundfragen von Musik und Theater auf eine elementare Weise berührt. Mozart ließ auch bei dieser Oper in keinem Moment Zweifel an seiner autoritativ gemeinten Gestaltungsmacht. Dies hielt Salieri in seinem Urteil über die konkurrenzlose Gleichgewichtigkeit aller einzelnen Teile des ‹Spectakels› sogar ausdrücklich fest. Vor diesem Hintergrund besteht am Ende der *Zauberflöte* die große offene Frage in einer gravierenden Unsicherheit: ob nämlich die vom Komponisten reklamierte Gestaltungsmacht von einem skeptischen Abschlusswillen geprägt war – oder von dem Wunsch und der Anstrengung, genau dies als Zukunftsperspektive, als denkbaren Ausweg zu bemühen. Mozarts früher Tod macht eine Antwort darauf unmöglich. Vielleicht ist die damit verbundene grundlegende, nicht auflösbare Aporie aber die eigentliche Wurzel für die überbordende, kontroverse Deutungsgeschichte.

2. Die Macht der Musik?

In seinem *System der Ästhetik* reflektierte 1790 Karl Heinrich Heydenreich (1764–1801), Philosophieprofessor an der Leipziger Universität, wo er im Jahr zuvor Mozart sogar persönlich erlebt haben dürfte, das Wesen der Schönheit, das er nur in einem Wechselbezug zum Subjekt zu erkennen vermochte: «Oder, ein passenderes Beyspiel, leget die schönste Sonate eines Haydn oder Mozart vor euch, und betrachtet sie, wenn es möglich ist, ohne Beziehung auf eure oder Anderer Empfindsamkeit, ohne Rücksicht auf irgend ein Wesen, welches die Nachahmung der Gefühle, Harmonie und Rythmus in den Tonreihen interessirt, was für eine Schönheit bleibt euch daran zu denken übrig? Was für eine Vollkommenheit, da kein Zweck mehr da ist? – Mit einem Worte, so wie ich einen Gegenstand nicht als *nützlich* erkennen kann, ohne ihn auf mich, oder ein andres Subjekt zu beziehn, dessen Vollkommenheit er befördern könnte; so kann ich auch keinen als *schön* denken, ohne ihn auf mich, oder irgend ein Wesen zu beziehn, dessen Empfindsamkeit er angenehm rühre.»[14] Heydenreich beruft sich hier am Beispiel Mozarts und Haydns auf die Macht der Musik, um zu argumentieren, dass Letztere nicht für sich stehen könne, sondern – anders als die spätere idealistische Auffassung es sah – sich nur in Interaktion mit dem konkreten Subjekt zu entfalten vermöge.

Vielleicht ist es kein Zufall, dass Heydenreich dabei von Sonaten sprach. Bei ihnen ist eine solche Interaktion sehr viel ‹neutraler› vorstellbar als im Falle eines Bühnenwerks. Denn vor der Bühne war das wahrnehmende Subjekt mit einer endlosen Reihe von Herausforderungen und Zumutungen an sein Urteilsvermögen konfrontiert, die letztlich immer zur Kernfrage nach der Wahrheit und Wahrscheinlichkeit zurückführten. Derartige Herausforderungen ließen sich rational entweder gar nicht, oder wenn, dann nur mit Kunstgriffen bewältigen. Johann Friedrich Reichardt kam 1785 in seiner Darlegung von *George Friederich Händel's Jugend* darauf zurück, und zwar am Beispiel einer im 18. Jahrhundert kolportierten Begebenheit, des berühmt gewordenen Duells zwischen Mattheson und Händel vor dem hamburgischen Gänsemarkt-Theater. Johann Mattheson, der bei der Aufführung seiner Oper *Die unglückselige Cleopatra* den Antonius spielte, wollte demnach nach seinem Bühnensuizid «das Publikum gerne davon benachrichtigen, daß es nur Spaß gewesen, lief ins Orchester, und wollte die letzten Scenen der Oper am Flügel dirigiren. *Händel* fühlte das Lächerliche dieser Idee, und hieß ihn fortgehen, räumte auch den Flügel nicht. Das brachte den armen Matheson-Antonius dergestalt auf, daß er Händeln nach der Oper auf dem Markte angriff.»[15] Es kam also zum Duell, die Auseinandersetzung um Wahrheit und Wahrscheinlichkeit auf der

Opernbühne war zum blutigen Ernst geworden. Viel zu leichtfertig ist diese Anekdote stets zugunsten Händels gelesen worden. Dabei lässt sich durchaus die Frage stellen, wer dabei eigentlich im Recht war: Mattheson, der darauf beharrte, dass die Illusion des musikalischen Theaters eben nur Illusion sein könne und bleiben müsse, oder Händel, der darauf beharrte, dass die Macht der Musik es vermöge, aus einer solchen Illusion wenigstens vorübergehend Wirklichkeit werden zu lassen.

Der Konflikt berührte also auf gravierende Weise ein zentrales Thema des gesamten 18. Jahrhunderts. Dieses Thema hob auch Friedrich Wilhelm Zachariä in seinen bereits zitierten *Tageszeiten* hervor, in Versen, die schon in der Erstfassung enthalten sind. Die Bühne mit ihrer «schimmernden Scene» war für ihn nichts anderes als eine Welt voller Zauber und Trug: «Dieß ist die Stimme der Oper; ihr Land voll süsser Bezaubrung, / Wo der Sieger, der rauheste Held, verliebt ist, und singet. / Hier will ich ganz Ohr mich, o Musik, dir ergeben; / Was auch immer die stolze Kritik für Regeln erdichtet, / Will ich darwider dich handeln, und mich hinreißen lassen.»[16] Die Macht der Musik galt folglich als der entscheidende Faktor, jene Unwägbarkeiten, die mit der Oper verbunden waren, überhaupt erst annehmbar zu machen, als Einladung, vorsätzlich gegen alle Regeln der Vernunft zu verstoßen.

Diese Grundlegung der Opernästhetik prägte im Grunde die gesamte zweite Hälfte des 18. Jahrhunderts, und die Unterschiede in der französischen, englischen, italienischen oder deutschen Diskussion waren dabei, zumindest in den Grundfragen, letztlich gering. Die Zumutungen, welche die Opernbühne der ‹Critic› und der Urteilskraft bereitete, erlangten einzig durch die Musik und ihre affektive Macht Wahrscheinlichkeit und damit zugleich Glaubwürdigkeit. In seinem kurzen, allerdings zu Lebzeiten nicht veröffentlichten Aufsatz *Ueber die Oper* kritisierte Johann Gottfried Herder 1769 die Musik der *tragédie lyrique* daher nicht im Grundsätzlichen, sondern lediglich wegen ihres Übermaßes an affektiver Wirkung: Sie sei «Magisch, Zauberisch, Göttlich und – unmenschlich».[17] Die Wunderkraft, die verzaubernde Macht der Musik stand jedoch auch für ihn im Prinzip außer Frage. Ähnliche Argumente finden sich bei Amand William Smith: «Die Menschen sind verschiedener Eindrücke empfänglicher, sie sind daher auch fähiger den Reitz und das Vergnügen zu empfinden, welches die Musik erregt. Sie wirkt in ihnen die *größten Wunder*, indem sie *Triebe* und *Neigungen* entweder gebährt, oder beseelt, oder *Veränderungen* in der Maschine herfür bringt [...].»[18]

Christoph Martin Wieland hat in seinem bereits mehrfach zitierten *Versuch über das Teutsche Singspiel* von 1775 dieses Argument etwas genauer ausgeführt: «ja überhaupt alle Schauspiele» seien «unnatürlich und widersinnig», weil sie Persönlichstes vor einer größtmöglichen Öffentlichkeit ausbreiteten, aber unter der Illusion, diese gar nicht wahrzunehmen.[19] Doch verfolge die zweifellos vorhandene Täuschung einen «großen Zweck», der darin liege, eine «innige Theilnehmung auf Seiten der Zuschauer würklich zu erreichen».[20] Was dann in den ‹bedingten Vertrag› mündet, ist aber zugleich eine Sanktion der Geltungsmacht der Musik, denn erst diese vermöge es, eine solche ‹innige Teilnehmung› tatsächlich zu erzeugen und damit das ‹Unnatürliche und Widersinnige› zu einer wenigstens vorübergehenden Wirklichkeit werden zu lassen. An dieser Geltungsmacht ließ bereits Händel keine Zweifel, während sie Mattheson deutlich zu weit ging (und er sich vielleicht bereits der damit verbundenen Risiken bewusst war). Georg August Julius Leopold (1755–1827), Pfarrer und Lehrer aus der Generation Mozarts, erblickte in der Macht der Musik über die Zuschauer 1780 die entscheidende Differenz zwischen Schauspiel und Oper, unter dem Eindruck der von Mozart besonders verachteten *Alceste* Anton Schweizers: «Welche bezaubernde Melodie! welche harmonische Füllung! man vergaß alles um und neben sich, und keinem kam der Gedanke nur von fern her: es ist Täuschung.»[21]

Dieser bedingungslose Glaube an die Macht der Musik, durch die jeglicher Gedanke an Täuschung weitestgehend verdrängt werden konnte, bildete eine der zentralen Grundlagen aller Opernkomposition.

An ihr hielt auch Mozart fest, der die Diskussion durch seinen Vater genau gekannt haben dürfte. Seit den Mailänder Werken, vor allem seit *Ascanio in Alba* und *Lucio Silla*, stand bei ihm auf immer wieder neue Weise die Geltungsmacht der Musik im Vordergrund, eine Tendenz, die sich mit dem *Idomeneo* verstärkte. Mozart erblickte dann offenbar im Wien der 1780er Jahre ein ideales Umfeld, dieses Interesse weiterzuverfolgen, auch in der Instrumentalmusik, aber vor allem in der Oper. Ab dem *Figaro* allerdings rückten in immer stärkerem Maße Grenzbereiche in den Vordergrund, in denen, analog zum Wiener Umgang mit der ‹Critic›, die Macht der Musik selbstreferentiell und damit fragwürdig wurde. Problematisch wurde zunehmend, ob die Wirklichkeit, die die Musik vorgeblich zu erzeugen vermochte, überhaupt noch verlässliche Gestalt annehmen konnte. Derartige Zweifel prägen auf fundamentale Weise den *Don Giovanni*, der mit einer Mordszene beginnt und dessen Finale in die Unsicherheit darüber mündet, welche Art von Grenzen der Macht der Musik noch angemessen seien. In *Così fan tutte* wird diese Unsicherheit nochmals erweitert, weil es nicht mehr nur um die Frage der Wirklichkeit geht, sondern darum, ob die übergroße Wirkung der Musik überhaupt noch, wie bei Zachariä, eine glückliche, eine hinreißende Täuschung zu erzeugen vermöge oder eben nicht mehr.

Die Unsicherheiten und Zweifel, die sich hier bemerkbar machen, stehen gewiss in Verbindung mit dem immer stärker hervortretenden Skeptizismus am Ende des josephinischen Jahrzehnts. Für Mozart konnte solche Skepsis aber offenkundig nicht von außen an die Musik herangetragen, sondern nur aus ihr selbst heraus entwickelt werden. Die ‹vermischten Empfindungen› waren auf diese Weise nicht mehr bloß Objekt der Musik, sie wurden auf einmal zu ihrem Subjekt. Die Radikalität einer solchen selbstreferentiellen Grenzüberschreitung mag die Ursache sein für den melancholischen Ton, der Mozarts Musik zu durchziehen begann. Das spektakuläre Projekt der *Zauberflöte* aber steht zu derartigen Bedingungen nicht einfach in einer zufälligen oder beiläufigen Beziehung. Die ‹große Oper› sollte anscheinend, wenn nicht eine

Entgegnung, so doch eine Reaktion auf die mit ihnen verbundenen Unwägbarkeiten sein, und zwar – hierin blieb Mozart den Prämissen der *Entführung aus dem Serail* treu – in und mit Musik. Wenigstens hier ist also die unmittelbare Kontinuität zu den frühen 1780er Jahren erkennbar: Wenn einzig die Musik in der Lage war, den Veränderungen der josephinischen Aufklärung eine wahrnehmbare Gestalt zu verleihen, dann blieb es ihr Privileg auch dann, als es um die sich auflösenden Konturen dieser Veränderungen ging.

In der Zauberwelt der *Zauberflöte* mit ihren Zaubertönen und Zauberinstrumenten sollte die Macht der Musik anscheinend nochmals eine neue Dimension erlangen. Die Musik ließ aus den Täuschungen der Bühne nicht mehr einfach nur eine Art von vorübergehender Wirklichkeit entstehen. Anders als in der Opernästhetik der zweiten Jahrhunderthälfte stand nicht mehr die Möglichkeit im Vordergrund, die Zuschauer in eine zauberische Gegenwelt zu entführen, deren temporäre Beglaubigung allein die Zeitkunst der Musik zu liefern imstande war. Da die verschlungene Gegenwelt nicht einmal vorübergehend Wirklichkeitscharakter annehmen konnte, musste es vielmehr zur doppeldeutigen Aufgabe der Musik werden, diesen Verlust erfahrbar zu machen. Die Musik richtete sich nicht mehr auf die temporäre Wirklichkeit, sondern auf die anhaltende Unwirklichkeit. Die Trennlinie zwischen dem Dargestellten und der Darstellung wurde auf diese Weise unscharf. Und anders als es Heydenreich annahm, stand nicht mehr die Interaktion der Musik mit dem wahrnehmenden Subjekt im Zentrum, sondern die Tilgung der Grenze zwischen beiden.

Die Spur der Melancholie lässt sich allerdings in Mozarts frühe Wiener Zeit zurückverfolgen. Am 23. August 1782 bedankte sich Leopold Mozart bei der Baronin Martha Elisabeth von Waldstätten für ihre Unterstützung seines Sohnes bei der Hochzeit mit Constanze Weber, gegen die Leopold Mozart selbst vehemente Bedenken vorgebracht hatte. Ungeachtet der ständischen Differenz trägt der Brief Züge eines sehr persönlichen Bekenntnisses. Warum immer Leopold Mozart es ablegte, es mündete in eine unerwartete Charakterisierung seines

Sohnes: «Als ich ein junger Pursche war, glaubte ich immer, daß Diejenigen Philosofen wären, die wenig sprachen, selten lachten, und gegen alle Welt eine mürrische Miene machten. Meine eigenen Begebenheiten aber haben mich nun vollkommen überzeugt, daß ich einer bin, ohne es selbst zu wissen.» Denn er, der unbewusste Philosoph, sei «sowohl in moralischen als Physikalischen Verstande», also nicht nur rational, sondern ethisch durch das Benehmen seines Sohnes «aufgeopfert» worden. Diese Einsicht der Preisgabe habe in ihm den Vorsatz zum stoischen Gleichmut des Beobachters reifen lassen: «Hofnung! Du einziger Trost unserer Wünsche beruhige mein Gemüth!» Die hier implizierte Unruhe hatte jedoch einen konkreten Grund, nämlich das Wesen seines Sohnes: «– ja, ich würde ganz beruhiget sein, wenn ich nur nicht bei meinem Sohne einen Hauptfehler entdeckte, und dieser ist, daß er garzu *geduldig* oder *schläferig*, zu *bequem*, vielleicht manchmal zu *stolz*, und wie sie dieses alles zusammen taufen wollen, womit der Mensch *ohnthätig* wird: oder er ist zu *ungeduldig*, zu *hitzig* und kann nichts abwarten. Es sind zween einander entgegen stehende Sätze die in ihm herrschen – zu viel oder zu wenig und keine Mittelstraße».[22]

Hier handelt es sich um die Charakterisierung eines Melancholikers, und diese Diagnose hat Leopold Mozart offenbar zutiefst beunruhigt. Tatsächlich machen sich in den 1780er Jahren immer wieder und immer deutlicher ‹melancholische› Tonfälle in Mozarts Schaffen bemerkbar, eine Tendenz, die sich ab 1790 verstärkte. Möglicherweise spielte dabei die Überblendung von persönlichen Wahrnehmungen und instabil gewordenen Zeitumständen eine zentrale Rolle. Damit soll keine triviale Engführung von melancholischer Disposition und kompositorischem Schaffen vorgenommen werden. Vielmehr geht es um Mozarts Willen, dieses Melancholische als Dispositiv zu erkunden und musikalisch mitteilbar zu machen – eben weil allein die Musik und insbesondere seine, Mozarts Musik dazu überhaupt in der Lage sein konnte. Bedenkt man dies, so mutet Leopold Mozarts Diagnose wie eine Vorwegnahme der Disposition der *Zauberflöte* an: des endgültigen

2. Die Macht der Musik? 225

Verlusts einer ‹Mittelstraße›, im Dramaturgischen, im Musikalischen und im Ästhetischen. Es ist der Verlust eines zentralen Paradigmas des Aufklärungsjahrhunderts, der zugleich erklärt, warum er mit der Einbuße aller Gemütsruhe verbunden ist.

Schubarts Wort vom ‹schimmernden› Mozart bekommt vor diesem Hintergrund nochmals einen tieferen Sinn. Eine solche Betonung des Schimmernden, die bei Zachariä noch dem Gegenstand, also der Bühne, gegolten hatte und nun zum Merkmal des handelnden Subjekts geworden war, musste den Widerspruch der Anwälte des Rationalen hervorrufen, etwa eines auf Logik angewiesenen Militärs wie Franz von Kinsky (1739–1805). Er beharrte 1788 in Wien darauf, dass man zwingend das «schimmernde vom wahren» unterscheiden müsse.[23] Wenn man sich aber wie Colloredo angesichts der Umstände dazu veranlasst sah, das Unterscheidungs- und Urteilsvermögen endgültig zu suspendieren – eine Konsequenz, die Leopold Mozart Jahre früher im Blick auf seinen Sohn wenigstens erwog –, dann musste nicht nur die Grenze zwischen dem Schimmerndem und dem Wahrem, zwischen dem Vagen und dem Präzisen ungenau, sondern es musste das Wahre, das ‹Richtige› selbst zum Ungenauen, Schimmernden werden.

Es scheint, als handele die *Zauberflöte* von dieser Veränderung, von diesem Abschied und Verlust. Durch ihn wurde, in einer Analogie zur absoluten Kritik, gewissermaßen das absolute Schimmernde heraufbeschworen. Die vielen Brüche der Oper, die Ungereimtheiten, die disruptiven Strukturen, die parataktische Dramaturgie konnten zwar durch die Musik nochmals zusammengefasst und dargestellt werden, und es war allein ihr Privileg, dies bewerkstelligen zu können. Das Widersprüchliche und additiv Aneinandergereihte wurde aber damit weder wahrscheinlicher noch wirklicher, weswegen für den Zuschauer allein der «Stille beifall» bleiben konnte, von dem Mozart berichtete.[24] So kennt die *Zauberflöte* auch nicht nur Gewinner, sondern ebenso Verlierer, die am Ende sogar zur Hölle fahren müssen. Die Gesellschaft der vermeintlich bedingungslosen Humanität ist eben alles andere als inklusiv, sie ist so schimmernd, so mittelstraßenlos, wie es ihre Protagonisten sind. Für alle diese Zustände gibt es keine geradlinigen, keine rationalen Erklärungen mehr, also keine Hoffnung, das Schimmernde doch noch vom Wahren unterscheiden zu können. Man sitzt wie Colloredo als urteilsloser Zuschauer vor der Bühne der Dinge, hört zu und beobachtet. Die Bühne der *Zauberflöte* sollte sich anscheinend als ein Spiegel der Bühne der Welt erweisen. Der Preis der ‹großen Oper› lag folglich darin, dass die Macht der Musik in ihr nicht mehr die Täuschungen vergessen lassen konnte, sondern selbst zu einer Täuschung wurde – und dass es dem Zuhörer dabei verwehrt war, sich über diesen irritierenden Umstand noch ein Urteil zu bilden.

3. Ausblicke

Die ungeheure, 1791 einsetzende Erfolgsgeschichte des ‹Theatermeteors› der *Zauberflöte* steht außer Zweifel. Mozart berichtete seiner Frau am 7. Oktober 1791 staunend, dass es selbst die Prager Freunde schon mitbekommen hätten: «Sie wissen schon alle die herrliche aufnahme meiner teutschen Oper.»[25] Betrachtet man die Frühzeit dieser beispiellosen Aufführungsserie, dann drohen, wie schon eingangs dargelegt, einheitliche Konturen auch in der Fülle der kontroversen Deutungen von Beginn an zu verschwinden. Allerdings lässt sich in den 1790er Jahren eine eigenartige Ausnahme von den nach Eindeutigkeit suchenden Interpretationen ausmachen, die auch deswegen aus dem Rahmen fällt, weil in ihr das zentrale Verhältnis zwischen dem Schimmernden und dem Wahren eine bestimmende Rolle spielt und auf eine neue Ebene gehoben wird.

Das Weimar Johann Wolfgang von Goethes wurde ab den 1780er Jahren, also bereits zu Mozarts Lebzeiten, zu einem vergleichslosen Ort der Auseinandersetzung mit dem Opernkomponisten Mozart. Den Anfang machte *Die Entführung aus dem Serail*, die 1785 noch durch eine

3. Ausblicke

Gastgesellschaft gegeben wurde – der Gesellschaft von Joseph Bellomo (1754–1833), zu der später Benedikt Schack, der Tamino der Uraufführung, gehören sollte. Der Eindruck auf Goethe war tief und verwirrend: «Neulich ward die ‹Entführung aus dem Serail›, componirt von Mozart gegeben. Jedermann erklärte sich für die Musick. Das erstemal spielten sie es mittelmäsig, der Text selbst ist sehr schlecht und auch die Musick wollte mir nicht ein. Das zweytemal wurde es schlecht gespielt und ich ging gar heraus. Doch das Stück erhielt sich und iedermann lobte die Musick. Als sie es zum fünftenmal gaben, ging ich wieder hinein. Sie agirten und sangen besser als iemals, ich abstrahirte vom Text und begreiffe nun die Differenz meines Urtheils und des Eindrucks aufs Publikum und weis woran ich bin.»[26]

In diesem Zusammenhang ist zum einen der Umstand bedeutsam, dass in der Folge des Erlebnisses Goethes eigene Opernpläne mit Philipp Christoph Kayser (1755–1823), dem Adressaten dieses Briefes, endgültig beiseitegefegt wurden.[27] Zum anderen räumte er die extreme Herausforderung ein, die Mozarts Musik an sein Urteilsvermögen stellte. Denn sein Zugang zu dieser neuartigen Form der Darstellung blieb offenbar für lange Zeit undeutlich, ‹schimmernd› und bedurfte einer mehrfachen, abwägenden Begegnung, um im Urteil stabiler und klarer zu werden. Auch in einer weiteren Hinsicht war diese Begegnung folgenreich. Als Goethe nämlich 1791 die Theaterleitung übernahm, verbunden mit seinem Versuch, eine neue Bühnenästhetik zu etablieren, bildete just die *Entführung aus dem Serail* den Ausgangspunkt für eine intensive und in dieser Konzentration einmalige Mozart-Rezeption.

Nach der *Entführung* folgten 1791 noch *Così fan tutte* und *Figaro*, im Folgejahr *Don Giovanni*, 1794 die *Zauberflöte*, 1797 der *Schauspieldirektor* und 1799 *Tito*.[28] Damit waren innerhalb eines knappen Jahrzehnts alle Wiener Werke auf dem Weimarer Theater präsent, in bemerkenswerten Aufführungsserien. Besondere Aufmerksamkeit beanspruchte dabei zweifellos der *Don Giovanni*, der in seiner Mischung von Komödie und Tragödie auch das Motiv für die Errichtung des Mozart-Denkmals im

Tiefurter Schlosspark war, eines Denkmals, das wie ein Schlussstein dieser Serie anmutet. Mit insgesamt 82 Aufführungen, einer eindrucksvollen Zahl, blieb allerdings die *Zauberflöte* das am häufigsten gespielte Mozart-Werk.

Die äußeren Umstände erscheinen dabei zunächst wenig aufschlussreich. Vordergründig wird auch in Weimar eines der bekannten frühen Rezeptionsmuster der Oper erkennbar, das Goethe schon bei der *Entführung* anklingen ließ: ein indiskutabler Text mit einzigartiger Musik. Die weitreichende Bearbeitung, die der Intendant Goethe veranlasste, wurde von dessen Schwager Christian August Vulpius (1762–1827) vorgenommen. Die Begründung, die dieser selbst gab, war eindeutig: Es sei «schlechterdings unmöglich, die *Zauberflöte* nach dem Originale, welches Mozart durch seine himmlische Komposition gleichsam veredelt hatte, vor unser delikates Publikum hier auf das Theater zu bringen». Denn: «Das Originalstück hat gar keinen Plan. Die Menschen gehen darinne nur, um wieder zu kommen, und kommen, um abgehen zu können. – Ich habe es versucht, einen Plan hineinzudrängen.»[29] Mit diesem Plan war auch die vollständige Eliminierung des Namens Schikaneder verbunden, auf dem Titelblatt des Textdrucks erschienen nur noch Mozart und Vulpius.

Vulpius hat dabei nicht allein die gesprochenen Dialoge verändert, sondern auch die Musik mit neuem Text unterlegt und zudem aus zwei Akten drei gemacht. Bereits in der allerersten Szene wird in einer umfangreichen Fußnote das Unbehagen an der Vorlage ausführlich erläutert. Bei Vulpius flieht Tamino nämlich tatsächlich vor einem furchtbaren Drachen: «Im Originale hat es der Prinz *kämpfend*, mit keinem Unthier zu thun. Er läuft dort bloß vor einer *Schlange* davon, und hat das Unglück, endlich in Ohnmacht zu fallen, bei dem Anblick eines Thieres, deren er auf der Jagd doch wohl genug schon zuweilen von dieser Gattung gesehen haben mag. Ich habe die Schlange in einen *Drachen* mit gutem Vorbedacht verwandelt, weil es wahrscheinlicher ist, daß man von dem Qualme seines Feuerspeiens in Ohnmacht fallen kann, als von dem Anschauen einer Schlange. Ueberhaupt aber haben auch

3. Ausblicke

bei solchen Abentheuern die Drachen viel gewöhnlichern Kours als die Schlangen.»[30] Darauf folgt gleich die nächste Fußnote: «Prinz Tamino kömmt im Original in einem *Japanischen Jagdkleide* zum Vorschein. Was der Verfasser sich dabei gedacht haben mag, weiß der Himmel! – Ich glaube, man thut sehr wohl, den Prinzen idealisch griechisch zu kleiden».[31] Das weimarische Vorgehen zielte also darauf, einen vermeintlich unbrauchbaren Text ohne jeglichen ‹Plan›, dem eine «himmlische» Komposition gegenüberstand, so zu bereinigen und zu ersetzen, dass Text und Musik vorgeblich übereinstimmten. Während Schikaneder sich entschieden gerade gegen diese Bearbeitung verwahrt hat, entspricht sie, jedenfalls auf den ersten Blick, jener Praxis, die Goethe bereits bei seinem Umgang mit der *Entführung* übte: in einem langen Prozess die Musik verstehen und schätzen zu lernen, indem man vom eigentlichen Text ‹abstrahiert›.

Doch zeitigte das Projekt unerwartete Wirkungen. Goethe, der seine eigenen Opernpläne eigentlich als beendet ansah, kehrte, obwohl Mozart tot und Schikaneder noch aktiv war, kurz nach der *Zauberflöten*-Produktion zu einem Opernvorhaben zurück, das er ausdrücklich zur Fortsetzung der *Zauberflöte* deklarierte.[32] Die konkreten Arbeiten begannen spätestens 1796 und zogen sich über mehrere Jahre hin. Schiller warnte aus der Perspektive des souveränen Dramatikers im Mai 1798 eindringlich vor den Risiken eines solchen Unternehmens. In der Zwischenzeit hatte Schikaneder selbst eine Fortsetzung geplant, die dann am 12. Juni 1798 im Freihaustheater uraufgeführt wurde. Doch bereits der Titel (*Der zweyte Theil Zauberflöte. Das Labyrinth oder der Kampf mit den Elementen*) lässt ebenso wie die ‹Korrektur› des Untertitels zur ‹großen heroisch-komischen Oper› eine Rückkehr zur phantastischen Zauberoper erkennen. Sichtbar ist diese Rückkehr auch daran, dass ein vollständiger Textbuchdruck nicht erfolgte und der Komponist, der Münchner Kapellmeister Peter von Winter (1754–1825), bereits in der Ouvertüre demonstrativ auf eine Potpourri-Form zurückgriff.[33]

Möglicherweise hat der Umstand, dass Schikaneders eigene Fortsetzung sich von wesentlichen Prämissen der *Zauberflöte* entfernte,

Johann Wolfgang von Goethe: Bühnenbildentwurf zur Zauberflöte (1794)

Als die ‹Zauberflöte› 1794 in Weimar aufgeführt wurde, übernahm Johann Wolfgang von Goethe selbst die Inszenierung. Die gravierende Bearbeitung des Textes besorgte auf seinen Wunsch Christian August Vulpius. Für den ersten Auftritt der Königin der Nacht hat Goethe eine Bühnenbildskizze gefertigt. Die Protagonistin schwebt auf einer Mondsichel vor einem Sternenhimmel, der jedoch hinter einer antiken Säulenreihe wie ein künstliches Dekorationselement erscheint. Vulpius ist in seiner Bearbeitung auf dieses Antikische zurückgekommen. In seiner weiteren Auseinandersetzung mit der ‹Zauberflöte› hat sich Goethe immer weiter von der 1794 sichtbaren Tendenz distanziert, der geplante ‹zweite Teil› lässt die Rückkehr zum Text Schikaneders erkennen.
Bleistift und Feder auf Papier, aquarelliert, 10 × 15,5 cm; Weimar, Klassik Stiftung Weimar

Goethe zur Weiterarbeit geradezu ermuntert. Die Pläne konkretisierten sich weiter, sogar im Hinblick auf Vertonung und Aufführung. Nach mehreren Anläufen war Carl Friedrich Zelter mit der Vertonung befasst, anscheinend war eine Ouvertüre weit gediehen, doch haben sich keine Spuren von ihr erhalten. Um 1800 brach Goethe die Arbeiten allerdings überraschend ab, und dieser Entscheidung folgte ein bemerkenswerter Schritt: Ein erster Ausschnitt des unvollendeten Textes wurde 1801 ver-

3. Ausblicke 231

öffentlicht. Das gesamte Fragment gelangte, von Skizzen abgesehen, im Jahr 1807 zum Druck.[34] Die Veröffentlichung eines Operntextes jenseits einer vorliegenden Komposition war in der zweiten Hälfte des 18. Jahrhunderts zwar ungewöhnlich, kam aber durchaus vor. Meistens verband sich damit eine programmatische Absicht, im Blick auf die Dramaturgie, die Gattung oder die erhoffte Art der Vertonung. Die autoritative Publikation eines Librettofragments ist dagegen ein isolierter Vorgang, dessen Intention mindestens ambivalent erscheinen musste. Denn ein solcher Text konnte weder als idealer Opernplan noch als Aufforderung zur Vertonung verstanden werden.[35] Diese Eigenheiten mussten sich zur Zumutung steigern, da die unmittelbare Konkurrenz zu und die Abhängigkeit von einem der größten Erfolgsstücke der eigenen Gegenwart geradezu demonstrativ erklärt wurde. Die Selbstdeklaration eines ‹zweiten Teils› ließ das Ausgangswerk ungewollt zu einem ‹ersten Teil› werden.

Goethe griff durch die Veröffentlichung überdies die von ihm selbst angeregte Bearbeitung durch Vulpius, die seit 1794 gedruckt vorlag, in einer geradezu befremdlichen Direktheit an. Denn dessen Versuch, die Oper zu ‹retten› und von ihrem ursprünglichen Text zu befreien, wurde gegenstandslos durch Goethes Vorhaben, dieselbe Oper fortzuschreiben und das Scheitern dieses Vorhabens sogar öffentlich zu machen. Denn es bleibt nach außen zwar unklar, worauf sich Goethes Text beziehen soll, auf die Bearbeitung von Vulpius oder eben doch das Original von Schikaneder. Doch der Umstand, dass die Fortsetzung zweiaktig geplant war, verweist überraschend eindeutig auf Schikaneder. Zwischen dem Aufführungsprojekt von 1793/94 und dem daraufhin in Angriff genommenen Plan eines ‹zweiten Teils› scheint es also zu einem Klärungsprozess gekommen zu sein. Das Ergebnis hatte mit der ursprünglichen, wie im Falle der *Entführung* angestrebten Abstraktion vom Text nichts mehr zu tun, sondern lässt im Gegenteil eine Rückkehr zu ihm erkennen.

Die Kontinuitäten waren demnach offensichtlich, zumal Goethe selbst behauptete, man könne sein Stück mühelos mit den Dekorationen der *Zauberflöte* aufführen. Kennzeichnend ist jedoch, dass Goethe dem starren *tableau vivant* mit seiner nervösen Musik am Ende des ‹ersten Teils› eine Perspektive verlieh, und zwar durch unerwartete Geschichten des Scheiterns. Das Kind von Tamino und Pamina, das inzwischen geboren wurde, ist verstorben; Monostatos und die Königin der Nacht haben eine Hochzeit des Bösen gefeiert; und der erhoffte Kindersegen Papagenos und Papagenas hat sich nie eingestellt, was Papagena direkt kommentiert: «Er ist verdrießlich! Ist verdrießlich! / Die ganze Welt ist nicht mehr schön» (WA, 193). Die Ansiedlung der Fortsetzung in einer nicht mehr schönen Welt mindert allerdings die Verrätselungen keinesfalls, sondern treibt sie nur immer weiter voran.

Dabei forciert Goethe gerade die optischen Bühnenillusionen der *Zauberflöte* in einer Art von visueller Überbietungsrhetorik. So lautet eine Bühnenanweisung in der ersten Szene: «Die Wolken dehnen sich über das Theater aus und ziehen über Monostatos und die Mohren hin, die man jedoch noch sehen kann» (WA, 184). Weiter heißt es dann: «Indem ein Nordlicht sich aus der Mitte verbreitet, steht die Königin wie in einer Glorie. In den Wolken kreuzen sich Kometen, Elmsfeuer und Lichtballen. Das Ganze muß durch Form und Farbe und geheime Symmetrie einen zwar grausenhaften, doch angenehmen Effect machen» (WA, 186). Und schließlich, am Ende der Szene: «Das Theater geht in ein Chaos über, daraus entwickelt sich Ein königlicher Saal» (WA, 189).

Die erhoffte Antwort auf die *Zauberflöte* war demnach eine Art Über-*Zauberflöte*, eine totale Ästhetik des Künstlichen. Goethe reduzierte dabei nicht einfach nur, wie oft bemerkt, die komischen Elemente weitgehend – eine Tendenz, die auch bei Vulpius begegnete, hier eher aus dem Motiv heraus, der vermeintlich erhabenen Musik einen erhabenen Text an die Seite zu stellen. Vielmehr verliert sich bei Goethe das Komische in einer übergreifenden Melancholie, wie in der Szene zwischen Papageno, der nun Taminos Flöte besitzt, und Papagena, der neuen Eigentümerin von Papagenos Glockenspiel, sichtbar wird (beide werden nur noch mit den Personalpronomen ‹er› und ‹sie› benannt). Damit ist ein entscheidender Subtext des ursprünglichen Werkes aufgerufen,

3. Ausblicke

den Goethe jedoch nicht als final betrachtete, sondern in den Wirren, Erschütterungen und Auflösungen der Zeit um 1800 als fortsetzungsfähig ansah, und zwar mit der Perspektive, über diese Zeit hinauszuweisen.

Was immer ihm dabei für eine Musik vorschwebte, eine entscheidende Differenz zu Mozart ist erkennbar: die neue, zentrale Rolle eines Chors, den es in der *Zauberflöte* nur in Ausnahmesituationen gibt. Der kollektive Gesang wird zum Dialogpartner der Akteure, die Vergegenwärtigung der antiken Tradition steht aber nicht für sich, sondern vermischt sich mit einem irrealen Zauber- und Illusionstheater. An dessen Ende steht als perspektivisches Ereignis zwar das Erscheinen eines Genius, aber drei Genien (die im zweiten Teil fehlen) gab es ja bereits im ‹ersten›, es ist also eine zirkuläre Rückkehr.

Joseph Haydn veröffentlichte 1799 eine Koppelung von zwei Quartetten als ausdrückliches Fragment einer Serie (op. 77), 1806 folgten dann zwei Quartettsätze als Fragment eines Einzelwerks (op. 103). Die Koinzidenz zu Goethes Publikation erst eines Ausschnitts (1801), dann des gesamten Fragments (1807) ist sehr auffällig. Mit diesem Schritt der fragmentarischen Publikation wurde das Scheitern des Vorhabens in aller Öffentlichkeit nicht nur eingestanden, sondern geradezu inszeniert. Und genau dies berührte Mozarts Grundlagen. Das, was der *Zauberflöte* eine Wirklichkeit verlieh, die doch keine Wirklichkeit mehr sein konnte, war einzig und allein die Musik. Goethe hat daraus keine finale Geste ablesen wollen, sondern eine produktive Herausforderung für die Theaterproduktion seiner eigenen Zeit – und über sie hinaus. Das Fragmentarische, das damit, so offenbar die Einsicht, notwendig verbunden war, besaß jedoch eine doppelte Struktur. Denn es blieb ja der Text nicht nur als Text Fragment, ihm fehlte das alles Entscheidende, die Musik. Im Grunde partizipierte auch Zelters Versuch an diesem Fragmentarischen, als unvollendete Ouvertüre zu einer ungeschriebenen Oper.

Goethes Verzicht auf die Musik erfolgte jedoch nicht beiläufig, sondern demonstrativ, was sich auch im Druck von 1801 zeigt. Dort firmiert das Stück als «Entwurf zu einem dramatischen Mährchen», nicht mit einem persönlichen, sondern einem ideellen Widmungsträger: «der Liebe und Freundschaft gewidmet» (WA, 379). Dass es dabei um eine Oper geht, erschließt sich einzig aus dem Titel (Der Zauberflöte zweyter Theil) und der Struktur des Textes. Die Publikation erfolgte allerdings zu einem Zeitpunkt, als Goethe die Arbeit am Faust wieder aufgenommen hatte, in dessen «Zueignung» ausgerechnet «Lieb und Freundschaft» ausdrücklich erinnert werden. In der in diesem Stück angestrebten Fülle der Erscheinungen, in der damit verbundenen disruptiven Dramaturgie «mit bedächt'ger Schnelle / vom Himmel durch die Welt zur Hölle», wie der Direktor im «Vorspiel auf dem Theater» ausdrücklich sagt, scheint sich die Herausforderung der Zauberflöte erst eigentlich zu erfüllen – eine Herausforderung, die eigenartigerweise dann doch entschieden mit dem Namen Schikaneders verbunden sein musste. Goethe erhoffte sich Musik zu seinem Drama. Doch das berühmte Diktum im Gespräch mit Eckermann 1829, «Mozart hätte den ‹Faust› componieren müssen», bezog sich nicht auf den Komponisten der Zauberflöte, sondern auf den von Don Giovanni: «Die Musik müßte im Character des ‹Don Juan› sein».[36] Damit ist Goethe der Zauberflöte vordergründig ausgewichen.

Und doch kam er im Umfeld des Faust auf sie zurück. Ebenfalls im Gespräch mit Eckermann hielt er zwei Jahre früher mit Blick auf Faust II fest: Es «ist alles sinnlich und wird, auf dem Theater gedacht, jedem gut in die Augen fallen. Und mehr habe ich nicht gewollt. Wenn es nur so ist, daß die Menge der Zuschauer Freude an der Erscheinung hat; dem Eingeweihten wird zugleich der höhere Sinn nicht entgehen, wie es ja auch bei der ‹Zauberflöte› und andern Dingen der Fall ist».[37] Diese Reverenz bezeichnete jedoch zugleich einen Defekt, weil auch der Faust, wie der Zauberflöte zweyter Theil, ein Fragment blieb: ein Werk mit ‹höherem Sinn›, aber im Gegensatz zu Mozarts Zauberflöte ohne Musik.

Das allerdings war ein eigenartiges Eingeständnis. Der singuläre Zustand des Schimmernden, einer Musik, die keine Täuschungen vergessen lassen wollte, sondern vorsätzlich Gefahr lief, selbst zur Täuschung zu werden, erwies sich dann doch als eine Herausforderung, die nicht

3. Ausblicke

mehr einlösbar war. Goethes «hätte» machte aus der Musik jenen Konjunktiv, der sie auch bei der Fortsetzung der Zauberflöte blieb. Angesichts derartiger Brechungen und Brüche, in denen sich das Disruptive der Oper in die Entstehung eines neuen Werkes verlängerte, kommt Goethes Auseinandersetzung mit dem Stück eine isolierte Bedeutung zu. Er gehörte zu denjenigen, die die Struktur und den Habitus der Zauberflöte, der ‹großen Oper›, sehr feinsinnig wahrgenommen haben und produktiv darauf reagieren wollten. Der Umstand, dass dies am Ende mit dem Verzicht auf Musik verbunden war, fügte dann aber, wohl unerwartet und unbeabsichtigt, der Zauberflöte ein weiteres Rätsel hinzu.

Anmerkungen

Noch ein Zauberflöten-Buch?

1 Hendrik Lambertus: Die Zauberflöte. Eine Nacherzählung. Mit Bildern aus dem Film ‹The Magic Flute – Das Vermächtnis der Zauberflöte›. Berlin: Ueberreuter 2022.
2 Ankündigung in: Baierische Nationalzeitung 157, 4. Juli 1812, S. 640.
3 Adolph Bäuerle: Arien und Gesänge aus der Posse: Die falsche Prima Donna in Krähwinkel, in drei Aufzügen. Bearbeitet von J. v. Voß. Musik von Ignaz Schuster. Berlin: o. V. 1820, S. 8 (das Werk Schusters stammt von 1818).
4 Dazu Assmann (2005), S. 17 ff.
5 Barbara Vinken: Diva. Eine etwas andere Opernverführerin. Stuttgart: Klett-Cotta 2023, S. 123.
6 Wolfgang Amadé Mozart an Leopold Mozart am 26. September 1781. In: MBA 3 (1963), S. 161–164, hier S. 164. – Abgeglichen mit der DME (https://dme.mozarteum.at/DME/briefe/letter.php?mid=1195&cat=, Zugriff am 17. 10. 2022).

Ein «Theatermeteor» und seine Folgen

1 Anon.: Kurzgefaßte Nachrichten. In: Oberdeutsche allgemeine Litteraturzeitung 6, 1793, Sp. 322 ff., hier Sp. 323.
2 Anzeige der Richterischen Buchhandlung in: Intelligenz-Blatt des Journal des Luxus und der Moden 1, 1793, S. XV (datiert 10. Dezember 1792); zum Kontext auch Jin-Ah Kim: Zur Entstehung des bildungsbürgerlichen Diskurses über Musik. Musikbeiträge im ‹Journal des Luxus und der Moden› von 1786 bis zum Beginn des 19. Jahrhunderts. In: Die Musikforschung 60, 2007, S. 95–116.
3 L[udwig] v[on] Ba[c]zko: Allegorie aus der Zauber-Flöte. In: Journal des Luxus und der Moden 9, 1794, S. 366–371, hier S. 370; zum Text auch Schwob (2015), S. 287 ff.
4 Die südamerikanische Stadt Potosi verfügte, so die allgemeine Ansicht im 18. Jahrhundert, über «das allerreichste Silber-Bergwerck in der gantzen Welt» (Art. Potosi. In: Zedler 28, 1741, Sp. 1910 f., hier Sp. 1910).
5 [Friedrich Justin Bertuch:] Ueber Mozarts Oper die Zauber=Flöte. [Vorbemerkung zu:] Baczko: Allegorie (wie Anm. 3). In: Journal des Luxus und der Moden 9, 1794, S. 364–366, hier S. 364 f.; zum Text auch Schwob (2015), S. 287 f.
6 Bertuch: Ueber Mozarts Oper (wie Anm. 5), S. 366.
7 [Friedrich] Lehne: Das Lied des freien Mannes. o. O. o. J. [Mainz 1792], S. [2]; mit zwei weiteren Strophen findet sich der Text, ohne Verfassernamen, aber mit der

Melodiezuweisung in [Christian Siegmund Krause (Hrsg.)]: Allgemeingültiges Gesellschaftsgesangbuch. Bayreuth: Lübeck Erben 1799, S. 52 f.; der gesamte Text in Friedrich Lehne: Gesammelte Schriften. Hrsg. Ph[ilipp] H. Külb. Bd. 5. Mainz: Wirth 1839, S. 353–356. – Als ‹Gegenstück› erschien noch, ebenfalls zum Papageno-Lied zu singen, ein «Lied des treuen Untertans» (dazu auch Hans-Werner Engels: Gedichte und Lieder deutscher Jakobiner. Stuttgart: Metzler 1971 (= Deutsche revolutionäre Demokraten 1), S. 101 f.

8   Anon.: Die große Oper Zauberflöte deutlich ausgelegt, um den wahren Sinn derselben zu begreifen. Linz: Auinger 1794, S. 4 f.; zum Kontext auch Gerald Fischer-Colbrie: Eine Linzer Flugschrift von 1794 über die Zauberflöte. Erstaufführungen, Textänderungen, Ausdeutungen. In: Historisches Jahrbuch der Stadt Linz 1991, S. 29–40.

9   Anon.: Geheime Geschichte des Verschwörungs-Systems der Jakobiner in den österreichischen Staaten. Für Wahrheitsfreunde. London [recte: Heilbronn: Claß] 1795, S. 47 ff., hier S. 47; vgl. auch Mozart-Dokumente, S. 415.

10 Anon.: Etwas Neues über die Zauberflöte. In: Rheinische Musen 1, 1794, S. 11–15.

11 Der gesamte Zusammenhang bei Manfred Schuler: ‹Die Zauberflöte› – ein Mittel politischer Agitation in Mannheim 1794. In: Ludwig Finscher et al. (Hrsg.): Mozart und Mannheim. Kongreßbericht Mannheim 1991. Frankfurt/M. etc.: Lang 1994 (= Quellen und Studien zur Geschichte der Mannheimer Hofkapelle 2), S. 197–207.

12 Anon.: Die Einweihung in das Geheimniß der schreklichen Unbekannten. Aus den Papieren eines vornehmen Spaniers. In: Wiener Zeitschrift 8, 1792, S. 129–157, dazu der Kommentar ebd., S. 154–157, Zitat S. 156.

13 Anon.: Wien, vom 5. October. In: Bayreuther Zeitung 121, 11. Oktober 1791, S. 947; vgl. Edge/Black.

14 Anon.: Rezension zu: Die Zauberflöte. Frankfurt, Leipzig 1794. In: Zeitung für Theater und andre schöne Künste 12, 1794, S. 254 f., hier S. 254.

15 Eg. (= Adolf von Knigge?): Rezension zu: Die Zauberflöte. Frankfurt, Leipzig 1794. In: Neue allgemeine deutsche Bibliothek 15, 1795, S. 555 f., hier S. 555; vgl. Schwob (2015), S. 295 f.

16 [Julius Friedrich Knüppeln:] Vertraute Briefe zur Charakteristik von Wien. Bd. 2. Görlitz: Hermsdorf u. Anton 1793, S. 51. – Der Text ist fälschlicherweise Johann Friedel zugeschrieben worden, Friedel starb aber schon 1789. Zum Text, auch zur Autorschaftsfrage Manfred Schuler: Eine zeitgenössische Kritik an der ‹Zauberflöte›. In: Mitteilungen der Internationalen Stiftung Mozarteum 1991, S. 125–131.

17 Hier verwendet der Nachweis bei Georg Hieronimus Bestelmeier: Systematisches Verzeichnis eines Magazins von verschiedenen Kunst- und andern nüzlichen Sachen. Drittes Stück. Nürnberg: o. V. 1803, S. 15 [recte: 16], das Angebot ist bereits 1795 nachweisbar; das Gesellschaftsspiel wurde 1793 mehrfach annonciert, so im Intelligenzblatt der Allgemeinen Literatur-Zeitung 138, 21. Dezember 1793, Sp. 110; zum Spiel Assmann (2006), S. 116 f.; sowie Günther G. Bauer: Mozart. Glück, Spiel und Leidenschaft. Bad Honnef: Bock, 2., erw. Aufl. 2005, S. 236.

18 Emanuel Schikaneder: Vorrede. Zu: ders.: Der Spiegel von Arkadien. Eine grosse heroisch-komische Oper in zwey Aufzügen. Wien: Ochs 1795, S. III–VIII, hier S. IV f.; auch bei Sonnek (1999), S. 208 f.

19 Zum Regensburger Kontext Bender Teil 2, Bd. 1, 1997, S. 19.

Anmerkungen

20 Der Besuch z. B. bezeugt in: Berlinische Nachrichten von Staats- und gelehrten Sachen 126, 20. Oktober 1818, Bg. [3]r.; dort auch der Vermerk, daß Giesecke «Schikanedern bei seinen Theater-Produkten stets mit Rath und That zur Seite gestanden» habe.
21 J[ulius] Cornet: Die Oper in Deutschland und das Theater der Neuzeit. Aus dem Standpuncte practischer Erfahrung. Hamburg: Meißner u. Schirges 1849, S. 24 f., hier S. 24; eine präzise Zusammenfassung der vielfach dargestellten Zusammenhänge bei Werner Wunderlich: ‹Wie stark ist nicht dein Zauberton›. Textbuch, Fortsetzungen und Bearbeitungen der ‹Zauberflöte›. In: Wunderlich (2007), S. 9–60, hier S. 22 f.
22 Ignaz von Seyfried an Georg Friedrich Treitschke, undatiert (um 1840?). In: Mozart-Dokumente S. 471 f., hier S. 472 (Abgeglichen mit der DME (https://dme.mozarteum.at/DME/briefe/letter.php?mid=358; Zugriff am 28. 10. 2022); zum Werk Müllers auch Angermüller (2009).
23 F[riedrich von] Treitschke: Die Zauberflöte. Der Dorfbarbier. Fidelio. Beitrag zur musikalischen Kunstgeschichte. In: August Schmidt (Hrsg.): Orpheus. Musikalisches Taschenbuch für das Jahr 1841. Wien: Riedl [1840], S. 239–264, hier S. 242 ff.; dazu am ausführlichsten Meinhold (2001), S. 51 ff.
24 Schikaneder: Vorrede (wie Anm. 18, S. 238), S. IV; bekräftigend dazu etwa Seidel (2011), S. 224.
25 Dazu schon Gernot Gruber: Mozart und die Nachwelt. Erweiterte Neuausgabe. München: Piper 1987, S. 267 ff.
26 Dazu schon Rosenberg (1964), S. 228 ff. (zur Freimauersymbolik) u. S. 137 ff. (zur Zahlensymbolik).
27 So wurde 1983 eine Deutung aus dem Geist der Weltanschauung Rudolf Steiners veröffentlicht (Christoph Peter: Die Sprache der Musik in Mozarts Zauberflöte. Stuttgart: Freies Geistesleben 1983).
28 Starobinski (1981), S. 153.
29 Georg Knepler: Wolfgang Amadé Mozart. Annäherungen. Frankfurt/M.: Fischer 1993, S. 368. Auch David Schroeder entdeckte in der Oper den Spiegel von «fairly sensitive social issues» (Mozart in Revolt. Strategies of Resistance, Mischief and Deception. New Haven, London: Yale University Press 1999, S. 26).
30 Perl (2000), die beiden Zitate S. 10 u. S. 168.
31 Dazu schon Manfred Agethen: Geheimbund und Utopie. Illuminaten, Freimaurer und deutsche Spätaufklärung. München: Oldenbourg 1984 (= Ancien Régime, Aufklärung und Revolution 11), zudem Mehltretter (2009).
32 So schon Stefan (1937), S. 24 ff.
33 V. a. Komorzynski (1951).
34 Schikaneder: Vorrede (wie Anm. 18, S. 238), S. V f.
35 Dazu etwa Fischer (1993).
36 Ernst Bloch: Die Zauberflöte und Symbole von heute. In: ders.: Zur Philosophie der Musik. Ausgewählt und hrsg. von Karola Bloch. Frankfurt/M.: Suhrkamp 1974, S. 261–266 (zuerst 1930), S. 265.
37 Einstein (1968), S. 440.
38 Johann Friederich Schink: Rez. zu ‹Die Entführung aus dem Serail›. In: ders.: Dramaturgische Fragmente. Vierter Band. Graz: v. Widmannstätten 1782, S. 1001–1025, hier S. 1002; vgl. auch Mozart-Dokumente, S. 185 f.

I.
Konturen eines Auftrags

1 Abert (1921), Bd. 2, S. 684, S. 685 u. S. 686. – Das Wort der ‹traurigen Lage› findet sich schon bei Jahn 4 (1859), S. 553.
2 Einstein (1968), S. 66.
3 Hildesheimer (1977), S. 351 u. S. 357.
4 Dazu etwa Ulrich Konrad: Art. ‹Mozart›. In: MGG Online (2004 / 2016, Zugriff am 20. 09. 2022); in diesem Sinne bereits Braunbehrens (1986).
5 Wolfgang Amadé Mozart an Leopold Mozart am 4. April 1781. In: MBA 3 (1963), S. 101–103, hier S. 102; abgeglichen mit der DME (http://dme.mozarteum.at/DME/briefe/letter.php?mid=1152&cat=; Zugriff am 10. 10. 2022); die Unterstreichung bezieht sich wohl nur auf das Wort ‹mein›.
6 Christian Friedrich Schwan: Nouveau Dictionnaire de la langue allemande et françoise. [...]. Tome second qui contient les lettres H-Z de l'alphabet allemande, expliqué par le françois. Mannheim: Schwan 1784, S. 25 f.
7 Schwan: Nouveau Dictionnaire (wie Anm. 6). Tome troisième qui contient les lettres I-P de l'alphabet françois expliqué par l'allemand. Mannheim: Schwan 1791, S. 420.
8 Johann Christoph Gatterer: Räsonnement über die jezige Verfassung der Geschichtskunde in Teutschland. In: Historisches Journal 1, 1772, S. 255–266, hier S. 256.
9 Hier die Version bei Adam Friedrich Geisler: Skizen aus den Karakter und Handlungen Josephs des Zweiten [...]. Erste Sammlung. Halle: Hendel 1783, S. 136.
10 Max Blumhofer [eig. Blaimhofer]: Vorrede. Zu: ders.: Die Luftschiffer oder der Strafplanet der Erde. Ein komisch-satirisches Singspiel in 3. Aufzügen. Für das kaiserliche Hoftheater zu St. Petersburg bearbeitet. Leipzig, Köln: Imhof 1787, S. 3–9, hier S. 7. – Der Hinweis auf «Helena und Paris» bezieht auf die gleichnamige Oper von Peter von Winter, die 1782 in München aufgeführt wurde; vgl. auch Edge/Black.
11 Münchner Zeitung, 14. April 1783, S. 234 f.; vgl. auch Edge/Black.
12 Tagebuch der Mannheimer Schaubühne. Erster Band. o. O. [Mannheim] 1786, S. [189].
13 Anon.: Ueber das Hamburger Theater. Siebzehnter Brief. In: Journal aller Journale, Juni 1787, S. 167–177, hier S. 173; vgl. Schwob (2015), S. 46 ff.
14 Oberdeutsche Staatszeitung 4, 18. Januar 1787, S. 54; Mozart war bereits am 12. Januar 1787 in Prag eingetroffen; vgl. auch Edge/Black.
15 Anon.: Musikalische Nachricht. In: Bayreuther Zeitung 1788, S. 142 (26. Februar 1788); vgl. auch Edge/Black. – Ob diese Ankündigung vom Verleger Anton Grams stammt, muss offenbleiben. Die vielschichtige Metapher des ‹elektrischen Denkens› spricht eher dagegen; zum Kontext der Metapher Michael Gamper: Elektropoetologie. Fiktionen der Elektrizität 1740–1870. Göttingen: Wallstein 2009; zum Zusammenhang von ‹Elektrischem› und Märchen S. 145 ff.
16 Musicalische Real-Zeitung 1, 1788, Sp. 56 (13. August 1788); vgl. Mozart-Dokumente, S. 283.
17 Johann Friederich Schink: Dramaturgische Monate. Zweyter Band. Schwerin: Bodmer 1790, S. 325; vgl. auch Mozart-Dokumente, S. 310 ff.

18 [Christian Friedrich Daniel] Schubart: Chronik. 1791. Zweites Halbjahr. Stuttgart: Reichspostamt o. J. [1792], S. 833; vgl. auch Edge/Black.
19 Augspurgische Ordinari Postzeitung, 21. Dezember 1791, S. [1].
20 Dazu Hadamowsky (1978).
21 Vgl. Rainer Theobald: Die Opern-Stagioni der Brüder Mingotti. 1730–1766. Ein neues Verzeichnis der Spielorte und Produktionen. Chronologie aus Quellen zur Verbreitung und Rezeption der venezianischen Oper nördlich der Alpen. Mit einer Einleitung von Reinhard Strohm. Wien: Hollitzer 2015, S. 73.
22 Wienerischer Kommerzialschema oder Geschäftsallmanach [...]. Ganz neu umgearbeitete Auflage. Wien: Gerold 1791, S. CXXII ff.
23 Zum Freihaustheater Krzeszowiak (2009).
24 Alle Vorgänge am präzisesten bei Sonnek (1999), S. 85 ff.; vgl. auch Baur (2012); vgl. zudem David C. Buch: ‹Die Zauberflöte› from Libretto to Score. In: Vanhulst (2018), S. 13–26.
25 Dieser Hinweis in: Vaterlandschronik 7, 23. Januar 1789, Bg. 51 f.
26 Vgl. Lorenz (2008).
27 Hof- und Staats-Schematismus der röm. kaiserl. auch kaiserl. königl. und erzherzoglichen Haupt- und Residenz-Stadt Wien [...]. Wien: Gerold 1796, Kapitel ‹Alle öffentliche Theater in und vor der Stadt›, Bg. 5v.
28 Johann Christoph Adlung: Grammatisch-kritisches Wörterbuch der hochdeutschen Mundart [...]. Rev. u. hrsg. von Franz Xaver Schönberger. Dritter Theil. Wien: Bauer 1811, Sp. 501.
29 Knüppeln: Vertraute Briefe (wie Anm. 16, S. 238), Bd. 2, S. 50.
30 [Nachricht aus Wien vom 28. November 1789.] In: Augspurgische Ordinari Postzeitung 290, 4. Dezember 1789, Bg. 1r.
31 Zur denkbaren Beteiligung Mozarts am *Stein der Weisen* Buch (1997).
32 Rüge auffallender Fehler in algemein beliebten Schriften. In: Deutsches gemeinnüziges Magazin 2, 1789, S. 253–280, hier S. 276 f.
33 -e.: Ueber die Studierstube des Herrn Schikaneder. In: Hamburgisch- und Altonaische Theater- und Litteratur-Zeitung 1, 1799, S. 224.
34 Schikaneder: Vorrede (wie Anm. 18, S. 238), S. IV.
35 Dazu schon Aloys Fuchs: Beitrag zur Geschichte der Oper ‹die Zauberflöte› von W. A. Mozart. In: Allgemeine Wiener Musik-Zeitung 15, 1842, S. 57 f.
36 Anon.: Wien, vom 5. October. In: Bayreuther Zeitung 121, 11. Oktober 1791, S. 947.
37 Grundlage bilden hier die von Johann Friedel bezeugten Abendeinnahmen für Schikaneders Zeit am Kärntnertortheater Mitte der 1780er Jahre (vgl. Sonnek (1999), S. 62 f.).
38 Anon.: Wien, vom 8. Oktob. (Aus Privatbriefen). In: Kurfürstlich gnädigst privilegirte Münchner-Zeitung 162, 14. Oktober 1791, S. 863 f., hier S. 863.
39 E[manuel] Bozenhard: Bemerkungen auf einer Reise von Kopenhagen nach Wien im Jahr 1793. Hamburg: Hoffmann 1795, S. 134.
40 Anon.: Nachricht. In: Gothaische gelehrte Zeitungen 67, 20. August 1794, S. 611 f., hier S. 611.
41 Anon.: Einige Gedanken über den Zustand des Theaters in Prag. Im Dezember 1794. In: Allgemeines europäisches Journal 2, 1794, S. 564–570, hier S. 569. – Das Journal erschien bei Frasler in Brünn. Zitiert auch bei Ruth Tatlow u. Magnus Tessing Schneider: ‹La clemenza di Tito›: Chronology and Documents. In: dies.

(Hrsg.): Mozart's ‹La clemenza di Tito›: A Reappraisal. Stockholm: Stockholm University Press 2018, S. 1–31, hier S. 22.

42 Hier etwa: Nützliches Adreß- und Reisebuch oder Archiv der nöthigsten Kenntnisse von Wien für reisende Fremde und Inländer. Wien: Gerold 1792, S. 257 ff.; Hof- und Staats-Schematismus (wie Anm. 27, S. 241), Bg. 5v.

43 Eine differenzierte Auflistung der Logeneinnahmen für 1776/77 bei Hadamowsky (1978), S. 95 ff.; die Praxis der 1790er Jahre wich offenbar davon ab.

44 Vgl. den ausführlichen Überblick bei Landsteiner (2003); die Gehälter des Nationaltheaterpersonals bei Hadamowsky (1978), S. 101 ff.

45 Bayreuther Zeitung 22, Anhang, 21. Februar 1791, S. 152.

46 Kurfürstlich gnädigst privilegirte Münchner-Zeitung 101, 22. Februar 1791, S. 161; dieselben Informationen auch in der Wiener Zeitung 14, 16. Februar 1791 (zu diesem Dokument Edge/Black), nach denen sie offenbar weiterverbreitet wurden.

47 So kursierte schon 1792 die Behauptung: «Das Theater auf der Wieden soll nächstens eingehen, indem der Eigenthümer desselben Herr Fürst von Starhenberg willens ist, Wohnungen daraus bauen zu lassen.» (Bayreuther Postzeitung 121, Anhang, 1. Oktober 1792, S. 816.)

48 Knüppeln: Vertraute Briefe (wie Anm. 16, S. 238), Bd. 2, S. 50.

49 Anon.: Berlin den 28. May 1794. In: Rheinische Musen 1, 1794, S. 143.

50 [Otto Heinrich von Gemmingen:] Vom Händeklatschen (Applaudiren). In: Der Weltmann 2, 1782, S. 275–278, hier S. 275.

51 Johann Christoph Greiling: Theorie der Popularität. Magdeburg: Keil 1805; zu Greiling vgl. v. a. Böning (2002); auch dessen Nachwort zur Faksimile-Ausgabe (Stuttgart-Bad Cannstatt 2001 (= Volksaufklärung. Ausgewählte Schriften 13), S. 183–198). Vgl. zudem Holger Dainat: Meine Göttin ‹Popularität›. Programme printmedialer Inklusion in Deutschland 1750–1850. In: Gereon Blaseio et al. (Hrsg.): Popularisierung und Popularität. Köln: DuMont 2005, S. 43–62.

52 Greiling: Theorie der Popularität (wie Anm. 51), S. 96.

53 Art. ‹Popularität›. In: Zedler 28, 1741, Sp. 1542.

54 Art. ‹Populaire›. In: Encyclopédie ou dictionnaire raisonné des sciences, des arts et des métiers [...]. Bd. 13. Neuchatel: Faulche 1765, S. 87.

55 Johann Andreas Cramer: Christian Fürchtegott Gellerts Leben. Leipzig: Weidmanns Erben u. Reich 1774, S. 20.

56 Grundlegend dazu Helmut Holzhey: Art. ‹Popularphilosophie›. In: Historisches Wörterbuch der Philosophie 7, 1989, Sp. 1093–1100. Die Begriffsprägung bei [Noël-Antoine Pluche:] Histoire du ciel. Considéré selon les idées des poëtes, des philosophes et de Moïse [...]. Bd. 2. Paris: Estienne 1739, S. 183; dazu auch Roland Mortier: Diderot et le projet d'une ‹philosophie populaire›. In: Revue Internationale de Philosophie 38, 1984, S. 182–195.

57 Dazu auch Holger Zaunstöck: Populäre Musikkultur im 18. Jahrhundert? Die Genese popkultureller Praxis im Spannungsfeld von Aufklärung und Stadtraum. In: Jahrbuch für Kommunikationsgeschichte 9, 2007, S. 130–149.

58 Anon.: Nachrichten. In: Allgemeine musikalische Zeitung 12, 24. März 1813, Sp. 209–211, hier Sp. 210.

59 Leopold Mozart an Wolfgang Amadé Mozart am 11. Dezember 1780. In: MBA 3 (1963), S. 51–53, hier S. 53; abgeglichen mit der DME (https://dme.mozarteum.at/DME/briefe/letter.php?mid=1124&cat=; Zugriff am 27. 01. 2023).

60 [Johann Jacob Bodmer:] Das Banket der Dunse. o. O. 1758, Bg. 2r.
61 Wolfgang Amadé Mozart an Leopold Mozart am 16. Dezember 1780. In: MBA 3 (1963), S. 59–61, hier S. 60; abgeglichen mit der DME (https://dme.mozarteum.at/DME/briefe/letter.php?mid=1129&cat=; Zugriff am 27. 01. 2023).

II.
Größe und Wahrhaftigkeit

1 Albi Rosenthal u. Alan Tyson (Hrsg.): Mozart. Eigenhändiges Werkverzeichnis. Faksimile British Library Stefan Zweig MS 63. Einführung und Übertragung. Kassel etc.: Bärenreiter 1991 (= NMA X), f. 28v.
2 Die Entführung aus dem Serail. Ein Singspiel in drey Aufzügen, nach Bretznern frey bearbeitet, und für das k. k. Nationalhoftheater eingerichtet. In Musik gesetzt vom Herrn Mozart. Wien: Logenmeister 1782. – Der Wortlaut auf dem Theaterzettel ist identisch.
3 Wolfgang Amadé Mozart an Leopold Mozart am 3. Dezember 1777. In: MBA 2 (1962), S. 160–163, hier S. 161 (abgeglichen mit der DME, https://dme.mozarteum.at/DME/briefe/letter.php?mid=947&cat=; Zugriff am 20. 09. 2022).
4 Teutsche Chronik 3, 80, 3. Oktober 1776, S. 631; [Anton von Klein:] Günther von Schwarzburg. Ein Singspiel in drei Aufzügen für die Kuhrpfälzische Hofsingbühne. Mannheim: Schwan o. J. [1777].
5 Wolfgang Amadé Mozart an Constanze Mozart am 7. und 8. Oktober 1791. In: MBA 4 (1963), S. 157 (abgeglichen mit der DME, https://dme.mozarteum.at/DME/briefe/letter.php?mid=1764&cat=; Zugriff am 20. 11. 2022).
6 Beispiele wären Friedrich August Kannes *Orpheus und Euridice* (Wien, 1807), Peter Ritters *Salomon's Urtheil* (Stuttgart, 1810) oder Johann Nepomuk von Poißls *Athalia* (München, 1814). Ein Werk wie Karl August von Lichtensteins *Bathmendi* (Dessau 1798) wurde sogar erst für die Wiener Aufführung 1801 zur ‹großen Oper›. Der deutsche Titus (als «Eine große Oper in zwey Aufzügen») erschien 1801 bei Schmidt in Wien für eine Aufführung im Theater an der Wien; zum Begriff auch Kreutzer (2009), S. 35 f.
7 Art. ‹Groß; Größe›. In: Sulzer Bd. 1, S. 490–499, hier S. 490; die weiteren Zitate S. 495 u. S. 491.
8 Dazu vom Verf. ‹Vera opera› und Aufklärung. Mozarts Spätwerk ‹La clemenza di Tito› und das Ende des 18. Jahrhunderts. In: Kreimendahl (2011), S. 327–348.
9 Johann Joachim Eschenburg: Entwurf einer Theorie und Litteratur der schönen Wissenschaften. Zur Grundlage bei Vorlesungen. Berlin, Stettin: Nicolai 1783, S. 195.
10 G[eorg] Benda: [Brief über Romeo und Julie.] In: Gothaische gelehrte Zeitungen 73, 11. September 1776, S. [589]–592, hier S. 590; der Text wurde mit neuer Datierung nachgedruckt in: Magazin der Musik 1, 1783, S. 750–755, hier S. 753.
11 [Johann Friedrich Reichardt:] Fingal und Komala. Eine große deutsche Oper. In: Musikalisches Kunstmagazin 1, 1782, S. 165 f.
12 Zur Gattungsproblematik auch Michler (2015), S. 299 ff.
13 Allgemeiner Theater-Almanach von Jahr 1782. Wien: Gerold 1782, S. 58.
14 Johann Georg Sulzer: Theorie der Dichtkunst. Zum Gebrauch der Studirenden bearbeitet von Albrecht Kirchmayer. Zweyter Theil. München: Lentner 1789, S. 310.

15 J.: Rezension zu: Johann Benjamin Michaelis: Einzelne Gedichte [...] 1769. In: [Christian Adolf] Klotz (Hrsg.): Deutsche Bibliothek der schönen Wissenschaften 16, 1770, S. 664–684, hier 668.
16 Art. ‹Posaune›. In: Heinrich Christoph Koch: Musikalisches Lexikon [...]. Frankfurt/M.: Hermann 1802, Sp. 1163–1165, hier Sp. 1165.
17 Zur Rolle der Posaune Schmid (2010); zudem David M. Guion: What Handel Taught the Viennese about the Trombone. In: Historic Brass Society Journal 15, 2003, S. 291–321.
18 In der bereits zitierten anonymen Linzer Lesart als Anti-Revolutionsstück wird die feierliche Tonlage der Posaune ebenfalls bemerkt, allerdings als «gegen die Jakobiner hingerichtete Todestrompete» (Die große Oper Zauberflöte (wie Anm. 8, S. 238), S. 11).
19 Das Exemplar vom 30. September 1791 in der Wienbibliothek im Rathaus, Wien, digital verfügbar (https://www.digital.wienbibliothek.at/wbrobv/content/titleinfo/2028698; Zugriff am 15. 08. 2022). – Zur Besetzung Heinz Schuler: Das ‹Zauberflöten›-Ensemble des Jahres 1791. Biographische Miszellen. In: Mitteilungen der Internationalen Stiftung Mozarteum 1991, S. 95–124.
20 Wolfgang Amadé Mozart an Leopold Mozart am 13. Oktober 1781. In: MBA 3 (1963), S. 166–168, hier S. 167 – abgeglichen mit der DME (https://dme.mozarteum.at/DME/briefe/letter.php?mid=1199&cat=, Zugriff am 20. 04. 2022).
21 Dazu Bernfried Nugel: The just design. Studien zu architektonischen Vorstellungsweisen in der neoklassischen Literaturtheorie am Beispiel Englands. Berlin, New York: de Gruyter 1980 (= Komparatistische Studien 11); zum Kontext auch Torsten Koenig: Naturwissen, Ästhetik und Religion in Bernardin de Saint-Pierres ‹Études de la nature›. Frankfurt/M.: Lang 2010 (= Europäische Aufklärung in Literatur und Sprache 24).
22 Anselm Gerhard: London und der Klassizismus in der Musik. Die Idee der ‹absoluten› Musik und Muzio Clementis Klavierwerk. Stuttgart, Weimar: Metzler 2002, S. 130 ff.
23 [Bernhard Georg] Walch: Zweiter Brief an den Herrn Bibliothekar Reichard in Gotha. In: Theater-Journal für Deutschland 19, 1782, S. 69–83, hier S. 71.
24 Schikaneder: Vorrede (wie Anm. 18, S. 238), S. IV.
25 Ernst Christoph Dreßler: Theater=Schule für die Deutschen, das Ernsthafte Singe=Schauspiel betreffend. Hannover, Kassel: Schmidt 1777, S. 158.
26 [Jean Georges] Noverre: Lettres sur la danse, et sur les ballets. Wien: Trattner 1767, S. 95, S. 136 u. ö.
27 Nützliches Adreß- u. Reisebuch oder Archiv der nöthigsten Kenntnisse von Wien für reisende Fremde und Inländer. Wien: Gerold 1792, S. 260.
28 Herangezogen wurden die drei Jahrgänge des von Joseph Sonnleitner begründeten Wiener Theater-Almanachs (Wien: Camesina 1794–1796), die jeweils Listen der Mitglieder von Schikaneders Theater enthalten.
29 Vgl. die Art. ‹Gayl›. In: Allgemeines Künstlerlexikon Online. Berlin: de Gruyter 2009 (https://www.degruyter.com/database/AKL/entry/_00028066T1/html; Zugriff am 21. 08. 2022).
30 Alexandra Smetana: Grabmäler des Wiener Klassizismus. Ein Beitrag zur Erforschung der Sepulkralkultur zwischen 1788 und 1840. Dipl. Arb. (masch.) Wien 2008, S. 140 f.; u. Gernot Mayer: Maria Beatrice d'Este (1750–1829) als Auftrag-

geberin zwischen Italien und Österreich. Dipl. Arb. (masch.) Wien 2012, passim. – Mathias Gail wird eine Zeichnung im Davison Art Center, Middletown, zugeschrieben.
31 Birgit Verwiebe: Transparente Bilder – Kunst und Geselligkeit im 18. und 19. Jahrhundert. In: Staatliche Museen zu Berlin – Preußischer Kulturbesitz. Forschungen und Berichte 31, 1991, S. 229–242, insbes. S. 231 ff.
32 Dazu etwa Franz Pagitz: Art. ‹Nesselthaler›. In: ÖBL 31, 1976, S. 72; auch Christine Hübner: Simon Quaglio. Theatermalerei und Bühnenbild in der ersten Hälfte des 19. Jahrhunderts. Berlin, Boston: de Gruyter 2016 (= Schriften zur Kunstwissenschaft 15), S. 185.
33 Zum Stich Assmann (2018), S. 10 ff.
34 Traeger (1997).
35 C[hristian] C[aius] L[orenz] Hirschfeld: Theorie der Gartenkunst. Erster Band. Leipzig: Weidmann u. Reich 1779, S. 152.
36 Dazu Ann Bermingham: Technologies of Illusion: De Loutherbourg's Eidophusikon in Eighteenth-Century London. In: Art History 39, 2016, S. 376–399.
37 [Christoph Martin Wieland:] Versuch über das Teutsche Singspiel und einige darin einschlagende Gegenstände. In: Der Teutsche Merkur 11, 1775, S. 63–83; 12, 1775, S. 156–173, hier 11, 1775, S. 73 f.; veränderter Nachdruck in: C. M. W.: Sämtliche Werke. Bd. 26. Singspiele und Abhandlungen. Leipzig 1796, S. 231–267 u. S. 323–342; vgl. die Neuausgabe in: Christoph Martin Wieland: Das Urtheil des Midas […]. Hrsg. Peter-Henning Haischer u. Tina Hartmann. Berlin, New York: de Gruyter 2009 (= Wielands Werke. Oßmannstedter Ausgabe 12. 1), S. 308–337, hier S. 315 (ansonsten der Erstdruck zitiert).
38 Wieland: Versuch über das Teutsche Singspiel (wie Anm. 37), 11, 1775, S. 67.
39 Alle Angaben nach Mozart. Eigenhändiges Werkverzeichnis (wie Anm. 1, S. 243), f. 28v.
40 Dazu Ulrich Konrad: Mozarts Schaffensweise. Studien zu den Werkautographen, Skizzen und Entwürfen. […]. Göttingen: Vandenhoeck u. Ruprecht 1992 (= Abhandlungen der Akademie der Wissenschaften in Göttingen. Philologisch-historische Klasse 201), S. 194 ff. – In beiden Fällen ist die Zuordnung der Entwürfe zur Oper nie infrage gestellt worden.
41 [Johann Nikolaus Forkel:] Rezension zu Friedrich Justus Riedel (Hrsg.): Ueber die Musik des Ritters von Gluck. In: Musikalisch-Kritische Bibliothek 1, 1778, S. 53–173, hier S. 67 f.; zum feierlichen Kontext der französischen Ouvertüre auch Kunze (1984), S. 567 ff.
42 Dazu Bruggisser-Lanker (2005); zum Clementi-Bezug Thomas Bauman: At the North Gate: Instrumental Music in ‹Die Zauberflöte›. In: Daniel Heartz: Mozart's Operas. Hrsg. Thomas Bauman. Berkeley etc.: University of California Press 1990, S. 276–297, hier S. 288 ff.
43 Art. ‹Marsch›. In: Sulzer Bd. 2, S. 743 f., hier S. 744.
44 Wolfgang Amadé Mozart an Constanze Mozart am 14. Oktober 1791; der Brief ist nur in einer Abschrift aus der Zeit um 1830 erhalten, es bestehen aber keine Zweifel an der Autorschaft; abgeglichen mit der DME (https://dme.mozarteum.at/DME/briefe/letter.php?mid=1767&cat=; Zugriff am 20. 10. 2022).
45 Fh [= Daniel Gottlob Türk]: Rezension zu: Die Zauberflöte […]. In: Neue allgemeine deutsche Bibliothek 28, 1799, S. 90–94, hier S. 91.

III.
Orte und Landschaften

1. Zur theoretischen Diskussion der Erkundung von fiktiven Räumen vgl. v. a. Stefanie Stockhorst: ‹Raum› als kulturwissenschaftliches Paradigma. Begriffliche, methodische und thematische Perspektiven für eine Germanistik im Zeichen des ‹topographical turn›. In: François Lartillot u. Ulrich Pfeil (Hrsg.): Constructions de l'espace dans les cultures d'expression allemande. Bern etc.: Lang 2013 (= Convergences 71), S. 7–32.
2. Karl von Eckhartshausen: Fernando und Yariko. Ein Singspiel in drey Aufzügen. München: Vötter 1784, S. 1.
3. Vgl. die Textedition in David C. Buch (Hrsg.): Der Stein der Weisen. Middleton: A-R Editions 2007 (= Recent Researches in the Music of the Classical Era 76), S. XIX–LXI, hier S. XLIV.
4. Christian von Mechel: Verzeichniß der Gemälde der Kaiserlich Königlichen Bilder Gallerie in Wien. Wien: [Gräfer] 1783, S. 208.
5. Dazu Paola von Wyss-Giacosa: Religions-Bilder der frühen Aufklärung. Bernard Picarts Tafeln für die ‹Cérémonies et Coutumes religieuses de tous les Peuples du Monde›. Wabern: Benteli 2006, hier S. 109 ff.
6. «Un bel-Esprit a joliment dit que les Japonois sont nos antipodes moraux, [...] parce que chez eux le noir est une couleur gaie, & le blanc une couleur triste», doch es sei «aucune contradiction morale entre le noir & le blanc [...]» (M. T. [= François Henri Turpin]: Les philosophes aventuriers. Seconde Partie. Amsterdam, Paris: Belin 1780, S. 7 f.).
7. Dictionarium Heraldicum oder Wapenbericht von allen Ehrenzeichen, Bildern und Figuren [...]. Wien etc.: Trattner o. J. [ca. 1790], Sp. 68.
8. L.: Der Einsiedler. Ein Schauspiel mit Gesang. Leipzig: Hilscher 1780, S. [2].
9. Johann Georg Sulzer: Unterredungen über die Schönheit der Natur nebst desselben moralischen Betrachtungen über besondere Gegenstände der Naturlehre. Von neuem aufgelegt. Berlin: Haude u. Spener 1770, S. 38.
10. [Wolfgang Amadé Mozart:] Il dissoluto punito o sia Il D. Giovanni. Dramma Giocoso in due atti. [...] Prag: Schönfeld 1787, S. 5.
11. Friedrich Kasimir Medikus: Vorrede. Zu: ders.: Beiträge zur schönen Gartenkunst. Mannheim: Hof- und akademische Buchhandlung, 2. Aufl., 1783, Bg. 5r.–8v., hier 5v.; zum Kontext: Ilona Knoll: Der Mannheimer Botaniker Friedrich Casimir Medicus (1736–1808). Leben und Werk. Heidelberg: Palatina 2003.
12. Eva-Maria Seng: Die Wörlitzer Anlagen zwischen Englischem Landschaftsgarten und Bon-Sauvage-Utopie? In: Richard Saage u. dies. (Hrsg.): Von der Geometrie zur Naturalisierung. Utopisches Denken im 18. Jahrhundert zwischen literarischer Fiktion und frühneuzeitlicher Gartenkunst. Tübingen: Niemeyer 1999 (= Hallesche Beiträge zur Europäischen Aufklärung 10), S. 117–150, hier S. 134 f.
13. Hier zitiert [Johann Gottlieb] Naumann: Orpheus und Euridice. Eine Oper. Clavierauszug der Partitur. Kiel: Cramer 1787, S. XI. – Zum Dresdner Aufenthalt Ortrun Landmann: Dresden und Mozart – Mozart und Dresden. Eine Quellenbetrachtung. In: Mozart-Jahrbuch 1991, S. 385–392.

14 [Christian Jakob] Wagenseil: Beytrag zu Weisheit und Menschenkenntnis. Drittes Bändchen. Gotha: Ettinger 1781, S. 98.
15 Aloysius Cristianus: Ein prosaisches Gedicht nach dem Claudianus auf die Verbindung Sr. Majestät des Römischen Königs mit der Durchlauchtigsten Prinzessin von Bayern. Wien: Trattner 1765, S. 14 f.
16 Karl [Friedrich] Müchler: Psyche. Singespiel in zwei Aufzügen. Berlin: Maurer 1790, S. 25.
17 [Jacob Hermann Obereit:] Aufklärungs-Versuch der Optik des ewigen Natur-Lichts bis auf den ersten Grund aller Gründe, zur tiefsten Grund-Critik des reinen Verstandes. Berlin: Decker 1788, S. 20.
18 F. de K. [= Franz Xaver Zinsmeister]: Was ist der Kaiser und wie weit erstreckt sich eine jede Macht? Philosophisch untersucht. Wien: [Schönfeld], 2. Aufl., 1783, S. 101 (§ 301); vgl. Ulrich L. Lehner: Enlightened Monks. The German Benedictines 1740–1803. Oxford: Oxford University Press 2011, S. 149.
19 Rudolph von Großing: Allgemeines Toleranz und Religions System für alle Staaten und Völker der Welt. Leipzig: o. V. 1784, S. 50 f.
20 Zum Kontext vgl. hier Anna-Marie Humbert: Human-Animal Relations in the Eighteenth Century: Insights from Current Fields of Research. In: Penelope J. Corfield et al. (Hrsg.): Human-Animal Interactions in the Eighteenth Century. From Pests and Predators to Pets, Poems and Philosophy. Leiden, Boston: Brill 2022 (= Internationale Forschungen zur Allgemeinen und Vergleichenden Literaturwissenschaft 207), S. 9–25, hier S. 16 ff.
21 Zur Namensgebung Assmann (2006), S. 329; auch Berger (2008).
22 Ovid: Metamorphoseon Libri XV. Oder Bücher der Verwandelungen Mit Teutschen Anmerckungen. […]. Nebst Lateinischen und Teutschen Registern. Halle: Renger 1738, S. 348. – Die Ausgabe wurde mehrfach nachgedruckt.
23 Johann Christian Dolz: Kleine Denklehre als Vorbereitung zu schriftlichen Aufsätzen. (Aus der dritten Auflage der praktischen Anleitung zu schriftlichen Aufsätzen besonders abgedruckt.) Leipzig: Barth 1807, S. 54. – Die erwähnte dritte Auflage erschien ebenfalls 1807.
24 [Nicolas-Edme Restif de la Bretonne:] Der fliegende Mensch. Ein Halbroman, von dem Verfasser der Zeitgenossinnen. [Übers.: Wilhelm Christhelf Sigmund Mylius.] Dresden, Leipzig: Breitkopf 1784, S. 273.
25 Zu den Hintergründen ausführlich Richard Saage: Utopisches Denken am Vorabend der Französischen Revolution. Zu Rétif de la Bretonnes ‹Der fliegende Mensch› (1781). In: Zeitschrift für Historische Forschung 27, 2000, S. 543–565.
26 Anon.: Von gelehrten Sachen. In: Beytrag zum Reichs-Postreuter 18, 1. März 1781, S. [4].
27 Oz. [= Karl August Musäus]: Rez. Zu ‹Der fliegende Mensch›. In: Allgemeine Deutsche Bibliothek 69, 1786, S. 117–119, hier S. 117.
28 Zedler 37, 1743, Sp. 1126.
29 Anon.: [Dialog zwischen Walther und Kindern.] In: [Karl August] Engelhardt u. [Dankegott Immanuel] Merkel: Neuer Kinderfreund. Erstes Bändchen. Leipzig: Barth 1794, S. 129–141, hier S. 130.
30 Dazu Erich Benedikt: La flute pastourelle. In: Tibia 3, 1986, S. 168–174.
31 Gerhard Stradner: Die Blasinstrumente in einem Inventar der Wiener Hofkapelle

von 1706. In: Studien zur Musikwissenschaft 38, 1987, S. 53–63, hier S. 60. Das Instrument war allem Anschein nach sechstönig.
32 Blumhofer: Die Luftschiffer (wie Anm. 10, S. 240), S. [10].
33 Dazu grundlegend Schmidt-Dengler (1978), insbes. S. 60 ff.
34 Anon.: Selim und Zelide, oder die Macht der Feen. Eine romantisch-komische Oper in zwey Aufzügen. Breslau, Hirschberg: Korn 1788, S. 40; [Heinrich Gottlieb Schmieder:] Gestorben und entführt. Ein Lustspiel mit Gesang. Frankfurt/M. 1789, S. 9 f.; Karl Friedrich Hensler: Das Sonnenfest der Braminen. Ein heroisch-komisches Original-Singspiel in zwey Aufzügen. Die Musik ist von Wenzel Müller, Kapellmeister. Wien: Schmidt 1790, S. 43.
35 Genannt seien hier etwa *Der unschuldige Betrug* (1790) oder *Kasperl der lustige Schaafhirt* (1791). – Otto Biba sei für diesen Hinweis herzlich gedankt.
36 Noverre: Lettres (wie Anm. 26, S. 244), S. 60.
37 Anon.: Fortsetzung der Briefe über die Malerey. In: Pfalzbairisches Museum 5, 1788/89, S. 1–15, hier S. 10 f.
38 Johann Adam Hiller: Fortsetzung der Anzeige des ‹Dictionnaire de Musique› par M. Rousseau. In: Wöchentliche Nachrichten und Anmerkungen die Musik betreffend 2, 1768, S. [307]–314, hier S. 313.
39 Vgl. dazu Schmidt-Dengler (1978), S. 202.
40 Nicolas Jamin: Placidus an Maclovien. Abhandlung über die Scrupeln, oder die Gewissens-Aengsten, aus dem Französischen ins Teutsche übersezt. Konstanz: Wagner 1778, S. 116.
41 Art. ‹Genius›. In: Zedler 10, 1735, Sp. 877–884, hier Sp. 879.
42 Joh[ann] Heinrich Daniel Moldenhawer: Einleitung in die Alterthümer der Egyptier, Jüden, Griechen u. Römer. Königsberg, Leipzig: Hartung 1754, S. 295.
43 Christoph Martin Wieland: Musarion. Drittes Buch. Hier zitiert die Ausgabe: Wielands Sämmtliche Werke. XVI. Theil. Wien: Schrämbl 1799, S. 87–110, hier S. 96.
44 Joachim Perinet: Der Fagottist, oder: die Zauberzither. Ein Singspiel in drey Aufzügen. Die Musik ist von Hrn. Wenzel Müller. Wien: Schmidt 1791, S. 8.
45 [Christoph Martin Wieland:] Lulu oder Die Zauberflöte. In: ders.: Dschinnistan oder auserelesene Feen- und Geister-Mährchen, theils neu erfunden, theils neu übersezt und umgearbeitet. Dritter Band. Winterthur: Steiner 1789, S. 292–351, hier S. 292; vgl. auch Wolfgang Ruf: Begegnung in Mannheim: Mozart und Wieland. In: Finscher: Mozart und Mannheim (wie Anm. 11, S. 238), S. 157–166.
46 Dazu grundlegend Assmann (2006), S. 92 ff.
47 Anon.: Wien, vom 1. Oktob. (Aus Privatbriefen.) In: Kurfürstlich gnädigst privilegirte Münchner-Zeitung, 7. Oktober 1791, S. 843 f., hier S. 844.
48 Anon.: Rezension zu: Die Zauberflöte (wie Anm. 14, S. 238), S. 254.
49 Jean Terrasson: Geschichte des egyptischen Königs Sethos. Aus dem Französischen übersetzt von Matthias Claudius. 3 Bde. Breslau: Korn 1777 f.
50 G. L[aurent] Le Jeay [recte: Le Geay]: Collection de divers sujets de vases, tombeaux, ruines et fontaines. Utile aux artistes. Paris: Mond'hare 1770; zu den Kupfern Assmann (2018), S. 12 ff.; zu Legaye Hans Reuther: Art. ‹Legaye›. In: NDB 14, 1985, S. 61.
51 J[gnaz] v[on] B[orn]: Ueber die Mysterien der Aegyptier. In: Journal für Freymaurer 1, 1784, S. 15–132, hier S. 126; zu Born auch Andrea Seidler: Der Netzwerker Ignaz von Born. In: Dieter Breuer u. Gábor Tüskés (Hrsg.): Aufgeklärte Sozietä-

ten, Literatur und Wissenschaft in Mitteleuropa. Berlin: de Gruyter 2019 (= Frühe Neuzeit 229), S. 381–405.
52 Zum Diskussionszusammenhang sowie zur Bühnentradition des ‹Mohren› bereits Uta Sadji: Der Mohr auf der deutschen Bühne des 18. Jahrhunderts. Anif/Salzburg: Müller-Speiser 1992 (= Wort und Musik 11), v. a. S. 216 ff.
53 Die Ankündigung des ansonsten nicht nachweisbaren, anonymen Kasseler Stückes in: Deutsches Museum 1, 1784, S. 82; zum *Sonnenfest der Braminen* auch Krämer (1998), S. 539 f.
54 Ludwig Heinrich Jakob: Grundsätze der Policeygesetzgebung und der Policeyanstalten. Erster Band. Charkiw: Auct., u. Halle, Leipzig: Ruff 1809, S. 172; zum Kontext der Diskussion im 18. Jahrhundert auch Andreas Eckert: Aufklärung, Sklaverei und Abolition. In: Geschichte und Gesellschaft 23, 2010, S. 243–262.
55 Joh[ann] Fr[iedrich] Blumenbach: Beyträge zur Naturgeschichte. Erster Theil. Göttingen: Dieterich 1790, S. 94 f.; zu Blumenbach auch Robert Palter: Eighteenth-Century Historiography in ‹Black Athena›. In: Mary R. Lefkowitz u. Guy MacLean Rogers (Hrsg.): Black Athena Revisited. Chapel Hill, London: University of North Carolina Press 1996, S. 349–402, hier S. 379.
56 Zur Arie vgl. auch, mit anderem Akzent, Irmtraud Hnilica: «Alles wird so piano gesungen und gespielt, als wenn die Musik in weiter Entfernung wäre.» Das Pianissimo der Monostatos-Arie in Mozarts ‹Zauberflöte›. In: Stefan Börnchen u. Claudia Liebrand (Hrsg.): Lauschen und Überhören. Literarische und mediale Aspekte auditiver Offenheit. Paderborn: Brill 2020, S. 177–191.

IV.
Objekte

1 Zum Motivkreis v. a. Bernd Laroche: ‹Dies Bildnis ist bezaubernd schön›. Untersuchungen zur Struktur und Entwicklung der Bildnisbegegnung in der deutschen Literatur des 16. – 19. Jahrhunderts. Frankfurt/M. etc.: Lang 1995 (= Europäische Hochschulschriften I/1522); zur Arie insbesondere auch Krämer (1998), S. 549 ff.
2 Art. ‹Portrait (Mahlerey.)›. In: Sulzer Bd. 2, S. 918–922, hier S. 919.
3 Art. ‹Portrait› (wie Anm. 2), S. 919.
4 Art. ‹Portrait› (wie Anm. 2), S. 919.
5 [David Gottlieb Seidel:] Christliches Ehrengedächtniß des seligen Herrn Ernst Gottlieb Woltersdorf, zweiten Evangelischen Predigers zu Bunzlau und des dasigen Waisenhauses Directoris, nebst vollständigen Lebenslauf Desselben. Berlin: Buchladen der Realschule 1763, S. 134.
6 Die Inhaltsangabe des Balletts war leicht verfügbar in: Anon.: Skizzen einiger Ballette. I. Idris und Zenide. Ein heroisch-komisches Ballett. Der Entwurf von H. Wieland, die Ausführung vom Balletmeister S. Schulz zu Weimar 1772. In: [Heinrich August Ottokar] Reichard: Taschenbuch für die Schaubühne auf das Jahr 1776. Gotha: Ettinger [1775], S. 70–76; Wieland selbst war mit dieser Veröffentlichung nicht zufrieden. Zum Werk vgl. den Kommentar in Peter Henning Haischer u. Tina Hartmann: Wielands Werke. Band 12.2. 1. Apparat […]. März 1775–Mai 1775. Berlin, Boston: de Gruyter 2018 (= Wielands Werke. Oßmannstedter Ausgabe 12, 1), S. 919 ff.
7 Dazu Meinhold (2001), S. 76 ff.

8   Franz Christoph von Scheyb: Orestrio von den drey Künsten der Zeichnung. Mit einem Anhang von der Art und Weise, Abdrücke in Schwefel, Gyps, und Glas zu verfertigen auch Edelsteine zu graben. Erster Theil. Nebst einer Vorrede von Friedr[ich] Just[us] Riedel. Wien: Ghelen 1774, S. 312 f.
9   Vgl. Lütteken (2018), S. 34 ff.
10 Koch: Musikalisches Lexikon (wie Anm. 16, S. 244), Sp. 890.
11 Art. ‹Sonnet (Dichtkunst)›. In: Sulzer Bd. 2, S. 1095; zur Vorgeschichte vgl. hier auch Sara Springfield: Sangbar, aber kaum gesungen – Das deutschsprachige Sonett und die Musik im 17. Jahrhundert. In: dies. et al. (Hrsg.): Das Sonett und die Musik. Poetiken, Konjunkturen, Transformationen, Reflexionen. Beiträge zum interdisziplinären Symposium Heidelberg [...]. Heidelberg: Winter 2016 (= Beiträge zur neueren Literaturgeschichte 320), S. 185–202; sowie Krämer (1998), S. 551 f.
12 Johann Friedrich Gräfe: Sonnet auf das von Ihrer koenigl. Hoheit der Churprinzessinn zu Sachsen selbst verfertigte, in Musik gesetzte und abgesungene Pastorell: Il Trionfo della Fedelta womit zugleich eine neue Art Noten zu drucken bekannt gemachet wird. Leipzig: Breitkopf u. Härtel 1755. – [Ignaz Umlauff:] Welche ist die beste Nation? Ein Lustspiel mit Gesang in zwey Aufzügen. Wien: Kurzböck 1782, die ironische Anspielung in der Struktur der Arie des Italieners, S. 7 (die Musik ist verschollen).
13 Christian Friedrich Prange: Die Schule der Mahlerey. Mit zwey illuminirten Kupfertafeln. Nebst einem Anhang von der Kunst in drey Stunden ein Mahler zu werden [...]. [Anhang]. Aus dem Französischen übersetzt. Zwote Ausgabe. Halle: Hendel 1782, S. 132 f.
14 J[ohann] M[atthäus] Bechstein: Gemeinnützige Naturgeschichte Deutschlands nach allen drey Reichen. Ein Handbuch zur deutlichen und vollständigern Selbstbelehrung besonders für Forstmänner, Jugendlehrer und Oekonomen. Erster Band [...]. Leipzig: Crusius 1789, S. 131.
15 [Friedrich Maximilian von Klinger:] Prinz Formosos Fiedelbogen und der Prinzeßin Sanaclara Geige, oder Geschichte des großen Königs. Erster Theil. Genf: Legrand 1780, S. 163 f.
16 [Friedrich Müller:] Bacchidon und Milon, eine Idylle; nebst einem Gesang auf die Geburt des Bacchus. Von einem jungen Mahler. Frankfurt/M., Leipzig [recte: Mannheim] 1775, S. 31.
17 [Friedrich] Müller: Niobe ein lyrisches Drama. Mannheim: Schwan 1778, S. 26.
18 [Anthony Ashley Cooper Earl of] Shaftesbury: Betrachtungen über ein historisches Gemälde von dem Urtheil des Herkules, welches nach einer Erzählung des Prodikus, im zweyten Buche von Xenophons Merkwürdigkeiten des Sokrates, entworfen worden. (Aus dem Englischen übersetzt.) In: Bibliothek der schönen Wissenschaften und freyen Künste 2, 1762, S. 1–56, hier S. 26.
19 Hier zit. die deutsche Übersetzung von Johann Andreas Schachtner in der zweisprachigen Ausgabe: Idomeneus. Ein musikalisches Schauspiel, welches [...] im neuen Opernhause zur Faschingszeit 1781 aufgeführet worden [...]. München: Thuille 1781, S. 77.
20 Wolfgang Amadé Mozart an Leopold Mozart am 27. Dezember 1780; in: MAB 3, S. 71–73, hier S. 71; abgeglichen mit der DME (https://dme.mozarteum.at/DME/briefe/letter.php?mid=1136&cat=; Zugriff am 27. 12. 2022).

21 Neue Beyträge von Alten und Neuen Theologischen Sachen, Büchern, Urkunden, Controversien, Anmerckungen, Vorschlägen etc. zum Wachsthum der Theologischen Gelehrsamkeit [...] mitgetheilet. Auf das Jahr 1756. Leipzig: Jacobi 1756, S. 812.
22 Eine Übersicht bei Buch: ‹Die Zauberflöte› (wie Anm. 24, S. 241), S. 16 f.
23 Eberhard Friderich Hübner: Dem Angedenken Josephs II. und Elisens, heiligt diesen Klagegesang. o. O. 1790, S. 5.
24 Schwan: Nouveau Dictionnaire (wie Anm. 6, S. 240). Tome premier qui contient les lettres A-C de l'alphabet françois expliqué par l'allemand. Mannheim: Schwan 1787, S. 484.
25 Beide Begriffe nachgewiesen bei Georg Joseph Vogler: Entwurf eines neuen Wörterbuchs für die Tonschule, gewidmet einem musikalischen Deutschland, um Beiträge und Stimmen zu sammeln. Frankfurt/M., Leipzig: Varrentrapp u. Wenner 1780.
26 Wolfgang Amadé Mozart an Constanze Mozart am 8. und 9. Oktober 1791. In: MBA 4 (1963), S. 159–161, hier S. 160; abgeglichen mit der DME (https://dme.mozarteum.at/DME/briefe/letter.php?mid=1766&cat=; Zugriff am 18. 01. 2023).
27 [Moses Mendelssohn:] [Briefe] über die Empfindungen. Berlin: Voß 1755, S. 114 ff.; zu den Abweichungen der Schriftenausgabe von 1771 vgl. Moses Mendelssohn: Ästhetische Schriften in Auswahl. Hrsg. Otto F. Best. Darmstadt: Wiss. Buchgesellschaft, 2. Aufl. 1986 (= Texte zur Forschung 14), S. 66 f.
28 Art. ‹Zauberey›. In: Zedler 61, 1749, Sp. 62–142, hier Sp. 62 f.
29 Anon.: Bemerkungen über die Neigung des Menschen zum Wunderbaren, und über den Zweck dieses Zuges in der menschlichen Natur. In: Deutsches Museum [3], Bd. 1, 1778, S. 517–528, hier S. 517.
30 Friedrich Just[us] Riedel (Hrsg.): Ueber die Musik des Ritters Christoph von Gluck. Verschiedene Schriften gesammelt. Wien: Trattner 1775, S. VIII.
31 Chris[tian] Fried[rich] Daniel Schubart: Tonkunst. In: Deutsche Chronik 76, 19. Dezember 1774, S. 607 f., hier S. 608.
32 [Johann Friedrich Hugo von] Dalberg: Vom Erfinden und Bilden. Frankfurt/M.: Hermann 1791, S. 39.
33 Zit. nach Dieter Lohmeier (Hrsg.): Carl Philipp Emanuel Bach. Musik und Literatur in Norddeutschland. Ausstellung zum 200. Todestag Bachs [...]. Heide: Westholsteinische Verlagsanstalt Boyens 1988 (= Schriften der Schleswig-Holsteinischen Landesbibliothek 4), S. 69 (Kat.-Nr. 73); vgl. auch Carsten Zelle: Die Ästhetik des Erhabenen und das englische Vorbild in Deutschland nach dem Tod Händels. In: Laurenz Lütteken (Hrsg.): Händel-Rezeption der frühen Goethe-Zeit. Kolloquium Goethe-Museum Düsseldorf 1997. Kassel etc.: Bärenreiter 2000 (= Marburger Beiträge zur Musikwissenschaft 9), S. 9–22.
34 Johann Gottfried Herder: Kritische Wälder oder Betrachtungen über die Wissenschaft und Kunst des Schönen. Viertes Wäldchen. Über Riedels Theorie der schönen Künste. In: ders.: Schriften zur Ästhetik und Literatur. 1767–1781. Hrsg. von Gunter E. Grimm. Frankfurt/M.: Deutscher Klassiker Verlag 1993 (= J. G. H.: Werke in zehn Bänden 2; gleichz. Bibliothek deutscher Klassiker 95), S. 247–442, hier S. 363.
35 [Karl Wilhelm] R[amler]: An den blinden Flötenspieler Dülon. In: Poetische Blumenlese Auf das Jahr 1785. Göttingen: Dieterich [1784], S. 149.

36 Wieland: Lulu (wie Anm. 45, S. 248), S. 350; vgl. hier auch Wilhelm Seidel: Silberglöckchen und Zauberflöte. Die Macht der Instrumente und die Idee der Oper. In: Ute Omonsky (Hrsg.): Flötenmusik in Geschichte und Aufführungspraxis zwischen 1650 und 1850. Augsburg: Wißner 2009 (= Michaelsteiner Konferenzberichte 73), S. 49–58.

37 Caterino Mazzolà: Il mostro, ossia da gratitudine amore. Dramma per Musica / Das Ungeheuer, oder Liebe aus Dankbarkeit. Ein komisches Singspiel [von Franz Seydelmann]. Dresden: o. V. 1786, S. 23.

38 Art. ‹Narr›. In: Zedler 23, 1740, Sp. 676–681, hier Sp. 676.

V.
Chiffren

1 Dazu vor allem und mit vielen Hinweisen Assmann (2018).

2 Friedrich Maximilian Klinger: Orpheus. Mit den Varianten der Bearbeitung Bambino's …. Geschichte. Hrsg. Georg Bangen. Berlin etc.: de Gruyter 2015 (= ders.: Werke. Historisch-kritische Gesamtausgabe 9), S. 380 f. u. ö.

3 Zu Henneberg Andrea Harrandt: Art. ‹Henneberg›. In: MGG Online (2002/2016; zuletzt aufgerufen am 5. 12. 2022); zum Dirigat Hennebergs schon August Schmidt: Selbst-Biographie. In: Rudolf Hofmann: Der Wiener Männergesangverein. Chronik der Jahre 1843 bis 1893. Wien: Verlag des Wiener Männergesangvereins 1893, S. I–XXXIX, hier S. VI f.

4 Hier benutzt: [Antonio] Sacchini: Dardanus. Tragédie lyrique en quatre actes. Paris: Auct. o. J. [1785]; zur Rolle des Marsches bei Mozart auch János Kárpáti: ‹Ecco la marcia, andiamo …›. Mozart and the March. In: Studia Musicologica 60, 2019, S. 149–167.

5 [Simon] Bosch: Die drei Grade der Freimaurerei des Frauenzimmers, mit allen Gebräuchen und Ceremonien, und einem *vollständigen Katechismus*. Wien, Prag: Schönfeld 1783, S. 36. – Der Name Simon Bosch ist sehr wahrscheinlich ein Pseudonym.

6 Karl Christian Friedrich Krause: Zweck und Inhalt der Schrift: Die drei ältesten Kunsturkunden der Freimaurerbrüderschaft, mitgetheilt, bearbeitet und in einem Lehrstücke urvergeistigt. Dresden, Freiberg: Auct. 1819, S. 11.

7 Herman Fictuld: Azoth et ignis. Das ist, das wahre Elementarische Wasser und Feuer Oder Mercurius Philosophorum, Als das einige nothwendige der Fundamental-Uranfänge und Principiorum des Steins der Weisen […]. Leipzig: Blochberger 1749, S. 282. – Bei dem Autornamen handelt es sich um ein Pseudonym.

8 Anon.: Rezension zu: Johann Friedrich Kleuker: Zend-Avesta im Kleinen (Riga 1789). In: Allgemeine Literatur-Zeitung 346, 08. 11. 1789, Sp. 329–332, hier Sp. 331.

9 Bernhard Friedrich Hummel: Compendium deutscher Alterthümer. Nürnberg: Grattenauer 1788, S. 174 ff.

10 Koch: Musikalisches Lexikon (wie Anm. 16, S. 244), Sp. 1486 f.

11 Wolfgang Amadé Mozart an Constanze Mozart am 11. Juni 1791; MAB 4, 1963, S. 136; abgeglichen mit der DME (https://dme.mozarteum.at/DME/briefe/letter.php?mid=1731&cat=, Zugriff am 31. 07. 2023).

12 Anon.: Ueber den National-Charakter, die Sitten, und Militär-Verfassung der Türken. In: Salzburger Intelligenzblatt 25, 21. Juni 1788, S. [193]-197, hier S. 197.
13 Dazu auch Reinhart Meyer-Kalkus: Die Rückkehr des grausamen Todes. Sterbeszenen im deutschen Drama des 18. Jahrhunderts. In: Zeitschrift für Religions- und Geistesgeschichte 2, 1998, S. 97–114; Julia Schreiner: Jenseits vom Glück. Suizid, Melancholie und Hypochondrie in deutschsprachigen Texten des späten 18. Jahrhunderts. München: Oldenbourg 2003 (= Ancien Régime, Aufklärung und Revolution 34), S. 269 ff.
14 Dazu etwa Gilsu Jang: Herausforderung Suizid. Die theologische Auseinandersetzung mit dem Selbstmord im 18. Jahrhundert. Münster: LIT 2022.
15 Dazu auch Andreas Bähr: Der Richter im Ich. Die Semantik der Selbsttötung in der Aufklärung. Göttingen: Vandenhoeck & Ruprecht 2002 (= Veröffentlichungen des Max Planck-Instituts für Geschichte 180).
16 Friedrich Wilhelm Zachariä: Die Tageszeiten. Amsterdam: o. V. 1767 (= ders.: Schriften. Vierter Band), S. 123 f. – Zum englischen Kontext Till Kinzel: Paratexte und Literaturtransfer in der Aufklärung: Johann Arnold Ebert und Friedrich Wilhelm Zachariä als kommentierende Übersetzer von Edward Young und John Milton. In: Cord-Friedrich Berghahn (Hrsg.): Johann Arnold Ebert. Dichtung, Übersetzung und Kulturtransfer im Zeitalter der Aufklärung. Heidelberg: Winter 2016 (= Germanisch-romanische Monatsschrift. Beihefte 72), S. 255–270.
17 Quintus Horatius Flaccus: Ars Poetica. Die Dichtkunst. Lateinisch und deutsch. Übersetzt u. hrsg. Eckart Schäfer. Stuttgart: Reclam, rev. u. erg. Aufl. 1984, V. 102 f., S. 10.
18 Zum gesamten Problem nach wie vor Jürgen Stenzel: ‹Si vis me flere ...› – ‹Musa iocosa mea›. Zwei poetologische Argumente in der deutschen Diskussion des 17. und 18. Jahrhunderts. In: Deutsche Vierteljahrsschrift für Literaturwissenschaft und Geistesgeschichte 48, 1974, S. 650–671.
19 Carl Philipp Emanuel Bach: Versuch über die wahre Art das Clavier zu spielen mit Exempeln und achtzehn Probe-Stücken in sechs Sonaten. Berlin: Auct. 1753. Faksimile-Nachdruck der 1. Auflage hrsg. von Lothar Hoffmann-Erbrecht. Leipzig: Breitkopf u. Härtel, 5. Aufl., 1981, S. 122.
20 Edition in Carl Philipp Emanuel Bach: ‹Probestücke›, ‹Leichte› and ‹Damen› Sonatas. Hrsg. David Schulenberg. Los Altos: Packard Humanities 2005 (= Carl Philipp Emanuel Bach. The Complete Works I/3), S. 33 ff.
21 Dazu v. a. Tobias Plebuch: Dark Fantasies and the Dawn of the Self. Gerstenberg's Monologues for C. P. E. Bach's C minor Fantasia. In: Annette Richards (Hrsg.): C. P. E. Bach Studies. Cambridge: Cambridge University Press 2006, S. 25–66.
22 Dazu Lütteken (1998), S. 425 ff.
23 Vgl. Riedl (1970).
24 Anon.: Ullins Geschichte der Karawahnen. Osnabrück: o. V. 1782, S. 121.
25 Franz Xaver Jann: Vom Selbstmord. In: ders.: Etwas wider die Mode. Gedichte, und Schauspiele ohne Caressen, und Heurathen für die studirende Jugend. Augsburg: Rieger 1782, S. 42 f., hier S. 43.
26 Johann Ulrich Sponsel: Abhandlung von dem Selbstmord. Nürnberg: Monath 1776, S. 39.
27 K[arl] H[einrich] Heydenreich: Philosophische Gedanken über den Selbstmord.

Freymüthig geprüft von einem seiner Freunde [Johann Matthias Jahn]. Weißenfels, Leipzig: Leyckam 1804, S. 7.
28 Anon.: Steinbeck. In: v. R.: Der schöne Garten. Berlin: Himburg 1788, S. 34–40, hier S. 40.
29 Dazu Halsmayr (2019), S. 222 f.
30 Vgl. v. a. Michael Baxandall: Löcher im Licht. Der Schatten und die Aufklärung. Aus dem Englischen von Heinz Jatho. München: Fink 1998 (= Bild und Text; zuerst 1995), S. 33 ff.
31 Zur Begriffsgeschichte nach wie vor Carsten Zelle: Art. ‹Aufklärung›. In: Reallexikon der deutschen Literaturwissenschaft 1, 1997, S. 160–165.
32 Vgl. dazu Jörg Jewanski: Ist C=Rot? Eine Kultur- und Wissenschaftsgeschichte zum Problem der wechselseitigen Beziehung zwischen Ton und Farbe. Von Aristoteles bis Goethe. Sinzig: Studio 1999, S. 229 ff.
33 Georg Muffat: Vorred. Zu: ders.: Außerlesener mit Ernst- und Lust-gemengter Instrumental-Music. Erste Versamblung [...]. Passau: Höller 1701; hrsg. Erwin Luntz. Wien: Artaria 1904 (= Denkmäler der Tonkunst in Österreich 23), S. 8–10, hier S. 9; vgl. auch Werner Braun: Licht und Schatten in der Musik. Aspekte eines Denkbildes (1680–1810). In: Hans-Caspar Graf v. Bothmer et al. (Hrsg.): Festschrift Lorenz Dittmann. Frankfurt/M. etc.: Lang 1994, S. 37–46.
34 Charles Burney: Tagebuch seiner Musikalischen Reisen. Zweyter Band. Durch Flandern, die Niederlande und am Rhein bis Wien. Aus dem Englischen übersetzt [von Johann Joachim Bode]. Hamburg: Bode 1773, S. 72.
35 Art.: ‹Licht und Schatten (Zeichnende Künste.)›. In: Sulzer Bd. 2, S. 709 f., hier S. 709.
36 Ernst Christoph Dreßler: Theater-Schule für die Deutschen, das Ernsthafte Singe-Schauspiel betreffend. Hannover, Kassel: Schmidt 1777, S. 72.
37 [Amand William Smith:] Philosophische Fragmente über die praktische Musik. Wien: Taubstummeninstitut 1787, S. 91; «der junge Herr Mozart» wird auf S. 35 erwähnt.
38 Samuel Penker: Die der Furie Intoleranz abgerissene Larve, oder: wie haben sich unter Kaiser Joseph II. die Zeiten geändert? Wien: Schönfeld 1782, S. [4].
39 Vgl. grundsätzlich Carsten Zelle: Was ist und was war Aufklärung? In: Herbert Beck et al. (Hrsg.): Mehr Licht. Europa um 1770. Die bildende Kunst der Aufklärung. Städelsches Kunstinstitut und Städtische Galerie, Frankfurt am Main. 22. August 1999 bis 9. Januar 2000. München: Klinkhardt u. Biermann 1999, S. 449–459, hier S. 455 ff. (mit wichtigen Implikationen zur *Zauberflöte*).
40 [Alois] Blumauer: An die Sonne. In: ders.: Gedichte. Erster Theil. Wien: Gräffer 1787, S. 100–110, hier S. 102 u. S. 110.
41 Dazu v. a. Elena Agazzi: Die Blitzartigkeit der kleinen Form. Gedanken über die Metapher im Bezug auf die Wissenslehre bei Georg Christoph Lichtenberg. In: Stefanie Stockhorst (Hrsg.): Epoche und Projekt. Perspektiven der Aufklärungsforschung. Göttingen: Wallstein 2013 (= Das achtzehnte Jahrhundert. Supplementa 197), S. 303–317.
42 Christoph Martin Wieland: An J. Haydn. Nach Aufführung seiner Kantate: Die Erschaffung der Welt. In: Neuer Teutscher Merkur 1801, S. 71 f., hier S. 71.

VI.
Affekt und Ausdruck

1 Vgl. hier etwa den Überblick bei Andrea Sommer-Mathis: Barockes Kulissen- und Maschinentheater. In: Margret Scharrer et al. (Hrsg.): Musiktheater im höfischen Raum des frühneuzeitlichen Europa. Hof – Oper – Architektur. Heidelberg: University Publishing 2020, S. 231–266 (mit umfangreicher Bibliographie).
2 Wolfgang Amadé Mozart an Leopold Mozart am 26. September 1781. In: MBA 3 (1963), S. 161–164, hier S. 163; abgeglichen mit der DME (https://dme.mozarteum.at/DME/briefe/letter.php?mid=1195&cat=; Zugriff am 06. 12. 2021).
3 Hier benutzt [Emanuel Schikaneder:] Arien aus dem Hausbummerl. Eine komische Oper, in drey Aufzügen. o. O. [Regensburg] o. J. [1787]; der Komponist ist unbekannt; vgl. auch Sonnek (1999), S. 361.
4 Das Autograph wurde zweifach faksimiliert: 1979, nach Rückgabe der Handschrift in die Berliner Staatsbibliothek, in Leipzig (Deutscher Verlag für Musik), hrsg. von Karl-Heinz Köhler (diese Ausgabe erschien auch als Lizenzausgabe beim Bärenreiter-Verlag in Kassel); und 2009 in Los Altos (The Packard Humanities Institute, vertrieben durch den Bärenreiter-Verlag in Kassel). Der musikwissenschaftliche Kommentar zu dieser Ausgabe stammt von Christoph Wolff. Zudem ist die Handschrift digital verfügbar (https://digital.staatsbibliothek-berlin. de/werkansicht?PPN=PPN662630750&PHYSID=PHYS_0001&DMDID=; zuletzt aufgerufen am 02. 12. 2022).
5 Wolfgang Amadé Mozart an Constanze Mozart, wahrscheinlich am 2. Juli 1791. In: MBA 4 (1964), S. 143 f., hier S. 144 (abgeglichen mit der DME https://dme. mozarteum.at/DME/briefe/letter.php?mid=1744&cat=; Zugriff am 04. 12. 2022).
6 Wolfgang Amadé Mozart an Constanze Mozart, wahrscheinlich am 11. Juni 1791. In: MBA 4 (1964), S. 136 f., hier S. 136 (abgeglichen mit der DME https://dme.mozarteum.at/DME/briefe/letter.php?mid=1731&cat=; Zugriff am 04. 12. 2022).
7 Mozart. Eigenhändiges Werkverzeichnis (wie Anm. 1, S. 243), f. 28v.
8 Wolfgang Amadé Mozart an Constanze Mozart am 14. Oktober 1791. In: MBA 4 (1964), S. 161–163, hier S. 161 f. (abgeglichen mit der DME https://dme.mozarteum.at/DME/briefe/letter.php?mid=1767&cat=; Zugriff am 04. 12. 2022). – Dieser Brief existiert nur in einer ca. 1830 angefertigten Abschrift.
9 Anon.: Wien, vom 27. Nov. In: Bayreuther Zeitungen 145, 4. Dezember 1787, S. 1058.
10 Hier zitiert [Joseph von] Sonnenfels: Gesammelte Schriften. Sechster Band. Wien: Baumeister 1784, S. 234 (Brief vom 15. Oktober 1768).
11 Anon.: Aus einem Briefe vom 12ten Nov. 1784. Ueber die Vorstellung des bürgerlichen Trauerspiels: Kabale und Liebe. In: Magazin der Philosophie und schönen Literatur 1, 1785, S. 162–165, hier S. 163; zur Rezension auch Erich Schön: Schillers ‹Kabale und Liebe›: (K)ein bürgerliches Trauerspiel – Schiller und Otto von Gemmingens ‹Der deutsche Hausvater›. In: Hans Edwin Friedrich et al. (Hrsg.): Bürgerlichkeit im 18. Jahrhundert. Tübingen: Niemeyer 2006 (= Studien und Texte zur Sozialgeschichte der Literatur 105), S. 377–403.
12 Dazu etwa vom Verf.: Sturm und Drang in der Musik? Mozarts Sinfonien 1773–1775 und die Probleme einer musikhistorischen Konstruktion. In: Joachim Brügge

u. Claudia Maria Knispel (Hrsg.): Mozarts Orchesterwerke und Konzerte. Laaber: Laaber 2007 (= Das Mozart-Handbuch 1), S. 44–57.
13 Dazu Wilhelm Seidel: Saint-Evremond und der Streit um die Oper in Deutschland. In: Wolfgang Birtel u. Christoph-Hellmut Mahling (Hrsg.): Aufklärungen. Studien zur deutsch-französischen Musikgeschichte im 18. Jahrhundert. – Einflüsse und Wirkungen. Heidelberg: Winter 1986 (= Annales Universitatis Saraviensis. Reihe Philosophische Fakultät 20), S. 46–54.
14 [Karl Wilhelm] Ramler: Vertheidigung der Opern. In: Historisch-Kritische Beyträge zur Aufnahme der Musik 2, 1756, S. 84–92, hier S. 85.
15 Johann Gottfried Herder: Ueber die Oper. In: ders.: Einzelne Blätter zum ‹Journal meiner Reise im Jahr 1769›. In: ders.: Sämtliche Werke. Hrsg. Bernhard Suphan. Bd. 4. Berlin: Weidmann 1878, S. 483–486, hier S. 484.
16 Vgl. dazu etwa Konrad Paul Liessmann: Reiz und Rührung. Über ästhetische Empfindungen. Wien: WUV 2004.
17 Dazu vom Verf.: Zur Interdependenz von ästhetischer Legitimation und kompositorischer Praxis im Handlungsballett. In: Erika Fischer-Lichte u. Jörg Schönert (Hrsg.): Theater im Kulturwandel des 18. Jahrhunderts. Inszenierung und Wahrnehmung von Körper – Musik – Sprache. Göttingen: Wallstein 1999 (= Das Achtzehnte Jahrhundert. Supplementa 5), S. 305–322.
18 Art. ‹Ohnmacht›. In: Zedler 25, 1740, Sp. 992–1010, hier Sp. 993 [recte: 995].
19 [Johann Christoph Adelung:] Kurzer Begriff menschlicher Fertigkeiten und Kenntnisse so fern sie auf Erwerbung des Unterhalts, auf Vergnügen, auf Wissenschaft, und auf Regierung der Gesellschaft abzielen. Dritter Theil, welche die Handlung und die Künste des Vergnügens enthält. Leipzig: Hertel, 2. Aufl., 1786, S. 322.
20 Anon.: Rezension zu: Der Eremit auf Formentera, ein Schauspiel mit Gesang in zwey Aufzügen, von August von Kotzebue. Reval, bey Iversen und Fehmer, 1787. In: Kritische Uebersicht der neusten schönen Litteratur der Deutschen 1, 1788, S. 70–72, hier S. 72; zum Werk auch Karin Pendle: August von Kotzebue, Librettist. In: The Journal of Musicology 3, 1984, S. 196–213, hier S. 201 ff.
21 Dazu auch Daniel Ehrmann: Kunstwerk – ‹Naturwerk› – Anschauung. Bildung zur und durch die Kunst in Goethes Dialog ‹Über Wahrheit und Wahrscheinlichkeit der Kunstwerke›. In: Silke Förschler u. Nina Hahne (Hrsg.): Methoden der Aufklärung. Ordnungen der Wissensvermittlung und Erkenntnisgenerierung im langen 18. Jahrhundert. München: Fink 2013 (= Laboratorium Aufklärung 13), S. 163–175; sowie Andreas Dorschel: The Paradox of Opera. In: The Cambridge Quarterly 30, 2001, S. 283–306.
22 Christian Friedrich Daniel Schubart: Klavierrezepte. In: ders.: Musicalische Rhapsodien. Drittes Heft. Stuttgart: Carlsschule 1786, S. [42]–[44], hier S. [44].
23 Anon.: Rezension zu J[ean] C[harles] de la Veaux: Cours théorique et pratique de langue et de littérature françoise. Berlin 1784. In: Allgemeine Literatur-Zeitung 54, 5. März 1785, S. 227 f., hier S. 228.
24 Gottesgab Herzog: Apologie Der Regierung Josephs des zweiten Römischen Kaisers. Frankfurt, Leipzig: o. V. 1782, S. 3.
25 Schubart: Klavierrezepte (wie Anm. 22), S. [44].
26 Die Szenenanweisung lautet: «Ein Donnerstreich entzündet die Opferflamme, und im Altate [recte: Altare] erscheint eine Transparentschrift» (Peter von Winter:

Anmerkungen 257

Bellerofon ein ernsthaftes Singspiel in drei Aufzügen [...] verfaßt von Johann Friedrich [...] Binder von Krieglstein. München: o. V. 1785, S. 41).
27 Alexander Ulibischeff: Mozart's Opern. Kritische Erläuterungen. Aus dem französischen Originale übersetzt von C[arl] Kosmaly. Mit einer Einleitung und Nachrichten über den Verfasser von Dr. A[ugust] Kahlert. Leipzig: Breitkopf u. Härtel 1848, S. 322 ff.
28 Mozart-Skizzen, Nr. 35; zum Kontext auch Biba (2008), S. 226 f.
29 Johann Philipp Kirnberger: Die Kunst des reinen Satzes in der Musik aus sicheren Grundsätzen hergeleitet und mit deutlichen Beyspielen erläutert. Zweyter Theil. Dritte Abtheilung. Berlin, Königsberg: Decker u. Hartung 1779, S. 97 ff.; der doppelte Verweis bezieht sich auf die unterschiedlichen Psalmenzählungen: der 51. hebräische entspricht dem 50. lateinischen Psalm. – Zwar wird das Werk gemeinhin als Motette bezeichnet, doch der Verzicht Kirnbergers auf eine Zuweisung wiegt schwer und mahnt zur Vorsicht.
30 Vgl. Gottlob Wilhelm Burmann: Für Litteratur und Herz. Eine Wochenschrift. Berlin, Königsberg: Decker u. Hartung 1775, S. 277–282.
31 Zur Rolle Kirnbergers schon Christoph Wolff: Mozarts Requiem. Geschichte. Musik. Dokumente. Partitur des Fragments. München etc.: dtv/Bärenreiter 1991, S. 86; zum Choral-Kontext Krämer (1998), S. 545 f.; vgl. auch Richard Armbruster: Das Opernzitat bei Mozart. Kassel etc.: Bärenreiter 2001 (= Schriftenreihe der Internationalen Stiftung Mozarteum 13), S. 251 ff.
32 Christ[ian] Fried[rich] Dan[iel] Schubart: Ideen zu einer Ästhetik der Tonkunst. Herausgegeben von Ludwig Schubart. Wien: Degen 1806, S. 84 f.
33 Zu dieser Veränderung der kontrapunktischen Idiomatik schon Kunze (1984), S. 631 ff.
34 Wolfgang Amadé Mozart an Leopold Mozart am 13. Oktober 1781. In: MBA 3 (1963), S. 166–168, hier S. 167 f.; abgeglichen mit der DME (https://dme.mozarteum.at/DME/briefe/letter.php?mid=1199&cat=; Zugriff am 10. 12. 2022); zum Deutungszusammenhang vgl. auch Lütteken (2018), S. 51 f.
35 Anon.: Stomal, ein komisches Heldengedicht. In: Carlsruher Beyträge zu den schönen Wissenschaften 1, 1760, S. 345–396, hier S. 371.
36 Philosophische Abendstunden vom Koche des Königs von Preussen. Zur Electrisirung fanatischer Köpfe aus dem Französischen ins Deutsche übersezt und reichlich mit Anmerkungen versehen von einem Illuminaten in Bayern. Boston, München 1786, S. 140. – Das französische Original erschien ein Jahr zuvor, als Autor gelten Mirabeau oder, wahrscheinlicher, Voltaire. Die Verlagsorte der deutschen Ausgabe sind selbstverständlich fiktiv; an ihr sollen der Militär Wilhelm Friedrich Karl von Schwerin sowie Friedrich Heinrich Bispink beteiligt gewesen sein.
37 [Gotthold Ephraim] Lessing: Poetische Schriften. Gedichte. Fabeln. Dramen. Erster Teil. [Hrsg. Karl Goedecke.] Stuttgart: Göschen 1867, S. 128.
38 Dazu etwa David C. Buch: Fairy-Tale Literature and ‹Die Zauberflöte›. In: Acta Musicologica 64, 1992, S. 30–49.
39 Kreutzer (2009), S. 41 f.
40 Wolfgang Amadé Mozart an Leopold Mozart am 7. Februar 1778. In: MBA 2 (1962), S. 263–266, hier S. 264 u. S. 265; abgeglichen mit der DME (https://dme.mozarteum.at/DME/briefe/letter.php?mid=983&cat=, Zugriff am 25. 02. 2023).

41 Dazu grundlegend Ulrich Konrad: Versuch über Alte Sprachen. Zur Idiomatik des Historischen in der Musik W. A. Mozarts. In: Schweizer Jahrbuch für Musikwissenschaft 25, 2005, S. 55–67.

VII.
Melancholie

1 Zu Joseph vgl. v. a. Derek Beales: Joseph II. Bd. 1. In the shadow of Maria Theresia. 1741–1780. Bd. 2. Against the World. 1780–1790. Cambridge: Cambridge University Press 1987; 2009; zu den Quellen Harm Klueting (Hrsg.): Der Josephinismus. Ausgewählte Quellen zur Geschichte der theresianisch-josephinischen Reformen. Darmstadt: wbg 2019 (zuerst 1995); zu den musikhistorischen Auswirkungen auch Lütteken (2018), S. 76 ff.; zum literarischen Kontext v. a. Wolf (2023), S. 102 ff.
2 Zur Geschichte des auch für Lorenzo Da Ponte bedeutsamen Judenpatents Wolfgang Gasser: Neues aus der ‹Stadt der Toleranz›. Tolerierte und getaufte Juden, Da Ponte und Mozart. In: Werner Hanak (Hrsg.): Lorenzo Da Ponte. Aufbruch in die Neue Welt. Ostfildern: Hatje Cantz 2006, S. 63–69.
3 Vgl. die Invektive bei Johann Pezzl: Skizze von Wien. Viertes Heft. Wien, Leipzig: Krauß 1787, S. 535 ff.
4 [Joseph Maria Weißegger von Weißeneck:] Beyträge zur Schilderung Wiens. Erstes Bändchen. o. O. [Wien: Sonnleithner] 1781, S. 41.
5 Anon.: Kennzeichen fortschreitender Aufklärung. In: Der Spion von Wien. Eine Wochenschrift. Wien: Taubstummeninstitut 1789, S. 113.
6 [Gottlieb Stephanie d. J.:] Das vermeinte Kammermädchen. Ein Lustspiel in drey Aufzügen. Nach dem französischen des Herrn Mariveaux. Wien: Logenmeister 1783, S. 8.
7 Anon.: Uiber die Preßfreiheit, und ihre Gränzen. In: Patriotisches Blatt 2, 1789, S. 256–276, hier S. 261 f.; zweites Zitat S. 256.
8 Lorenzo Da Ponte: L'uomo non puo vivendo essere intieramente felice, ma solo desiderare di esserlo. Sciolti. In: ders.: Saggi Poetici. 2 Bde. Wien: Taubstummenanstalt 1788. Faksimile hrsg. Aldo Toffoli. Treviso: Zoppelli 1988, Bd. 2, S. 17–25, hier S. 20. – Arturo Larcati, Salzburg, sei sehr herzlich für die Übersetzungshilfe gedankt.
9 Da Ponte: L'uomo (wie Anm. 8), S. 23.
10 Hieronymus von Colloredo an seinen Bruder Gundaker von Colloredo am 16. Februar 1790; in: Elisabeth Lobenwein (Hrsg.): Ein Fürstenleben zwischen Alltag und Aufruhr. Die französische Korrespondenz (1771–1801) des letzten Salzburger Fürsterzbischofs Hieronymus Colloredo mit seinem Bruder Gundaker. Eine historisch-kritische Edition. Wien: Böhlau 2022 (= Veröffentlichungen der Kommission für neuere Geschichte Österreichs 121), S. 256–258, hier S. 258. – Thomas Hochradner, Salzburg, sei für den Hinweis auf diesen Briefwechsel gedankt.
11 Hieronymus von Colloredo an seinen Bruder Gundaker von Colloredo am 13. November 1798; in: Lobenwein: Ein Fürstenleben (wie Anm. 10), S. 1029 f.
12 Lorenzo Da Ponte: Sopra il Teatro. Stanze Burlesche. In: ders.: Saggi poetici (wie Anm. 8), Bd. 2, S. 74–80, hier S. 77.
13 Zu dieser Denkfigur grundlegend Eric Achermann: Im Spiel der Kräfte. Bewe-

gung, Trägheit und Ästhetik im Zeitalter der Aufklärung. In: Simone de Angelis et al. (Hrsg.): ‹Natur›, Naturrecht und Geschichte. Aspekte eines fundamentalen Begründungsdiskurses der Neuzeit (1600–1900). Heidelberg: Winter 2010, S. 287–320.
14 Karl Heinrich Heydenreich: System der Aesthetik. Erster Band. Leipzig: Göschen 1790, S. 142 f.
15 Johann Friedrich Reichardt: George Friedrich Händel's Jugend. Berlin: o. V. 1785, S. 11.
16 Friedrich Wilhelm Zachariä: Die Tageszeiten. Ein Gedicht, In vier Büchern. Mit Kupfern. Rostock, Leipzig: Koppe 1756, S. 91 f.
17 Herder: Ueber die Oper (vgl. Anm. 15, S. 256), S. 484.
18 Smith: Philosophische Fragmente (wie Anm. 37, S. 254), S. 119.
19 Wieland: Versuch über das Teutsche Singspiel (wie Anm. 37, S. 245), 11, 1775, S. 73.
20 Wieland: Versuch über das Teutsche Singspiel (wie Anm. 37, S. 245), 11, 1775, S. 75.
21 [Georg August Julius Leopold:] Gedanken und Konjekturen zur Geschichte der Musik. Stendal: Franzen u. Grosse 1780, S. 9.
22 Leopold Mozart an Elisabeth von Waldstätten am 23. August 1782. In: MBA 3 (1963), S. 222 f., hier S. 222; abgeglichen mit der DME (http://dme.mozarteum. at/DME/briefe/letter.php?mid=1254&cat=; Zugriff am 15. 11. 2022); zum Kontext auch Lütteken (2018), S. 132 ff.
23 Franz von Kinsky: Vorbericht der ersten Aufsätze, an die Zöglinge der Militärakademie. In: ders.: Gesammelte Schriften. Erster Theil [...]. Wiener Neustadt: Holzschuch 1788, S. [3]–14, hier S. 4.
24 Mozart, dem große Wirkung und Überwältigung so wichtig waren, benutzt die seltsame, sogar unterstrichene Wendung des sprachlosen, des ‹stillen Beifalls› in einem Brief an Constanze Mozart vom 7. Oktober 1791. In: MBA 4 (1963), S. 157–159, hier S. 157; abgeglichen mit der DME (https://dme.mozarteum.at/DME/ briefe/letter.php?mid=1764&cat=, Zugriff am 05. 12. 2022).
25 Wolfgang Amadé Mozart an Constanze Mozart am 7. Oktober 1791 (wie Anm. 24).
26 Johann Wolfgang von Goethe am 22. u. 23. Dezember 1785 an Philipp Christoph Kayser. In: Weimarer Ausgabe IV, Bd. 7 (1891), S. 142–148, hier S. 143.
27 Vgl. dazu vom Verf.: Beendet durch Mozart: das Singspiel bei Kayser und Goethe. In: Michael Braun et al. (Hrsg.): Musik und Wissenschaft. Gedenkschrift für Wolfgang Horn. Regensburg: ConBrio 2021, S. 187–200.
28 Vgl. Carl August Hugo Burkhardt: Das Repertoire des Weimarischen Theaters unter Goethes Leitung 1791–1817. Hamburg, Leipzig: Voss 1891 (= Theatergeschichtliche Forschungen 1); Klaus Manger: Weimar um 1800 in der Gewalt des Mozartischen Genius. In: Hans-Joachim Hinrichsen u. Verf. (Hrsg.): Mozarts Lebenswelten. Eine Zürcher Ringvorlesung 2006. Kassel etc.: Bärenreiter 2008, S. 252–273; Kreutzer (2010).
29 [Christian August Vulpius:] Vorrede. Zu: ders.: Die Zauberflöte. Eine Oper in drei Aufzügen, neu bearbeitet. Die Musik ist von Mozart. Leipzig: Heinsius 1794, Bg. a3r. f.
30 Vulpius: Zauberflöte (wie Anm. 29), S. [7].
31 Vulpius: Zauberflöte (wie Anm. 29), S. [7]f.

32 Die gründlichste Zusammenfassung der Entstehungsgeschichte, der Ausgaben und des Forschungsstandes bei Martin (2008), mit umfangreicher Bibliographie.
33 Emanuel Schikaneder: Gesänge aus dem zweyten Theil der Zauberflöte unter dem Titel: Das Labyrinth, oder der Kampf mit den Elementen. Eine grosse heroisch-komische Oper in zwey Acten. In Musik gesetzt von Hrn. Winter, Kapellmeister in Churpfalzbayrischen Diensten. Wien: o. V. 1798; zur gesamten Überlieferung (mit kritischer Edition) vgl. Jahrmärker/Waidelich (1992) sowie Wunderlich (2007), S. 187 ff.; dazu auch Sonnek (1999), S. 109 ff., und Baur (2012), S. 292 ff.
34 Alle Nachweise bei Martin (2008); zum Kontext auch Michler (2015), S. 322 ff.
35 Hier benutzt die Edition in: Goethes Werke. I. Abteilung. Goethes Literarische Werke. Bd. 12. Weimar: Böhlau 1892, S. 181–221 (zitiert: WA).
36 Gespräch mit Johann Peter Eckermann am 12. Februar 1829. In: Weimarer Ausgabe. Anhang. Gespräche Bd. 7 (1890), S. 11–13, hier S. 13.
37 Gespräch mit Johann Peter Eckermann am 29. Januar 1827. In: Gespräche (wie Anm. 36), Bd. 6 (1890), S. 36–42, hier S. 38.

Literatur

Alle Textnachweise zur *Zauberflöte* folgen dem Erstdruck des Librettos unter Angabe von Aufzug (römisch) und Szene (arabisch); bei wichtigen Abweichungen zur Partitur wird dies vermerkt (Faksimile des Erstdrucks u. a. in Wunderlich (2007), S. 61–173).

Alle Partiturangaben folgen Wolfgang Amadeus Mozart: Die Zauberflöte. Hrsg. Gernot Gruber u. Alfred Orel. Kassel etc.: Bärenreiter 1970 (= NMA II, 19); dazu der Kritische Bericht von Rudolf Faber (2006).

Zudem existieren zwei Faksimile-Ausgaben des Autographs:
Wolfgang Amadeus Mozart: Die Zauberflöte. Eine deutsche Oper in zwei Aufzügen. Text v. Emanuel Schikaneder. Faksimile der autographen Partitur. Hrsg. Karl-Heinz Köhler. Kassel etc.: Bärenreiter 1979 (= Documenta musicologica II, 7, 1); zugleich Leipzig: Deutscher Verlag für Musik (mit Beiheft).
Wolfgang Amadeus Mozart. Die Zauberflöte. K. 620. Facsimile of the Autograph Score. [...]. Kassel etc.: Bärenreiter; Los Altos: The Packard Humanities Institute 2009 (= Mozart Operas in Facsimile 6).

Mozart-Ausgaben und Nachschlagewerke

Bender   Wolfgang F. Bender et al.: Theaterperiodika des 18. Jahrhunderts. Bibliographie und inhaltliche Erschließung deutschsprachiger Theaterzeitschriften, Theaterkalender und Theatertaschenbücher. 3 Teile. München: Saur 1994–2005.

Edge/Black   Dexter Edge u. David Black (Hrsg.): Mozart: New Documents. Bloomington 2014 ff. (www.mozartdocuments.org).

KV   Ludwig von Köchel: Chronologisch-thematisches Verzeichnis sämtlicher Tonwerke Wolfgang Amadé Mozarts [...]. 6. Aufl., bearb. v. Franz Giegling et al. Wiesbaden: Breitkopf u. Härtel 1964.

MBA   Wilhelm A. Bauer u. Otto Erich Deutsch (Hrsg.): Mozart. Briefe und Aufzeichnungen. Gesamtausgabe. 7 Bde. Kassel etc.: Bärenreiter 1962–1975; dazu Bd. 8 (2006).

MGG Online   Laurenz Lütteken (Hrsg.): MGG Online. Kassel etc.: Bärenreiter; Heidelberg: Metzler; New York: RILM 2016 ff. (www.mgg-online.com).

Mozart-Dokumente   Otto Erich Deutsch: Mozart. Die Dokumente seines Lebens. Leipzig: Deutscher Verlag für Musik 1961 (= NMA X, 34).

Mozart-Skizzen   Wolfgang Amadeus Mozart: Skizzen. Hrsg. Ulrich Konrad. Kassel etc.: Bärenreiter 1998 (= NMA X, 3).

NDB   Hans-Christof Kraus u. Peter Hoeres (Hrsg.): NDB/NDB-Online. München: Bayerische Akademie der Wissenschaften 2001 ff. (www.deutsche-biographie.de).

NMA   Wolfgang Amadeus Mozart. Neue Ausgabe sämtlicher Werke. Kassel etc.: Bärenreiter 1955 ff.
ÖBL   Österreichische Akademie der Wissenschaften (Hrsg.): Österreichisches Biographisches Lexikon 1815–1950 (Online Edition). Und Österreichisches Biographisches Lexikon ab 1815 (2., überarb. Aufl. – online). Wien: Österreichische Akademie der Wissenschaften 2009 ff. (www.biographien.ac.at).
Sulzer   Johann George Sulzer: Allgemeine Theorie der Schönen Künste in einzeln, nach alphabetischer Ordnung der Kunstwörter auf einander folgenden, Artikeln abgehandelt. 2 Bde. Leipzig: Weidmanns Erben u. Reich 1771 u. 1774.
Wurzbach   Constant von Wurzbach: Biographisches Lexikon des Kaiserthums Oesterreich [...]. 60 Bde. Wien: Zamarski/Hof- und Staatsdruckerei 1856–1891.
Zedler   Johann Heinrich Zedler (Hrsg.): Großes vollständiges Universal-Lexicon Aller Wissenschaften und Künste [...]. 64 Bde. Halle: Zedler 1731–1754.

Weitere Literatur

Die Forschungsliteratur zur *Zauberflöte* ist ebenso umfangreich wie vielfältig. Hier wird nur eine sehr kleine Auswahl jener Titel angeführt, die entweder zur Referenzliteratur gehören oder die für diese Studie eine besondere Rolle spielen. Alle anderen Titel (insbesondere die für Details relevanten Forschungsarbeiten) und herangezogenen Quellenliteratur werden in den Anmerkungen vollständig nachgewiesen.

Abert (1919/1921) Abert, Hermann: W. A. Mozart. Hrsg. als 5., vollständig neu bearb. u. erw. Ausgabe v. Otto Jahns *Mozart*. 2 Bde. Leipzig: Breitkopf u. Härtel 1919 u. 1921.
Angermüller (2009) Rudolph Angermüller: Wenzel Müller und ‹sein› Leopoldstädter Theater. Mit besonderer Berücksichtigung der Tagebücher Wenzel Müllers. Wien etc.: Böhlau 2009 (= Wiener Schriften zur Stilkunde und Aufführungspraxis 5).
Assmann (2005) Jan Assmann: Die Zauberflöte. Oper und Mysterium. München: Hanser 2005.
Assmann (2006) Jan Assmann: Kunst und Ritual. Die Zauberflöte. In: Bärbel Pelker (Hrsg.): Theater um Mozart. Heidelberg: Winter 2006, S. 115–126.
Assmann (2018) Jan Assmann: Die Zauberflöte. Eine Oper mit zwei Gesichtern. Wien: Picus 2018.
Baur (2012) Eva Gesine Baur: Emanuel Schikaneder. Der Mann für Mozart. München: Beck 2012.
Berger (2007) Karol Berger: Bach's Cycle, Mozart's Arrow. An Essay on the Origins of Musical Modernity. Berkeley etc.: University of California Press 2007.
van den Berk (2021) Tjeu van den Berk: Het werkelijke brein achter ‹Die Zauberflöte›. Karl Ludwig Giesecke (1761–1833). Utrecht: Kok 2021.
Biba (2008) Otto Biba: Mozart und die musikalische Geschichte. In: Hans-Joachim Hinrichsen u. Laurenz Lütteken (Hrsg.): Mozarts Lebenswelten. Eine Zürcher Ringvorlesung 2006. Kassel etc.: Bärenreiter 2008, S. 208–227.
Blümml (1923) Erich Karl Blümml: Ausdeutungen der ‹Zauberflöte›. In: Mozart-Jahrbuch 1, 1923, S. 109–146.
Böning (2002) Holger Böning: Das Ringen um ‹Volkston› und ‹Volksbeifall› in der deutschen Aufklärung. Theorien der Popularität von den ersten Anfängen in der

gemeinnützig-ökonomischen Publizistik bis zu Johann Christoph Greiling. In: Erich Donnert (Hrsg.): Europa in der frühen Neuzeit. Bd. 6: Mittel-, Nord- und Osteuropa. Köln etc.: Böhlau 2002, S. 325–347.

Branscombe (1991) Peter Branscombe: W. A. Mozart. Die Zauberflöte. Cambridge: Cambridge University Press 1991 (= Cambridge Opera Handbooks).

Braunbehrens (1986) Volkmar Braunbehrens: Mozart in Wien. München: Piper 1986.

Bruggisser-Lanker (2005) Therese Bruggisser-Lanker: Zur Herkunft des Fugenthemas in Mozarts Jupiter-Sinfonie – eine Spurensuche. In: Acta Mozartiana 52, 2005, S. 31–54.

Buch (1997) David J. Buch: Mozart and the Theater auf der Wieden. New Attributions and Perspectives. In: Cambridge Opera Journal 9, 1997, S. 195–232.

Buch (2004) David J. Buch: ‹Die Zauberflöte›, Masonic Opera and Other Fairy Tales. In: Acta Musicologica 76, 2004, S. 193–219.

Chailley (1983) Jacques Chailley: La Flûte enchantée, opéra maçonnique. Essai d'explication du livret et de la musique. Nouvelle edition revue et augmentée. Paris: Laffont 1983 (zuerst 1968).

Dieckmann (1981) Friedrich Dieckmann: Gespaltene Welt und ein liebendes Paar. Vorder- und Hintergründe der ‹Zauberflöte›. In: Horst Seeger (Hrsg.): Oper heute. Ein Almanach der Musikbühne 4. Berlin: Henschelverlag 1981, S. 93–123.

Einstein (1968) Alfred Einstein: Mozart. Sein Charakter – sein Werk. Frankfurt/M.: Fischer 1968 (englische Erstausgabe 1945).

Enzinger (1966) Moriz Enzinger: Randbemerkungen zum Textbuch der ‹Zauberflöte›. In: Adolf Haslinger (Hrsg.): Sprachkunst und Weltgestaltung. Festschrift für Herbert Seidler. Salzburg, München: Pustet 1966, S. 49–74.

Feil (1964) Arnold Feil: Mozarts Duett ‹Bei Männern, welche Liebe fühlen›. Periodischmetrische Fragen. In: Georg von Dadelsen u. Andres Holschneider (Hrsg.): Festschrift Walter Gerstenberg zum 60. Geburtstag. Wolfenbüttel, Zürich: Möseler 1964, S. 45–54.

Fischer (1993) Petra Fischer: Die Rehabilitierung der Sinnlichkeit. Philosophische Implikationen der Figurenkonstellation der ‹Zauberflöte›. In: Archiv für Musikwissenschaft 50, 1993, S. 1–25.

Friedrich (1954) Götz Friedrich: Die humanistische Idee der ‹Zauberflöte›. Ein Beitrag zur Dramaturgie der Oper. Dresden: Verlag der Kunst 1954.

Gonin (2000) Frédéric Gonin: L'Ouverture de ‹La Flûte enchantée›. Entre structure symbolique et symbolisme formel. In: Musurgia 7, 2000, S. 7–23.

Gruber (1990) Gernot Gruber: Mozart verstehen. Ein Versuch. Salzburg, Wien: Residenz 1990.

Hadamowsky (1978) Franz Hadamowsky: Die Josefinische Theaterreform und das Spieljahr 1776/77 des Burgtheaters. Eine Dokumentation. Wien: Verband der wissenschaftlichen Gesellschaft Österreichs 1978 (= Quellen zur Theatergeschichte 2).

Hahn/Maurer Zenck (2003) Oliver Hahn u. Claudia Maurer Zenck: Die Tinten des Zauberflöten-Autographs. Möglichkeiten und Grenzen neuer Analyseverfahren. Ein Nachtrag zur Chronologie und eine biographische Pointe. In: Acta Mozartiana 50, 2003, S. 3–22.

Hansen (2023) Karina Valnumsen Hansen: Declaiming Politics. W. A. Mozart's Singspiele in their Contemporary Historical-Political Context. Text, Music, Meaning, and Function. Diss. Trondheim 2023.

Haslmayr (2019) Harald Haslmayr: ‹Nun wohlan! Es bleibt dabei ...›. Zur Rekontextualisierung einiger Walzertakte in der ‹Zauberflöte›. In: Klaus Aringer et al. (Hrsg.): Musik im Zusammenhang. Festschrift Peter Revers zum 65. Geburtstag. Wien: Hollitzer 2019, S. 215–223.

Heartz (1990) Daniel Heartz: Mozart's Operas. Edited, with contributing essays, by Thomas Bauman. Berkeley etc.: University of California Press 1990.

Hildesheimer (1977) Wolfgang Hildesheimer: Mozart. Frankfurt/M.: Suhrkamp 1977.

Honolka (1989) Kurt Honolka: Papageno. Emanuel Schikaneder. Der große Theatermann der Mozart-Zeit. Salzburg, Wien: Residenz 1989.

Irmen (1991) Hans-Josef Irmen: Mozart – Mitglied geheimer Gesellschaften. Zülpich: Prisca, 2. Aufl. 1991.

Jahn (1856 ff.) Otto Jahn: W. A. Mozart. Vier Teile. Leipzig: Breitkopf u. Härtel 1856–1859.

Jahrmärker/Waidelich (1992) Manuela Jahrmärker u. Till Gerrit Waidelich (Hrsg.): Der Zauberflöte zweyter Theil [...]. Tutzing: Schneider 1992 (= Schriftenreihe zur Musik 7).

Jan (2003) Steven B. Jan: The Evolution of a ‹Memeplex› in Late Mozart. Replicated Structures in Pamina's ‹Ach ich fühl's›. In: Journal of the Royal Musical Association 128, 2003, S. 30–70.

Koch (1969) Hans-Albrecht Koch: Das Textbuch der ‹Zauberflöte›. Zu Entstehung, Form und Gehalt der Dichtung Emanuel Schikaneders. In: Jahrbuch des Freien Deutschen Hochstifts 1969, S. 77–120.

Köhler (1996) Karl-Heinz Köhler: Das Zauberflötenwunder. Eine Odyssee durch zwei Jahrhunderte. Weimar etc.: Wartburg 1996.

Köhnen (2016) Ralph Köhnen: Die Zauberflöte und das Populare. Eine kleine Mediologie der Unterhaltungskunst. Frankfurt/M. etc.: Lang 2016.

Koenigsberger (1974) Dorothy Koenigsberger: A New Metaphor for Mozart's Magic Flute. In: European Studies Review 5, 1975, S. 229–275.

Komorzynski (1951) Egon von Komorzynski: Emanuel Schikaneder. Ein Beitrag zur Geschichte des deutschen Theaters. Berlin 1901; Wien: Doblinger, 2., überarb. Aufl. 1951.

Komorzynski (1990) Egon von Komorzynksi: Emanuel Schikaneder, der Vater der Zauberflöte. Wien: Neff 1990.

Konrad (2005) Ulrich Konrad: Wolfgang Amadé Mozart. Leben – Musik – Werkbestand. Kassel etc.: Bärenreiter 2005 (überarb. Fassung des Mozart-Artikels im Personenteil von MGG 2 bzw. MGG Online).

Krämer (1998) Jörg Krämer: Deutschsprachiges Musiktheater im späten 18. Jahrhundert. Typologie, Dramaturgie und Anthropologie einer populären Gattung. 2 Teile. Tübingen: Niemeyer 1998 (= Studien zur deutschen Literatur 149).

Kreimendahl (2011) Lothar Kreimendahl (Hrsg.): Mozart und die europäische Spätaufklärung. Stuttgart-Bad Canstatt: Frommann-Holzboog 2010 (= problemata 148).

Kreutzer (2009) Hans Joachim Kreutzer: Die Krönung von Schönheit und Weisheit – Die Zauberflöte. In: Wolfgang Amadeus Mozart. Die Zauberflöte. K. 620. Facsimile of the Autograph Score. [...]. Kassel etc.: Bärenreiter; Los Altos: The Packard Humanities Institute 2009 (= Mozart Operas in Facsimile 6), S. 33–49.

Kreutzer (2010) Hans Joachim Kreutzer: Die ‹Zauberflöte› in Weimar. In: Goethe-Jahrbuch 127, 2010, S. 154–169.

Krzeszowiak (2009) Tadeusz Krzeszowiak: Freihaustheater in Wien 1787–1801. Wirkungsstätte von W. A. Mozart und E. Schikaneder. Sammlung der Dokumente. Wien etc.: Böhlau 2009.
Kuckartz (1985) Wilfried Kuckartz: Die Zauberflöte. Märchen und Mysterium. Essen: Die blaue Eule 1985 (= Pädagogik des Vorbilds 2).
Kunze (1984) Stefan Kunze: Mozarts Opern. Mit 175 Abbildungen und 38 Notenbeispielen. Stuttgart: Reclam 1984.
Lachmeyer (2006) Herbert Lachmayer (Hrsg.): Mozart. Experiment Aufklärung im Wien des ausgehenden 18. Jahrhunderts. Essayband zur Mozart-Ausstellung. Ostfildern: Hatje Cantz 2006.
Landsteiner (2003) Peter Landsteiner et al.: Wirtschaft und soziale Struktur. Der strukturelle Wandel der frühneuzeitlichen Stadtökonomie. In: Karl Vocelka u. Anita Traninger (Hrsg.): Wien. Geschichte einer Stadt. Die frühneuzeitliche Residenz (16.– 18. Jahrhundert). Wien etc.: Böhlau 2003, S. 133–240.
Lind (2021) Hans Lind: Goethes ‹Der Zauberflöte zweyter Theil› als Bruch. Zur Semantik des Zauberbegriffs im ausgehenden 18. Jahrhundert. In: Goethe Yearbook 28, 2021, S. 141–163.
Lorenz (2008) Michael Lorenz: Neue Forschungsergebnisse zum Theater auf der Wieden und Emanuel Schikaneder. In: Wiener Geschichtsblätter 4, 2008, S. 15–36; eine englische Übersetzung veröffentlichte der Verfasser in: Vanhulst (2018), S. 27– 48.
Lütteken (1998) Laurenz Lütteken: Das Monologische als Denkform in der Musik zwischen 1760 und 1785. Tübingen: Niemeyer 1998 (= Wolfenbütteler Studien zur Aufklärung 24).
Lütteken (2018) Laurenz Lütteken: Mozart. Leben und Musik im Zeitalter der Aufklärung. München: Beck, 2. Aufl. 2018.
Martin (2008) Dieter Martin: Der Zauberflöte zweyter Theil. In: Gabriele Busch-Salmen (Hrsg.): Musik und Tanz in den Bühnenwerken. Stuttgart, Weimar: Metzler 2008 (= Goethe-Handbuch. Supplemente 1), S. 392–407.
Maschka (2015) Robert Maschka: Mozart. Die Zauberflöte. Kassel: Bärenreiter, Henschel 2015.
Matt (1991) Peter von Matt: Papagenos Sehnsucht. In: Dieter Borchmeyer (Hrsg.): Mozarts Opernfiguren. Große Herren, rasende Weiber – gefährliche Liebschaften. Bern etc.: Haupt 1992 (= Facetten deutscher Literatur 3), S. 153–166.
Mayer (2007) Mathias Mayer (Hrsg.): Modell Zauberflöte. Der Kredit des Möglichen – Kulturgeschichtliche Spiegelungen erfundener Wahrheiten. Hildesheim: Olms 2007.
Mehltretter (2009) Florian Mehltretter: Der Text unserer Natur. Studien zu Illuminismus und Aufklärung in Frankreich in der zweiten Hälfte des 18. Jahrhunderts. Tübingen: Narr 2009 (= Romanica Monacensia 77).
Meinhold (2001) Günter Meinhold: Zauberflöte und Zauberflöten-Rezeption. Studien zu Emanuel Schikaneders Libretto ‹Die Zauberflöte› und seiner literarischen Rezeption. Frankfurt/M.: Lang 2001 (= Hamburger Beiträge zur Germanistik 34).
Michler (2015) Werner Michler: Kulturen der Gattung. Poetik im Kontext 1750–1950. Göttingen: Wallstein 2015.
Muschg (1991) Adolf Muschg: Wo alles aufhört, beginnt das Spiel. Gedanken über Mozarts ‹Zauberflöte›. Zürich: Theologischer Verlag 1991.

Nettl (1932) Paul Nettl: Mozart und die Königliche Kunst. Die freimaurerische Grundlage der ‹Zauberflöte›. Berlin: Wunder 1932.
Perl (2000) Helmut Perl: Der Fall Zauberflöte. Mozarts Oper im Brennpunkt der Geschichte. Darmstadt: Wissenschaftliche Buchgesellschaft 2000.
Perl (2006) Helmut Perl: Der Fall ‹Zauberflöte›. Mozart und die Illuminaten. Zürich: Atlantis 2006.
Riedl (1970) Dorith Riedl: Pamina und Papageno – Vergleich der beiden Selbstmordszenen in der ‹Zauberflöte›. In: Acta Mozartiana 17, 1970, S. 34–39.
Rienäcker (2007) Gerhard Rienäcker: Über das Einleiten. Gedanken zur Ouvertüre der Oper ‹Die Zauberflöte› von W. A. Mozart. In: Friederike Wißmann (Hrsg.): Vom Erkennen des Erkannten. Musikalische Analyse und Editionsphilologie. Festschrift für Christian Martin Schmidt. Wiesbaden: Breitkopf u. Härtel 2007, S. 171–181.
Rölleke (2016) Heinz Rölleke: ‹… wird rein durch Feuer, Wasser, Luft und Erden›. Schikaneders Gestaltung der Initiationsriten in Mozarts Oper ‹Die Zauberflöte›. In: Mozart-Studien 24, 2016, S. 93–101.
Rosenberg (1964) Alfons Rosenberg: Die Zauberflöte. Geschichte und Deutung. München: Prestel 1964.
Rumph (2012) Stephen Rumph: Mozart and Enlightenment Semiotics. Berkeley etc.: University of California Press 2012.
Schmid (2003) Manfred Hermann Schmid: Deutscher Vers, Taktstrich und Strophenschluss. Notationstechnik und ihre Konsequenzen in Mozarts ‹Zauberflöte›. In: Mozart-Studien 12, 2003, S. 115–145.
Schmid (2010) Manfred Hermann Schmid: Was bewirken die Posaunen in Mozarts ‹Zauberflöte›? In: Mozart-Studien 19, 2010, S. 59–79.
Schmidt-Dengler (1978) Wendelin Schmidt-Dengler: Genius. Zur Wirkungsgeschichte antiker Mythologeme in der Goethezeit. München: Beck 1978.
Schuler (2003) Heinz Schuler: Mozart und die Freimaurerei. Daten, Fakten, Biographien. Wilhelmshaven: Noetzel, 2. Aufl. 2003 (= Taschenbücher zur Musikwissenschaft 113).
Schweikert (2018) Uwe Schweikert: Mozarts Zauberflöte. Theater aus dem Geist der Musik. In: ders.: Erfahrungsraum Oper. Porträts und Perspektiven. Kassel: Bärenreiter; Stuttgart: Metzler 2018, S. 232–241.
Schwob (2015) Rainer J. Schwob: W. A. Mozart im Spiegel des Musikjournalismus. Deutschsprachiger Raum, 1782–1800. Stuttgart: Carus 2015 (= Beiträge zur Mozart-Dokumentation 1; zudem https://dme.mozarteum.at/mozart-rezeption/edition).
Seidel (2011) Wilhelm Seidel: Aus Finsternis ins Licht. Taminos Weg in der ‹Zauberflöte›. In: Kreimendahl (2011), 213–238, S. 213–238.
Sonnek (1999) Anke Sonnek: Emanuel Schikaneder. Theaterprinzipal, Schauspieler und Stückeschreiber. Kassel etc.: Bärenreiter 1999 (= Schriftenreihe des Internationalen Stiftung Mozarteum 11).
Spaethling (1975) Robert Spaethling: Folklore and Enlightenment in the Libretto of Mozart's ‹Magic Flute›. In: Eighteenth Century Studies 9, 1975, S. 45–68.
Starobinski (1981) Jean Starobinski: 1789. Die Embleme der Vernunft. Hrsg. u. mit einem Vorwort versehen v. Friedrich A. Kittler. Aus dem Französischen v. Gundula Göbel. Paderborn etc.: Schöningh 1981 (= UTB 1150; zuerst 1973).

Stefan (1937) Paul Stefan: Die Zauberflöte. Herkunft. Bedeutung. Geheimnis. Wien etc.: Reichner 1937.

Traeger (1997) Jörg Traeger: Grenzformen der Kunst in der Goethezeit. Zur Ästhetik des Künstlichen. In: Ernst Hinrichs u. Klaus Zernack (Hrsg.): Daniel Chodowiecki (1726–1801). Kupferstecher. Illustrator. Kaufmann. Tübingen: Niemeyer 1997 (= Wolfenbütteler Studien zur Aufklärung 22), S. 181–265.

Vanhulst (2018) Henri Vanhulst (Hrsg.): Die Zauberflöte. Sources, contexte, représentations. Douze études. Brüssel: Lang 2018 (= Études de Musicologie 6).

Wagner (2003) Guy Wagner: Bruder Mozart. Freimaurerei im Wien des 18. Jahrhunderts. Wien: Amalthea, 2. Aufl. 2003.

Waldoff (1994) Jessica Waldoff: The Music of Recognition. Operatic Enlightenment in ‹The Magic Flute›. In: Music & Letters 75, 1994, S. 214–235.

Waldoff (2023) Jessica Waldoff (Hrsg.): The Cambridge Companion to The Magic Flute. Cambridge: Cambridge University Press 2023.

Waltershausen (1920) Hermann von Waltershausen: Die Zauberflöte. Eine operndramaturgische Studie. München: Bruckmann 1920.

Wolf (2023) Norbert Christian Wolf: Glanz und Elend der Aufklärung in Wien. Voraussetzungen – Institutionen – Texte. Wien, Köln: Böhlau 2023 (= Literaturgeschichte in Studien und Quellen 35).

Wunderlich (2007) Werner Wunderlich et al. (Hrsg.): Mozarts Zauberflöte und ihre Dichter. Schikaneder. Vulpius. Goethe. Zuccalmaglio. Faksimiles und Editionen von Textbuch, Bearbeitungen und Fortsetzungen der Mozart-Oper. Anif: Müller-Speiser 2007 (= Wort und Musik. Salzburger Akademische Beiträge 60).

Nachweis der Abbildungen und Notenbeispiele

S. 10   Foto: privat
S. 11   akg-images
S. 23   Friedrich Müller; Johann Kerndörfer, Das Zauberflötenspiel, 1793, Universität Mozarteum Salzburg, Institut für Spielforschung
S. 25   © The Trustees of the British Museum
S. 42   Privatbesitz, Graz
S. 48   NÖ Landesarchiv, St. Pölten, NÖLA, Departement E, Fasz. 1, Zl. 22 924 ad Zl. 19 798 ex 1789 (fol. 1–7)
S. 55   Wienbibliothek im Rathaus. https://resolver.obvsg.at/urn:nbn:at:AT-WBR-109348/Public Domain Mark 1.0
S. 77   ÖNB Wien: Pk 500, 90
S. 106 Public Domain, Cooper Hewitt, Smithsonian Design Museum, New York. Purchased for the Museum by the Advisory Council
S. 118 Charles Dupuis; After Louis de Boullogne the Younger, Earth, Harvard Art Museums/Fogg Museum, Gift of Belinda L. Randall from the collection of John Witt Randall, Photo © President and Fellows of Harvard College, R9677
S. 122 Bayerische Staatsbibliothek München, Rar. 1824#Beibd.3, Titelillustration
S. 123 bpk/Kunstbibliothek, SMB/Dietmar Katz
S. 123 bpk/Kunstbibliothek, SMB/Dietmar Katz
S. 145 © University of Glasgow Library/Bridgeman Images
S. 168 Bridgeman Images
S. 176 Herzog August Bibliothek Wolfenbüttel: Chodowiecki Sammlung (6–500), CC BY-SA 4.0
S. 187 Staatsbibliothek zu Berlin Preußischer Kulturbesitz, https://digital.staatsbibliothek-berlin.de/werkansicht/?PPN=PPN662630750
S. 199 Kupferstichkabinett der Akademie der bildenden Künste Wien
S. 230 Klassik Stiftung Weimar, Museen, Inv.-Nr.: GGz/1351/

Satz der Notenbeispiele: Giulio Biaggini; Quellen: Mozart (Edition Gruber und Orel in der NMA); Georg [Anton] Benda: Ariadne auf Naxos. Monodrama. Vollständigere und verbesserte Partitur. Leipzig: Schwickert o. J. [1781]; Muzio Clementi: Klaviersonaten. Auswahl Bd. 1. Hrsg. Sonja Gerlach u. Alan Tyson. München: Henle 1978; Johann Philipp Kirnberger: Die Kunst des reinen Satzes in der Musik, aus sichern Grundsätzen hergeleitet und mit deutlichen Beyspielen erläutert. Zweyter Theil [3. Abteilung]. Berlin, Königsberg: Decker und Hartung 1779.

Personenregister

Abert, Hermann 24, 35
Addison, Joseph 217
Adelung, Johann Christoph 197
Alberti, Ignaz 121–123
Albrechtsberger, Johann Georg 86
Alxinger, Johann Baptist von 69
Angiolini, Gasparo 152
Aristoteles 174
Avison, Charles 74

Bach, Carl Philipp Emanuel 167, 172
Baczko, Ludwig von 19, 21
Baker, Robert 78
Bauer, Günter G. 22
Bauernfeld, Anton von 47
Bauernfeld, Josef von 47
Baxandall, Michael 181
Bechstein, Johann Matthäus 139
Bellomo, Joseph 227
Benda, Georg Anton 49, 67, 87, 94–96, 98, 102, 104, 118, 162, 169, 172, 192, 194
Bertuch, Friedrich Justin 19 f., 24
Bestelmeyer, Georg Hieronimus 22–24
Blake, William 145
Bloch, Ernst 31
Blondel, Jacques-François 106
Blumauer, Alois 179–181
Blumenbach, Johann Friedrich 127
Blumhofer (Blaimhofer), Maximilian 39, 112
Bodmer, Johann Jakob 61
Boileau, Nicolas 167
Born, Ignaz von 125, 130
Boullée, Étienne-Louis 106
Boullogne, Louis de 118
Bozenhard, Emanuel 53

Brandes, Johann Christian 94
Bretzner, Christoph Friedrich 126
Buland, Rainer 22
Burney, Charles 175

Campe, Friedrich 25
Cavalieri, Caterina 90, 190 f.
Cherubini, Luigi 64, 109, 147
Chodowiecki, Daniel 176 f., 179
Claudius, Matthias 121
Clementi, Muzio 83–85, 208
Colloredo, Gundaker von 216
Colloredo, Hieronymus von 36, 77, 216 f., 225 f.
Cornet, Julius 26
Cramer, Johann Andreas 59 f.
Cristianus, Aloysius 102

Da Ponte, Lorenzo 16, 39, 51 f., 214, 217
Dalberg, Friedrich Hugo von 152
D'Alembert, Jean le Rond 59
Danchet, Antoine 143
Descartes, René 174
Deyerkauf, Franz Carl 42
Diderot, Denis 59
Dolz, Johann Christian 110
Dreßler, Ernst Christoph 74, 175
Ducreux, Joseph 25
Dudler, Max 9 f.
Dulon, Friedrich Ludwig 153
Dupuis, Charles 118

Eaves, Morris 145
Eckermann, Johann Peter 234
Eckhartshausen, Karl von 91 f.
Effinger, Maria 25
Einstein, Alfred 31, 35

Elisabeth Wilhelmina von Württemberg 191
Eschenburg, Johann Joachim 67–69
Everding, August 9

Ferdinand IV., König von Neapel 56
Fischer, Anton Friedrich 64
Fischer, Heinrich Ludwig 162
Fischer von Erlach, Johann Bernhard 124
Forkel, Johann Nikolaus 83
Franz II., Kaiser 191
Friedel, Johann 46
Friedrich II., König von Preußen 65, 211
Fux, Johann Joseph 86

Gail (Gayl), Ferdinand 55, 73, 75
Gail, Mathias 75
Gatterer, Johann Christoph 37
Gebler, Tobias Philipp von 121
Gellert, Christian Fürchtegott 59, 61
Gemmingen, Otto Heinrich von 58, 127
Gerstenberg, Heinrich Wilhelm von 167, 169, 172
Giesecke, Karl Ludwig 26 f., 47, 127
Gluck, Christoph Willibald 30, 69 f., 72 f., 83, 88, 114, 125, 128, 152 f., 159, 191 f., 194
Goethe, Johann Wolfgang von 15, 17, 79, 125, 165, 197, 226–235
Gotter, Friedrich Wilhelm 68
Gottsched, Johann Christoph 61, 193
Gräfe, Johann Friedrich 137
Greiling, Johann Christoph 58 f., 61
Grimm, Friedrich Melchior 110
Grosse, Carl Friedrich August 21
Grossing, Franz Rudolph von 106
Gruber, Gernot 71

Händel, Georg Friedrich 152, 219–221
Hasse, Johann Adolph 166
Haydn, Joseph 127 f., 180 f., 218 f., 233
Henneberg, Johann Baptist 159, 186
Herder, Johann Gottfried 152, 178, 193, 196, 220
Herzog, Matthias Gottesgab 200

Heydenreich, Karl Heinrich 171, 218 f., 223
Hildesheimer, Wolfgang 35
Hiller, Johann Adam 114 f.
Hirschfeld, Christian Caius Lorenz 78
Hönel, Georg 42
Holbein, Hans 168
Holzbauer, Ignaz 63, 136
Horaz 74, 167
Hübner, Eberhard Friedrich 147
Hummel, Bernhard Friedrich 161

Jahn, Otto 24, 27, 30, 35, 71, 157
Jakob, Ludwig Heinrich von 126
Jann, Franz Xaver 171
Jaszoltowski, Saskia 42
Jelinek, Franz Xaver 71
Jenamy, Louise Victoire 75
Joseph II., Kaiser 14, 35, 37 f., 44–47, 51, 56 f., 84, 92, 102, 105–107, 109, 125 f., 136, 147 f., 153, 177, 191, 200, 211–216, 222 f.
Jussen, Bernhard 11

Kant, Immanuel 59
Karl Theodor, Kurfürst von der Pfalz 99, 144
Kauer, Ferdinand 113
Kayser, Philipp Christoph 227
Keiser, Reinhard 112
Kessler, Christoph von 143
Kinsky, Franz von 225
Kirchmayer, Albrecht 69
Kirnberger, Johann Philipp 202–204, 208 f.
Klein, Johann Baptist 22, 24
Klinger, Friedrich Maximilian 139, 157
Klopstock, Friedrich Gottlieb 115
Knepler, Georg 28
Knigge, Adolph von 22
Knüppeln, Julius Friedrich 22, 24, 47, 57
Koch, Heinrich Christoph 70, 137, 162
Kohle, Hubertus 25
Komorzynski, Egon 30, 69
Kotzebue, August von 197
Kreutzer, Hans Joachim 209

La Mettrie, Julien Offray de 170, 218
Langemann, Cornelia 25
Lasser, Johann Baptist 126
Legeay, Jean Laurent 121–123
Lehne, Friedrich 20
Leibniz, Gottfried Wilhelm 174
Leopold II., Kaiser 43, 49, 53, 55 f., 215
Leopold, Georg August Julius 221
Lessing, Gotthold Ephraim 32, 207
Lichtenberg, Georg Christoph 180
Lickl, Johann Georg 64
Liebig, Justus von 9–11
Lincoln, Andrew 145
Locke, John 174
Lolli, Antonio 152, 155
Loutherbourg, Philipp James de 79
Lukrez 143
Lully, Jean-Baptiste 112
Luther, Martin 211

Mann, Thomas 31
Maria Josepha, Kaiserin 102
Maria Theresia, Kaiserin 45, 211
Marinelli, Karl von 113
Marivaux, Pierre Carlet de 213 f.
Mattheson, Johann 219–221
Maulbertsch, Franz Anton 77
Mazzolà, Caterino Tommaso 16, 66, 112, 155
Mechel, Christian von 92
Medicus, Friedrich Casimir 99
Mendelssohn, Moses 60, 150 f., 165, 193, 202
Mesmer, Franz Anton 170
Milton, John 174
Mingotti, Angelo 45
Mingotti, Pietro 45
Möser, Justus 170
Mozart, Constanze 27, 61, 163, 188–190, 223, 226
Mozart, Leopold 36–38, 60 f., 63, 73, 84, 89, 209, 222–225
Müchler, Karl Friedrich 103
Müller, Friedrich (Maler) 141 f.
Müller, Wenzel 27, 56, 91, 93, 98, 113, 120, 126
Muffat, Georg 175

Musäus, Johann Karl August 111, 168
Mylius, Wilhelm Christhelf Sigmund 110

Naumann, Johann Gottlieb 100
Nesselthaler (Neßlthaler), Andreas 55, 73, 75–77, 80, 123, 129
Nesselthaler, Michael 75
Newton, Isaac 174
Nicolai, Friedrich 22, 211
Nicolini, Filippo 113
Nissen, Georg Nikolaus 42
Noverre, Jean-Georges 74 f., 114

Obereit, Jacob Hermann 104
Ossian 68
Ovid 110

Paradis, Maria Theresia 153
Penker, Samuel 177
Perl, Helmut 29
Pfisterer, Ulrich 25
Picart, Bernard 93
Platon 174
Pluche, Noël-Antoine 59
Prange, Christian Friedrich 138 f.

Ramler, Karl Wilhelm 153, 193
Randall, John Witt 118
Reichard, Heinrich August Ottokar 74
Reichardt, Johann Friedrich 68, 125, 219
Rétif de La Bretonne, Nicolas Edmonde 110
Riedel, Friedrich Justus 152
Ritter, Johann Peter 126
Roßbach, Christian 46
Rousseau, Jean-Jacques 94, 114

Sacchini, Antonio 159
Salieri, Antonio 43, 56, 62, 90, 190 f., 204, 218
Schack, Benedikt 149, 227
Schellenberg, Johann Rudolf 168
Scheyb, Franz Christoph von 136
Schiffer, Matthias 42
Schikaneder, Eleonore 46
Schikaneder, Emanuel 12 f., 16, 22, 24, 26–28, 30–32, 46–53, 56 f., 63–65,

67, 69 f., 72, 74–76, 78, 81, 92, 94,
111, 121–123, 149, 157, 159, 170, 186,
190, 198, 209, 228–231, 234
Schiller, Friedrich von 192, 229
Schink, Johann Friedrich 32, 41
Schinkel, Karl Friedrich 9 f.
Schmieder, Heinrich Gottlob 113
Schubart, Christian Friedrich Daniel 41,
64, 147, 152, 155, 198–200, 203, 225
Schulze, Carl 135
Schwan, Christian Friedrich 37, 149
Schweizer, Anton 63, 83, 94, 135, 221
Senigl, Johanna 122
Seydelmann, Franz 112, 155
Seyfried, Ignaz von 26 f.
Shaftesbury, Anthony Ashley Cooper,
Earl of 142
Shakespeare, William 67, 146, 169
Sigl, Florian 9
Smith, Amand William 175, 221
Sokrates 169
Soliman, Angelo 126 f.
Sonnenfels, Joseph von 125 f., 191, 216
Sponsel, Johann Ulrich 171
Stadler, Maximilian 203
Stamitz, Carl 175
Starhemberg, Fam. 46, 48
Starobinski, Jean 28
Steiner, Heinrich 168
Stephanie, Johann Gottlieb 16, 30, 52,
213
Süßmayr, Franz Xaver 26, 186, 188
Sulzer, Johann Georg 50, 65–67, 69, 86,
88, 97, 134, 136 f., 175, 179
Swieten, Gottfried van 65, 124, 203 f.,
209, 212, 216

Terrasson, Jean 22, 121
Teyber, Franz 92
Thanner, Brigitte 168

Thomas, Johann 92
Traeger, Jörg 76, 78
Treitschke, Georg Friedrich von 27
Türk, Daniel Gottlob 90
Turpin, François Henri 93

Ulibischeff, Alexander 202
Umlauff, Ignaz 137

Varesco, Giambattista 52
Verwiebe, Birgit 77
Voß, Ernestine, geb. Boie 152
Voß, Johann Heinrich 152
Vulpius, Christian August 11, 228,
230–232

Wagenseil, Christian Jakob 101
Walch, Bernhard Georg 74
Waldstätten, Martha Elisabeth von
223
Weber, Carl Maria von 77
Weißegger von Weißeneck, Joseph
Maria 213
Wenzel von Liechtenstein, Joseph 126
Wieland, Christoph Martin 47, 63, 80 f.,
88, 120, 135 f., 153, 166, 180 f., 193,
209, 221
Winckelmann, Johann Joachim 92
Winter, Peter von 52, 201, 229
Wolff, Christian 14
Wranitzky, Paul 47, 91
Wutky, Michael 199

Zach, Andreas 49
Zachariä, Justus Friedrich Wilhelm
166 f., 171, 220, 222, 225
Zedler, Johann Heinrich 59 f., 111, 116,
151, 156
Zelter, Carl Friedrich 230, 233
Zinsmeister, Franz Xaver 105, 107